日本経営者列伝

成功への歴史法則

人物文庫

学陽書房

はじめに

いきなり、隣国・中国の話で恐縮だが、南宋の忠臣・謝枋得《しゃぼうとく》（畳山《じょうざん》）の撰した『文章《ぶんしょう》規《き》範《はん》』に、

「一国《いっこく》は一人《いちにん》を以《もっ》て興《おこ》り、一人を以て亡《ほろ》ぶ」

という、名文家の蘇老泉《そろうせん》が述べた「管仲論」の一節が引用されている。

一つの国も一人の賢者《けんじゃ》が存在することで興隆し、また一人の賢者を失うことで衰亡する、との意だが、よく将帥《しょうすい》（リーダーシップ）観の根本があらわれていると筆者は思う。

もし、この一節を読んで、国家と企業は別ですからな、などと答える経営者、ビジネスマンがいたとすれば、その方はアホウである。

「治乱興亡の迹《あと》、人君《じんくん》為《た》る者、以《もっ》て鑒《かがみ》とすべし」

これも『文章規範』である（こちらは欧陽脩《おうようしゅう》の「朋党論」）。

組織の原理・原則は、一国であろうと、少数の従業員しかいない小さな会社であっても、変わるところはない。国家も企業も、具体的な概念でありつつ、同時に高度な抽象性をもった概念でもある。このことは古今、いかなる時代の組織においてもいえる。

だからこそ、われわれはこの歴史上の、二つのかねあいの中に、何事かを学ぼうと懸命に

なるわけで、ポイント（ツボ）を心得た人が歴史に学べば、たちまちのうちに納得、応用がきくものだ。

たとえば、次の『文章規範』の一文――。

「功《こう》の成《な》るは、成るの日に成るに非ず、蓋《けだ》し必《かなら》ず由《よ》って起こる所あり」

ある事柄の成功は、その成功した日に突然もたらされたわけではない。必ずこれに先だって、その成功をきたすべき「原由《げんゆ》」があるはずだ。不成功となる場合も同じである、と蘇老泉はいっている（『管仲論』）。

人物評伝を記述していると、このことは心の底からうなずける。

物事にはかならず「原由」「前兆」があり、そこを見落とすと、その人物の全体像を見失ってしまう。

のちに成功する人は、突然にチャンスを摑んだのではなく、それ以前に成功の前提となる努力をしていた。学問を修めるための苦学、人脈を築く努力、自らを売り込む創意工夫、新技術の開発――知恵をしぼり、体力のかぎりをつくして、彼らは必死に未来を考えていた。

成功はその結果でしかなく、〝運〟も結局は努力、実力で引き寄せた人のものであった。

この頃、つくづく思うのだが、明治維新という一大変革期を雄々しく生き抜き、あるいは日清・日露の戦火をくぐり抜け、アジア・太平洋戦争の敗戦にも挫けることなく再起した、それらの時代の、パワーあふれる経営者たちの精神は、何処に消えてしまったのだろうか。

高度に進んだ管理社会の中で、減点法をめざとくかわし、無難なサラリーマンが出世し、社長となるケースが増えてきた。同族会社も、二世から三世、四世への時代となり、ますますトップはひ弱な人間となっている。ともに、個性が乏しく、魅力が矮小《わいしょう》化しているのだ。組織が持つ三要素（人・物・金）のうち、とりわけ人＝人的資源、なかでもトップの質的低下が、経営者のスケール、魅力あるリーダーシップを喪失させることにつながっているのではあるまいか。

一代で小さな町工場を世界的な企業に進捗させた経営者には、「自分の言葉、自分の哲学」があった。生命《いのち》懸けで摑んだ人生観、ひたむきなまでの事業理念といったものが備わっていた。

それを現代の経営者、ビジネスマンに少しでも知っていてほしい、参考にしてほしい、と考えたのが本書の企画主旨であった。ふり返れば『日本創業者列伝』『日本補佐役列伝』『日本創始者列伝』『日本再建者列伝』と、すでに四冊が刊行されている。

このままではいけない、何か具体的なヒントが欲しい、そうした歴史と人物に学ぼうとする多くの、真摯な読者のおかげで、シリーズは破格の部数を計上してきた。

どれが一巻目、などということはない。まずは、本書からでも読みすすめていただきたい。目次の中で目をひいた人物があれば、そこからはじめていただければと思う。

本書を擱筆するにおいて、蛇足を一言。次の『文章規範』の一節を、とりわけこの度は執筆中に思った。

「巻舒《けんじょ》は時に随《したが》わず」（韓文公《かんぶんこう》「于襄陽《うじょうよう》に与《あと》うる書」）

「巻舒」とは巻いたりのばしたりすることで、人生でいえば出処進退である。人生の中でとりわけむずかしいのが出処――とりわけ、退くときではあるまいか。

自分の行動は自分の判断で決する。べつに時勢の如何によって決めるものではない、と韓文公はいっているが、筆者は今度の刊行でこの一文を強く想った。

最後になりましたが、本書を改めて執筆するにあたっては、多くの先学諸氏の研究成果を随分参考にさせていただいた。史料を借用するため、お訪ねした企業の窓口の方々にも大変お世話になっている。ただ、紙幅の都合ですべての参考書籍、広報担当者の方々を列記掲載できないので、直接、引用したもののみ、本文中で触れるにとどめたが、この場を借りて関係者各位にお礼を申し上げる次第です。

また、前四作同様、本書刊行の機会を与えてくださった学陽書房編集第二部の富田達也氏に厚くお礼を申し述べます。

平成十七年七月吉日　東京・渋谷の恵比寿南にて

加来耕三

○目次○

第一章　新企業立国のリーダーたち

吉田　秀雄　電通を育てた〝広告の鬼〟　15
井深　大　世界の〝ソニー〟を創った男　75
服部　金太郎　〝時勢〟を読んだ日本の時計王　87
小平　浪平　「自主独立の製作」を目指す　103
結城　弘毅　昭和四年、〝夢の超特急〟を走らせた　113
御手洗　毅　世界の〝キヤノン〟を築いた理想と戦略　129

第二章　変革にこそ求められたリーダーたち

結城　豊太郎　崩れかけた財閥を立て直した〝大番頭〟　143
中上川　彦次郎　〝三井〟の瓦解を救った風雲児　161
石坂　泰三　第一生命を躍進させ、東芝を再建した男　189
岩切　章太郎　宮崎を日本一の観光県に　217

町田　忠治　「本業に徹せよ」銀行を再建した経営者　225
高橋　義雄　「商政一新」を目指した伝統への挑戦　237

第三章　新企業立国の理念と未来展望

高碕　達之助　日本水産事業の最前線に立つ　249
井植　歳男　苦境を切り開くパイオニア精神　285
五島　慶太　東急王国を築いた電鉄王　299
松田　重次郎　一介の工員から「マツダ」を創業　315
早川　徳次　苦難を克服した発明家　331
奥村　信太郎　ライバル打倒の精神を貫いた新聞人　341

第四章　創業者魂は不滅

野村　徳七　日露戦争を境に野村證券、野村銀行（現・りそな銀行）を創業　353
益田　孝　三井物産の創業者　393
森永　太一郎　国産西洋菓子のパイオニア　405

堤　康次郎　西武グループを創業した　413
三島　海雲　カルピスを創業した　427
豊田　喜一郎　トヨタ自動車を創業した　437

日本経営者列伝

第一章　新企業立国のリーダーたち

電通を育てた〝広告の鬼〟

吉田　秀雄

「電通はおれだ、おれが電通だ」

平成十三年(二〇〇一)に、「電通」は創業百年を迎えた。

この社歴を長いと見るか、短いと思うかは個々の判断だが、歴代経営者の中で、最高の名経営者は誰であったか、そう問うて、「電通」社内外から吉田秀雄以外の名前があがることは、まずあるまい。その点、稀有の人といえるかもしれない。

では、この人物は何を成したのか。

一言でいえば、広告業界を一変させ、進化させたことに尽きる。

戦前、日本には「広告屋」と見下されて呼ばれる業種があった。世間からは、

「押売と広告屋は入るべからず」

との貼り紙を、玄関にはられ、ゴロツキと変わらないイメージ、蔑《さげす》みの目をむけられ、戦争中でも下等の職業、不要不急の無用の長物のように扱われ、それでいながら業界の人々も、それに反発することなく、その不遇に甘んじているといった生態が存在した。

それを吉田秀雄は、アジア・太平洋戦争を挟んで、〝電通革命〟によって一変させたのである。

国民の生活を豊かにするための商品、サービス業として、広告界の近代化・合理化に全精

力を傾注。広告の社会的な認知度を上げ、信用度を高める倫理を確立し、「電通」を日本はおろか世界的な広告代理企業に育てあげた。否、日本人の広告に対するイメージをも、一新したといってよかったろう。

その功績ゆえであろう、

「電通はおれだ、おれが電通だ」

吉田秀雄の面魂は、いつしか〝広告の鬼〟と呼ばれるようになる。

その極めつけが、昭和二十六年（一九五一）八月、「電通」の五十一周年を期に、四十七歳の彼が執筆した、「鬼十則」であったろう。

その十則は業界をこえ、多くの企業人の共鳴者をもち、今日なお忘れられることがない。

一、仕事ハ自ラ「創《つく》ル」可《べ》キデ　与エラレル可キデナイ
二、仕事トハ先手先手ト「働キ掛ケ」テ行クコトデ受ケ身デヤルモノデハナイ
三、「大キナ仕事」ト取リ組メ　小サナ仕事ハ己レヲ小サクスル
四、「難シイ仕事」ヲ狙《ねら》エ　ソシテ之ヲ成シ遂ゲル所ニ進歩ガアル
五、取リ組ンダラ「放スナ」　殺サレテモ放スナ　目的完遂マデハ
六、周囲ヲ「引キ摺《ず》リ廻セ」　引キ摺ルノト引キ摺ラレルノトデハ永イ間ニ天地ノヒラキガ出来ル

七、「計画」ヲ持テ　長期ノ計画ヲ持ツテ居レバ忍耐ト工夫《くふう》トソシテ正シイ努力ト希望ガ生レル
八、「自信」ヲ持テ　自信ガナイカラ君ノ仕事ニハ迫力モ粘《ねば》リモソシテ厚味スラガナイ
九、頭ハ常ニ「全廻転」八方ニ気ヲ配ツテ一分《いちぶ》ノ隙モアツテハナラヌ　サービストハソノヨウナモノダ
十、「摩擦ヲ怖レルナ」摩擦ハ進歩ノ母　積極ノ肥料ダ　デナイト君ハ卑屈未練ニナル

ところがこの作者は、自ら会心のこの十則を、役員や社員に朝礼などで復唱させるなどの強要を決してしなかった。

率先垂範――「電通」をしゃかりきになって引っぱってきたこの人は、一面、意外なほど運命を甘んじて受け入れる〝忍耐〟の人でもあった。

その五十九年で閉じられた生涯を今、改めてふり返ってみると、大胆不敵な生き方と小心なまでの配慮、傍若無人《ぼうじゃくぶじん》なふるまいと慈愛に満ちたやさしさ。「吉田秀雄」には人間として大きな矛盾があり、実は「電通」という世界的な企業が今日にいたった、そもそもの出発点は、こうした彼の複雑な性格の中に、何ごとかがあったからではないか、と筆者は考えてきた。

――たとえれば、この人には「徳川家康」の風韻《ふういん》があったような気がする。

二度、養子へ行く

戦国乱世を〝待ち〟に徹して、天下統一を成し遂げた徳川家康は、一面、短気で利かん気の人であった。その性格を矯《た》めたのが、織田・今川両家への人質生活であったといわれているが、むろん、吉田秀雄にはこの種の生活はなかった。
が、彼には十三、四歳のおりに二度も、養子に行くという経験があった。
一度目の「姓」は、ほどなく実子の誕生で解消され、二度目はそのまま「姓」となって、生涯をともにすることとなる。

明治三十六年（一九〇三）十一月九日、「吉田秀雄」は渡辺勝五郎の二男として、九州は小倉に生まれている。母はサト、兄が一人、のちに妹が二人となる。

父の勝五郎は三十四歳、市内の鉄工場で働いていたが、秀雄が小学生にあがるころ、工場の都合で解雇されてしまい、父は家族のことを考えて、台湾への移住を決意する。

思えば、吉田秀雄の生涯にわたる試練は、この時、はじまったといえなくもない。

明治四十三年、秀雄の実父・渡辺勝五郎は、新天地での巻き返しをはかって、単身、台湾へ渡った。翌年には留守を守っていた母のサトも、幼い子たちをつれて、そのあとにつづいている。

ときに、秀雄は小学校二年生（七歳）。兄は同じく四年生、妹は小学校にあがる直前（五歳）と、その下にもう一人、三歳の末妹がいた。

父は家族のためにもがんばらねば、と思う。

しかし、建設現場で懸命に働くものの、勝五郎はうまく生活のリズムを上昇気流に乗せることができない。一家の生活はいっこうに向上せず、むしろ、台湾渡航は失敗だった、と夫婦で溜息《ためいき》をつくようになる。子供の修学、行く末も案じられた。

大正二年（一九一三）、勝五郎一人を残して、家族は再び小倉へ戻った。秀雄の生まれた土地なら、少なくとも見知らぬ他国に付きまとう不安だけはない。

ところがその翌年、父は高雄港の埠頭工事において、高圧線に触れ、事故死を遂げてしまう。享年四十五。母は三十二歳、秀雄は十歳でしかなかった。

一家の生活は、とたんに窮迫した。

兄は高等小学校を退学して給仕の職を得、母は電燈（電気）会社の集金人となり、秀雄は小学校五年ながら新聞配達をして、一家五人の生活を互いに支えあった。

小学校六年の義務教育をおえた秀雄は、高等小学校に進む。

もし、このまま、実社会に出てすぐに役立つことを前提とした、二年の高等科をおえていれば、彼の人生は決して「電通」にはつながらなかったに違いない。

中学から高等学校（ともに旧制）、大学へとつづくルートとは、完全に異なる道であったからだ。

秀雄は成績優秀であったが、母や兄の擁護、思慮の選択では、これが精一杯のものであったろう。

勉強がしたいのに、生活環境がそれを許さない。どこへぶつけていいのかわからない鬱屈《うっくつ》した怒り、悲しみが、秀雄の後半生に与えた影響ははかりしれないものがあった。

直截《ちょくせつ》的には、彼は二度の養子話を受け入れ（一度目は半年で、先方に実子が生まれて破談となっている）、中学へ進学させてもらい、さらなる上級の学校へと学ばせてくれることを条件に、養家へ入る選択をした。

今一つ、後年、「電通」を一流企業に育てあげた秀雄は、一方で高卒で採用した社員に対して、夜間の大学に通学させ、卒業後は大卒者として処遇することをおこなっている。

また、彼の死後、社長を承継した日比野恒次は「財団法人電通育英会」を創り、経済的理由で修学困難な優秀学徒への助成を始めた。

これらの根底には、「吉田秀雄」の養子にいった体験が、色濃くわだかまっていたことは間違いあるまい。が、これらはまだまだ先のこと。

吉田一次という素封家の養子となり、「吉田」姓となった秀雄は、ハイカラな服装にブルジョアの雰囲気。物質的にはめぐまれた環境にわが身を置いたが、他方でつつましく暮らす渡辺家の、家族の存在に思いをいたさねばならなかった。

加えて、養母とはどうやら生涯、和解することができない、感情的な対立、溝が早々にできてしまったようだ。

綱渡りの青春

県立小倉中学校から、鹿児島の第七高等学校に補欠で入学した秀雄は、養家を離れ、〝弊《へい》衣破帽《いはぼう》〟に代表される旧制高校の生活を満喫した。

ただし、柔道だ、寮対抗の野球だと活発に体を動かした分、秀雄の学業、成績はかんばしいものではなかった。併せて、養家が不況のなかで傾き、学費に事欠いた点も見落してはなるまい。

「二年にあがるときは、トップだった」

との同期生の証言がある。

一番のことではない。七高ではビリをトップといった。ボート漕ぎのおり、一番うしろをトップというのに由来していた。

三年にあがる時には、ビリから二番目、卒業時は十三番だったという。もっとも四十人といなかったクラスでの成績であり、秀雄は東京帝国大学の法科を志望したものの不合格となって、経済の商科へ横すべりでどうにか入学している。

七高へ補欠で入ったわりにはでかした、というべきか。成績の評価は別にして、この人物はおよそ、分限を越えた無理をしたことがないように思われる。

筆者が〝待ち〟に徹して、戦国の世を生き抜き、ついには徳川幕府を創始した、「徳川家康」とそのイメージをダブらせるのはこのあたりに所以《ゆえん》があった。

与えられた範囲で粘りにねばり、一生懸命に努力するが、それ以上の無理は決してしない。一歩、二歩先のことは読むが、高邁な理想をかかげて、はるか彼方へ向かっていくといったところが、この人物の少なくとも前半生にはなかったように思われる。

「電通」に入社してからも、常に目先の難問に一つ一つ挑み、成果をあげた結果として、「吉田秀雄」はトップの座についたわけで、そこには政争や駆け引きといった謀略めいたところが皆目なかった。

唯一、特徴はといわれれば、〝攻め〟ではない〝守り〟の姿勢であり、その〝守り〟もイメージとしては綱渡《つなわた》りに近く、多少余裕ができると、防衛ラインを第一次、第二次と前方へ設けるようになり、これがある種の積極性、先見性にみえたのかもしれない。

〝待ち〟〝守り〟のスタイルは、大学を卒業して「株式会社日本電報通信社」（電通）に入社したことが、そのまま雄弁に語っていた。

実は秀雄は大学時代、四歳年下の女性と結婚していた。大正十五年七月のことである。

ほどなく、長男が生まれた。

秀雄は人より一年多く、二十四歳で東大を卒業するが、この年＝昭和三年（一九二八）は経済不況の深刻化により、就職すること自体が極めて困難な状況にあった。

前年の三月には金融恐慌がはじまっており、五年前の関東大震災の震災手形が、いまだ国民を苦しめてもいた。

こうした社会環境の厳しい中で、すでに妻子持ちの秀雄には、およそ東大卒らしいエリートの雰囲気はなかったであろう。政官界・大学の研究者へ進むでもなく、一流企業にその学閥をもってひっぱられるといったこともない。生活の糧《かて》を求める彼は、私立の大学生と同様に、就職先を必死になって探していた。

「とにかく、安定した生活を――」

と考えた秀雄だが、就職難の中、大企業をあきらめ、ランクを下げて中小企業に挑むと、今度は逆に、東大卒の肩書きが邪魔になった。

履歴書をそのまま、返送されたこともあったようだ。一次試験を通過できない。

こうした中で本人も希望し、反応の比較的よかったのがマスコミであった。二次試験まで辿りついた、幾つかの会社の中に運命の会社「電通」があった。

明治三十四年七月一日を創立記念日とする「電通」は、「日本広告株式会社」と「電報通信社」に分かれて経営されていたが、その後、合同して通信部門と広告取次部門をもつ企業となった。

ところがおかしなことに、日々の生活の糧を得るために選んだこの会社を、秀雄はほとんど研究していなかった。

試験場へ行って見たところ、迫がいる。高等学校が一緒で、同じ寮におって、奴《やっこ》さん、寮の総務なんかやっていた。〈中略〉大学を出て、どこへ行ったか、実は知らなかった。通信社に行っているという話は聞いておったが、試験場に入ったところ、試験の問題を配っているのが、その迫大平だ。〈中略〉偶然を喜んだり久闊《きゅうかつ》を叙している暇《ひま》なんかない。単刀直入その迫大平に、社長は何という名前か、資本金はいくらだ、仕事はどんな仕事をやっているか、その場で聞いて試験を受けた。

（「電通入社二十五周年回顧座談会」より）

また口頭試問についても、

行って見ると三十人位来ておった。〈中略〉僕は確か二番目に呼び出された。口頭試問で一番のやつは、五分位かかって出て来た。僕は一分だった。出て来た所が、〈中略〉吉田、お前は駄目だぞという。何故かというと、お前のは短か過ぎるという。〈中略〉そうかいといったが、さて蓋《ふた》をあけて見たら、初っぱなの五分は駄目で、一分のわしが入っておった。

（同右）

入社試験の口頭試問で、秀雄ははじめて「株式会社日本電報通信社」（電通）の創業者・

光永星郎《みつながほしお》と邂逅《かいこう》した。その時のことを、後年、彼は次のように述懐している。

光永社長は写真の通りだった。いかついつらをしている。それが皮のソファにどっかと腰掛けている、その前に呼び出された。少くとも商事会社の社長に面接している感じはしない。将軍か何かと、まあ陸軍大将と話してる感じだ。〈中略〉電通の営業は何をやっている所か知っとるかという。その時真に滑稽《こっけい》な応答をしてしまった。なに一つ知りゃせぬから。君は扶養の義務があるか。私は女房も子供もある。よしという。〈中略〉敢《あ》えて焦《あせ》りもせぬ。是非入ろうとも思わなければ、入った方がいいとも思わぬし、なるようにしかならぬ世の中だと考えるようになっているから、その儘放《ままほう》っている内に、採用通知が来た。

（「電通入社二十五周年回顧座談会」より）

ちなみに、秀雄が入社したこの昭和三年は、「電通」における大卒採用の第一回であった。これは光永社長の、将来を考慮しての布石であったという。

光永星郎という人

光永星郎（幼名・喜一）は、明治維新を二年後にひかえた慶応二年（一八六六）、熊本県八代郡下の貧しい農家に生まれていた。苦学し、幾多の挫折を経験し、明治二十二年、光永は大阪朝日新聞社の経営する、『大阪公論』の記者となった。二十四歳。（この間の詳細については、拙著『日本創業者列伝』を参照）

本人も記者という職業が気にいり、これを天職と思うようになるのだが、やがて『大阪公論』は廃刊となってしまう。しかたなく、朝日新聞の九州通信員、福岡日日新聞の特派員などをしながら、光永は日清戦争の勃発とともに従軍記者を志願、戦地から記事を送って活躍した。

その後、明治三十三年にこれまでの記者経験を生かして、通信と広告事業の兼営併行を着想する。翌年七月、三十五歳で「日本広告株式会社」を創設すると、次いで四ヵ月後の十一月、「電報通信社」（光永の個人経営）を興した。

しかし、社会の認知は今ひとつ。

さらには、通信社の経営は多額の資金を必要とした。新聞社の経営すら、いまだにまともな事業とは、一般に見られていなかった時代であった。

光永はまず、広告収入を安定させることが急務だ、と考えた。

通信社を興してニュースを提供し、他方で、広告取次業をもって広告を供給する――その着眼はよかったのだが、この新規事業にはもとより賛同者は少なかった。光永は出資を敬遠する人々を追いかけて、夜討ち朝駆けで口説いてまわっている。

通信発行にも、新機軸を打ち出して、今日の社会部の記事を先取りした。外電との提携にも積極的で、多大な成果をあげている。

立ち上がり当初は苦難の連続であったが、光永の頑張りは、ついに社業を盛運の軌道に乗せた。太く逞しいカイゼル髯を、ピンと垂直に跳ね上げ、四辺を睥睨《へいげい》する光永の姿は、いつしか日本電報通信社＝「電通」のシンボルとなった。

むろん、電通はその後、常に順風満帆であったわけではない。

昭和三年四月、長年にわたってライバル関係にあった帝国通信社＝「帝通」が破産の宣告をうけたおり、「電通」は関東大震災で社屋を失い、経営難の難しさは紙一重でしかなかった。

この少し前、大正十五年（一九二六）五月には、報知・東京朝日・東京日日・時事・国民・中外・大阪朝日・大阪毎日という、当時の全国一流新聞社八社が加盟して、「新聞聯合社」を組織し、地方の有力紙とも契約して通信部を広げ、ついには昭和六年（一九三一）、「電通」と同じ広告代理店業に乗り出して来た。

こうした危機に対して、光永は昭和三年、大学卒業者を対象に入社試験を断行、人材の確保に躍起となったわけだ。

また、この頃、光永は三つの年中行事を編み出してもいる。

彼が先頭に立って、富士山頂に登り、神式によって得意先の安泰と「電通」の隆盛を祈願、暑中見舞のはがきを山頂郵便局から発送するということを毎年の恒例とした。

——「暁の仕事始め」も、同じである。

元旦の午前三時に全社員がその年の行事始めを行うというもので、それは創業期、社員の給与が払えず、大晦日の夜半になって集金した売上金をようやく、待ちあぐねている社員に分配したことを忘れぬよう、毎年午前三時に全社員が顔を揃えた。

三つ目が、「電通寒行」である。

大寒に入った一月の一夜、白装束に白鉢巻で身を固めた「電通」の社員数十名が、社名の入った弓張り提灯を片手に本社を出発し、

「日本電報、電報通信」

と唱和しながら、東京市内の目抜き通りを日本橋—銀座と練り歩いた。

各々、得意先を訪問し、「寒中見舞」の礼をとったのだが、こうした年中行事には、社員のやる気を起こさせる狙いと、一方では光永らしい自社の宣伝効果が計算されていた。

さらには、秀雄の入社した翌昭和四年三月には、これらに「駈け足会」というのも新たに加わった。

「道路を歩行する時は、傍目をふらず直往すべし」

「訪問の時は駈足を以て玄関に驀進せよ」といった主旨の断行であった。

秀雄はこうした、光永の創った一風変わった「電通」の社員となったわけである。

とんでもない会社だ！

昭和三年（一九二八）四月、吉田秀雄は社員総数三百十六名の「株式会社日本電報通信社」（電通）――その一員となった。

本社は丸の内、所属は通信・営業のうち、営業部地方内勤課。

営業部員は広告主を訪ねて契約をとる、外勤がその大半を占めていた。

内勤は外勤の取ってきた広告を製作し、たとえば掲載紙の新聞社へ入稿するまでの、一切の処理を担当したが、大口の広告主は当時、自社内に広告部をかならずといっていいほど持っており、文案・図案はもとより、紙型まで自ら製作していた。

そのため広告代理店の担当は、それを指定された先に出稿するだけでよく、通信の方には「紙型運搬人」とかげ口をたたく者もあった。

肝心の料金に規定・基準となるものがなく、広告主、代理業者、掲載紙の力関係がすべてを決していたといってよい。いきおい、花形は営業の外勤となる。

彼らは一定の給与に加えて、獲得した契約高に応じて歩合《ぶあい》を会社から支給されていた。

その結果、契約高至上主義を歪曲《わいきょく》し、もうければ何をしてもいい、と勘違いをする者は多く、俗にいう「呑《の》ませて抱《だ》かせて」ではないが、手段を選ばぬ「広告屋」が大手をふってまかり通っていた。無論、何処《いずこ》の広告代理業の会社も同じようなもの。

こうした外勤の言動が、「広告業」そのものを貶《おとし》め、イメージを低下させ、これに加えて、契約先の担当者も一筋縄ではいかない人が、少なくなかった。広告営業マンの上前をはね、利ザヤを稼いでは私腹を肥やす者もいたのである。

「終戦までの日本の広告界は、日本の古事記以前だったし、あるいは日本書紀以前だったろうと思います」(片柳忠男著『広告の中に生きる男』)

との見解は正しいように思われる。より正確を期せば、「終戦」ではなく、吉田秀雄が現われるまでは、というべきかもしれない。

もっとも、入社早々の秀雄は日々の雑用に追われていた。

秀雄の所属する地方内勤課は、「電通」と契約した地方紙が、「電通」のニュースを買うと同時に、紙面の広告スペースを売る、いわばその仲介を業務としていた。

この時代、まだまだ地方の自力は脆弱《ぜいじやく》であり、東京・大阪といった都会に、新聞も広告も集中する嫌《きら》いがあった。地方新聞はいわば、その余りをもらって、どうにか一息つき、経営を保っているところもあった。

すでに全国紙の、地方制覇の勢いは加速しており、地方新聞の存続はきわめて危ういものに思われた。秀雄は通信料の折衝までやらされ、虚々実々の駆け引きの世界を体験する。

のちに秀雄は、次のように当時を回想していた。

地方内勤課は給仕を入れて七人。最初、体格検査の通知を受けた時に、これはえらい会社だと思ったが、四月二日の入社日に出てみて、更にこれはとんでもない会社だ、いよいよ中に入ってみて、それこそ本当にこれはとんでもない会社だということになった。というのは、当時は広告取引きというものが本当のビジネスになっていない。実業じゃないのだ。ゆすり、かたり、はったり、泣き落としだ。僅かにそれを会社という企業形態でやっているだけで、まともな人間や地道なものにはやれなかった仕事なんだ。〈中略〉三年位の間、これはとんでもない事だ、一日も早くこんな商売からぬけ出さねば、これは大変なことになると、実はしょっ中考えておったのだけれども、昭和四年、五年、六年と加速度的に世の中が不景気になってくる。〈中略〉
そうこうしている内に、だんだん仕事の上でつき合いも出来てくる。顔馴染みも出来てくる。自分自身の私生活までが、その仕事の環境の中に捲《ま》き込まれちゃって、抜き差しならなくなったというのが真相だ。
（「電通入社二十五周年回顧座談会」より）

言葉半分としても、当時の秀雄には、日本の広告界を一新せねばならない、といった気負いは感じられなかった。
この人にとって大切なのは、常に着実な足許であったように思われる。

夫人を小倉から呼びよせ、家庭をもったものの、長男までは引き取れず、友人たちの寝泊りもあり、居候のような同郷人もいて、彼の生活は決して楽ではなかった。ほどなく長女が生まれてもいる。まず、日々の生活があった。「衣食足《た》りて礼節を知る」である。

昨今、企業の新入社員が入社ほどなく、せっかく入った会社を辞めるケースが多い。「理想と違った」

「現実は私が思い描いていたものとかけ離れていた」

各々異口同音に、理想と現実のギャップを退社の弁として語るが、戦前の昭和恐慌の時代、就職の厳しさは今日の比ではなかった。

次が期待できないのである。しかも、衣食が成って、人は一人前のことをいうべきだ、との風も世間には強かった。

戦局の悪化と昇進

日本の広告の現状を、いやというほど見せつけられた秀雄も、すぐには改革にむけての行動を起こしてはいない。

なぜか。社史『電通66年』は秀雄の心中を代弁するかのように、記す。

戦前の広告界の低調は、一つには人材の貧困に原因があったといえる。有能な人材は官界を志し、金融界に走り、大企業に殺到した。特異な才能の持ち主は新聞、出版などの分野に集ったが、広告界を望むものはきわめて少なかった。広告産業の創造確立のためには、まず人材の再発掘からはじめなければならない。

これは、終戦後の引揚げ者を、秀雄が手あたりしだいに「電通」へ入社させたおりのもの。人材の欠乏はもとより、では広告とはどうあるべきか、の理念も日本では確立されていなかった。

入社二年目から秀雄は、同期入社の日比野恒次、坂本英男（ともに営業部中央内勤課）ら有志を誘って、そも広告とは何か、を勉強することにした。先進国であるアメリカやイギリスの関連書籍を丸善辺りで見つけ、週二回の輪講をもっている。

はるかに水をあけられている欧米の広告業界に、羨望の眼差しを向けながら、彼らはこの研究会で忌憚《きたん》のない意見を口にした。

いますぐに、「電通」にとってプラスになることはなかったが、やがてこの研究会を通じて秀雄は、己れの理論武装を固め、具体的な問題点を明確にすることができるようになる。

そのためには、漠然とした理想論がほどよく燻《いぶ》される〝時〟が必要であった。

なにしろ因襲の蔓延《はびこ》る広告代理業、取次業である。これは不条理だ、と攻めたてるにしても、「電通」もこの業界にどっぷりとつかっており、極めておかしな習慣・慣習のなかに屋台骨を据えていた。

下手《へた》につつけば己れの敗北はもとより、「電通」の存続をも瓦解《がかい》させかねないのだから。秀雄はただ、隠忍自重に〝時〟の来るのをまった。この忍耐強さを、筆者は徳川家康に似ている、と受け取ったのだが。

昭和八年、社長の光永星郎は貴族院勅選議員に選出され、関東大震災で焼失した社屋も、当時としては最高級の地上八階地下二階の近代ビルとして再建された。

昭和十年七月、秀雄は上海《シャンハイ》へ出張している。上海支局の中に「電通広告公司」を作るためで、ときに彼は三十一歳になっていた。

翌年一月、「新聞聯合社」と合併により、「社団法人　同盟通信社」が創立された。六月、「電通」から本社、内外支局勤務の通信関係社員五百四十九人が同盟通信社へ移り、かわって旧聯合社より広告部員四十余人が電通に入って来た。この時、「電通」は広告代理業専業の会社となったわけである。

秀雄は、すでに業界を認知する存在となっており、広告の重要性、将来性も認識できるようになっていた。現に昭和十二年の「夏期広告講習会」（電通主催）で、彼は次のように述べている。

「もし仮に電通が広告代理専業であって、その三十六年にわたる通信事業へのたゆみなき努力と多大の犠牲を、広告代理業にのみ傾倒し得たとしたならば、電通は世界有数の広告代理業会社として、数千万円の資産と、代理業として高度完璧の機構組織を持ち得たであろう」

――電通の業績は、みるみるあがった。

昭和十三年二月、秀雄は営業局地方内勤課長に昇進する。

彼が「電通」の営業局地方内勤課長に昇進した昭和十三年二月から、わずか三ヵ月後の五月、「工場事業場管理令」が公布され、すぐさま施行された。これが「国家総動員法」の、最初の発動となる。八月には新聞用紙の制限が国家により発令され、翌十四年七月には用紙供給の制限規則が公布された。

日本が軍国主義に傾斜し、中国大陸において戦線を拡大する中にあって、この年の九月、イギリスとフランスがドイツに対して宣戦を布告。第二次世界大戦の火蓋《ひぶた》が切られた。

このおり中立を宣言したアメリカではあったが、二年後の十二月には、日本との間に太平洋戦争を勃発させる。

当初、太平洋戦争に対して、「勝てるのか」と疑問視するむきも日本国内にはあったが、緒戦のマレー半島への上陸やハワイ真珠湾の奇襲に成功した日本軍の活躍から、国民も勝利に酔い、泥沼化する戦局へひきずりこまれることとなる。

当然、日常生活は戦争遂行のために犠牲にされ、衣食は国の統制下に置かれてしまった。新聞や雑誌などの広告媒体は、軍の統制のもとでやせほそり、広告活動そのものが価値をもたない時勢がやってきた。

皮肉なことに、こうした中で、秀雄は営業局地方部長に昇格している。昭和十六年二月のことだ。翌年六月には取締役に選任され、同年十二月には常務取締役となった。

日本はすでに、国力の限界を超えて戦っており、四方八方への戦線の拡大は、国民生活の欠乏を深めていた。これより少し前、昭和十五年十二月に「電通」創業者の光永星郎が社長を辞任。後を弟の真三にたくした。

広告業界はことごとく、開店休業の状況。仕事をしたくとも広告主もなければ、広告媒体もなくなっていた。関係者は放心し、悲嘆にくれ、日本の戦局が好転することで、事業の再開を神仏に祈っていたといってよい。

〝電通革命〟の第一弾

このどうすることもできない苦境の中で、吉田秀雄は何をしていたのか。彼は手をこまねく同業者を尻目に、この逆境を逆手にとって、のちにいう〝電通革命〟の第一弾をしかけていたのである。

いよいよ戦争に入った。〈中略〉社員の数は減ってくる。平和産業は萎縮して広告そのものがなくなってくる。〈中略〉全部の広告代理業なるものが潰《つぶ》れるのは、いよいよ時間の問題だということになった。

もう駄目だと思われたのが昭和十九年、二十年。そこで最高幹部も過半数が退陣するという状態になった。その時にこの機会にこそ広告界百年の大計を樹《た》てるべきだ。戦争は永久に続くものじゃないと思って決行したのが、代理店の自主的企業整備だ。


(「電通入社二十五周年回顧座談会」より)

「時務《じむ》を識《し》る者は俊傑《しゅんけつ》に在《あ》り」(『十八史略』)

という。各々の時勢において、なすべきことを見抜くことは、それだけ偉大な人がいてこそ、はじめてできることだ、との意である。

今からふり返れば、戦争もターニングポイントを越えた昭和十八年、十九年にかけて、日本では戦争遂行、最終的勝利を大義名分に、広告代理業者の整備と広告料金公定の改革がおこなわれていた。

この二つの出来事は、それまでの広告業界を知る者にとっては、破天荒なものであったといってよい。否、とても彼らには信じられなかったに違いない。

なにしろ前者は、全国に百八十六あった広告代理業の会社を、十二社に統合・再編するというものであった。後者は発行部数や条件の異なる全国津々浦々の、新聞の広告料金を、全国一定の公定価格にあてはめてしまう、という、とんでもない計画であった。

すでにみたように、広告にたずさわる営業マン、広告主、媒体の三者が、あの手この手で広告料金を決めていたこの業界にとって、これら二つの改革は、なかでも質《たち》のよくない〝広告屋〟にとっては、己れの死活問題となる。

とても、容認できることではなかった。

だが、近代的な広告の世界を確立したいと、忍耐強く時節到来を待っていた秀雄にすれば、まさにこの機会は千載一遇のものであったろう。

なにより、軍を中心とする国家が、この計画を肯定してくれているのだ。いかに生命《いのち》知らずの〝広告屋〟であろうとも、まさか日本軍を相手に啖呵《たんか》は切るまい。

幸い軍需をのぞいて、多くの産業は事実上、止まっていた。

あらゆる業界では時節柄、整理統合がおこなわれ、新聞用紙の割りあてをめぐっては、だいぶ早い時期に地方新聞などでは合併が推進されていた。

秀雄はこの二つの懸案を、率先して推進し、ついには協定を成立させることに漕ぎつけた。

「幾《き》を見て作《た》つ」(『易経』)

ものの兆が見えたら、ただちにそれに対する適切な処置を講じよ、との意味だが、秀雄は事前に具体的な腹案をものにしていたであろうし、前提となる「構想力」をしっかりと持っていた。

蛇足ながら、「見えない先を見透す眼」のことを、筆者は「構想力」と考えるが、この場合の〝構想〟は、〝発想〟や〝着想〟とはニュアンスが違う。思いつきやアイディアを、具体的な形にすること、実行のともなう力のことを「構想力」と筆者は考えている。

どうすれば日本の広告業界はよくなるのか、秀雄は常にこのことを考えてきた。「構想力」は無から有を生じるような努力を必要とはしていない。すでにあるもの、見聞したものを、いかに応用して新しい価値観につなぐか。秀雄は日々の仕事に追われながら、このことを熟考していた。

その結果が、「電通」を躍進させることにつながったのである。

もう少し具体的にいえば、全国百八十六社の広告代理店を十二社に統合しながら、秀雄はうち四社を「電通」で独占している。

なかでも名古屋、九州の代理店は、このとき電通に吸収された。東京は電通と博報堂ほか六社、大阪は電通、近畿広告、旭広告など四社。要した三年の間には、反対する大阪の業者が蓆旗《むしろばた》を押したてて、当時の商工省へ陳情する、といった一幕もあった。

その頃は僕が商工官僚とぐるになって、代理店の企業整備を強制した。そこで吉田は、贈《ぞう》賄罪《わいざい》に引っかかって監獄に入っているというデマまで飛んだ。〈中略〉商工省では代理店の企業整備を命令した覚えはないという。命令したことはない、指導した訳だが、表面は命令であるかの如くに見えた。そこで吉田は商工省の役人を籠絡《ろうらく》して、こういうことをやった、電通が日本広告界制覇《せいは》の野望を抱いてやったというが、電通の社員は誰もそんなことは知りゃしない。幹部も何も知りゃしない。僕がこういうことをやるから、了解願い度いといって一人でやった。〈中略〉出来上ったのが、十九年四月。計画をたてて企業整備の原案、それから具体的な整備方法の案を作り、朝日、毎日、読売の重役局長、全国の新聞の社長重役を口説《くど》いてこの連中を表面に立ててやる態勢を作ったり、準備期間を入れて三年掛った。この問題では商工省に二年通った。誰も知らぬ。電通じゃない、僕がやったのだ。（同上）

後世の影響でいえば、業界の再編以上に評価すべきは、単価のきわめて曖昧であった新聞社の広告料金を「準㊣」の協定料金に切りかえたことであろう。

準㊣の協定料金、これも誰も知らぬ。商工省と、当時の日本新聞会が後から注文を入れて形式的に参加したが、実質的には商工省の係のものと僕とでやった。公正広告料の算定方式をどうするかということで侃々諤々《かんかんがくがく》の議論闘争をやった。一方朝日、毎日、読売の中央紙、一方は全国の地方紙が対立した。結局当時の各商品の価格設定算出方式に準じて、原価計算方式というものを実質的に取入れて、今の広告料の基礎となる準㊣広告料金というものが出来た。そこで小生は純粋原価計算を引っさげて、中央紙の諸公と渡り合った。〈中略〉結局

昭和十七年、十八年、十九年と約二年半掛っている訳だがとうとうでっち上げた。これも電通じゃ誰も知りゃせぬ。（同上）

秀雄は東京空襲が激化すると、阿佐ヶ谷にあった自宅から、自転車を使って新宿に出、四谷—市ヶ谷—半蔵門とペダルを踏んだ。

半蔵門から三宅坂へさしかかると、当時は、ひときわ高い「電通」の社屋がみえた。

「昨夜もぶじだったか」

ほっと一息入れて、彼は会社にむかったという。終戦は、あと少しのところに迫っていた。

終戦の混乱

「いくじなし」のことを、熊本弁では「へちゃくそ」という。

「へちゃくそ、これぐらいのことがなんね」

いつもこの言葉を口ぐせに、率先垂範してきた「電通」の初代社長・光永星郎は、昭和二十年（一九四五）二月二十日に七十八歳で死去した。

同年、二代社長で星郎の弟でもある、真三が辞任を表明している。

「電通」はいつしか、東京商大（現・一橋大学）出身の三代社長・上田碩三の時代となっていた。上田も光永家の親戚筋（星郎夫人の従弟）にあたったが、この人物はパリ講和会議やワシントン軍縮会議に特派員をつとめ、数多くのスクープをものにして来た、通信・報道の人であったといえる。

——そうするうちにも、運命の日が来た。

昭和二十年八月十五日正午、本社二階の広間のラジオの前に集まって、玉音放送に聞き入ったのは、社長上田、常務取締役・吉田、以下数十名の社員だった。大本営発表を信じ、竹ヤリを持ってでも本土防衛をと決意していた社員たちの、張りつめた気概は一瞬にして崩れ、茫然《ぼうぜん》自失していた中で、

「これからだ」

と大きな声で叫んだ男がいた。

それは吉田秀雄だった。

彼はこんなものは不要だとばかり、鉄かぶと、防空頭巾《ずきん》などをかなぐり捨て、社員の先頭に立って、社内外の清掃をはじめた。これからどうなるか、だれにもわからなかったが、とにかく平和がきた。

（『電通66年』）

終戦の年、秀雄は四十一歳で、常務取締役に業務局長を兼ねるポストについていた。戦後の「電通」は上田社長のもと、改めて通信事業を復活させ、新聞発刊を企てた。

昭和二十一年八月、「世界日報」が創刊されている。

もし、このまま上田が社長でありつづければ、あるいは戦後の「電通」は、戦前の形に戻ったかもしれない。事実、それを悲願だと考える役員・幹部社員は少なくなかった。

だがそうなれば、今日のように広告業界のみでの、世界に冠たる「電通」と成《な》り果《おお》せたかどうか。広告と通信に、エネルギーが二分された公算は高い。

昭和二十二年、公職追放令が拡大改正され、上田は退陣を余儀なくされる。同年六月、株主総会が開かれ、満場一致で吉田秀雄の四代社長が選任された。

合併以来、同盟通信社は「電通」の大株主であったから、秀雄の対抗馬を用意しての決戦、との下馬評もあったものの、衆目の一致するところ、この敗戦のドン底の時代に、社運を背負って苦境を脱出し、さらなる発展に社を導きえるリーダーは、彼以外にはいなかった。

「世界日報」は「電通」の手を離れ、紆余曲折の末、昭和二十五年に産業経済新聞に吸収されることとなる。

社長となった秀雄の胸中には、〝電通革命〟の諸計画が詰まっていた。ときに四十三歳。抱いてきた抱負を具体化する「構想力」には、自負心もあった。

さて、どこから改革を再開するか。

ところが、世の中はそれほど単純ではなかった。日々の社務が、秀雄の活躍を資金繰りに限定してしまったのである。

昭和二十二年、「電通」でアルバイトをしていた木暮剛平《こぐれごうへい》（のちの八代社長）は、この時期、秀雄に話を聞いたことがあるという。

戦時中の軍需産業中心型の経済から、自由経済に変わり、国民の生活を豊かにするための商品やサービスの生産を中心とする経済社会へと転換する。米国と同じように広告の役割は増大し、広告会社の花咲く時代が訪れる。（「電通一〇〇年を迎えて」・『電通人たち』所収）

「社長の説明は大変論理的でひかれました」

と木暮は、右の巻頭対談で当時をふり返る。よほど感動したのであろう、彼は商社か銀行に就職するつもりでいたのを「電通」に変更した。

確かに、広告業界の発展はラジオやテレビの出現で飛躍する。昭和二十五年から同三十五年までの広告費の伸びは、年率二十五パーセント。その後、十年間は年率十五パーセントという驚異的な数字を記録している。

だが、物事にはことごとく、飛躍の前の屈伸がともなった。

木暮の記憶によれば、昭和二十二年の「電通」社員は六百人。年間取扱高は五億円であり、映画・書籍・百貨店・薬品などが、主な広告主であったようだ。

ところが、当時、まだ経済統制は解除されておらず、新聞は二ページで雑誌も薄っぺら。そのため、肝心の広告を載せてもらうスペースがなかった。電通の営業マンたちは、広告主から広告をもらうのに苦労し、新聞に掲載してもらう交渉でも、もう一苦労した。

力関係が媒体側に有利で、彼らは「電通」に現金払いを要求する。一方で広告主からの集金には当然、時間がかかった。資金繰りが苦しくなった「電通」は、なんと黒字倒産の可能性さえ抱えていたのである。

銀行から金を借りようにも、当時、国は国土再興を命題として、〝傾斜生産方式〟をとっていた。つまり、生活必需品を甲として、順次に乙丙と優先順位をつけたわけだ。新聞社は乙種、広告業界は丙種。そのため、銀行もなかなか金を貸してくれない。社員への給与分割払い、新聞社への支払いの延期交渉、広告主へは早期支払いを促しにいくといった按配《あんばい》で、「電通」は生き残りに必死であった。

後年、秀雄はいう。こうした危機を切り抜け得たのは、一にも二にも、初代光永星郎社長が、銀座に土地と社屋を残しておいてくれたことが絶大であった、と。

民放ラジオ、開局への執念

昭和二十二年、二十三年、二十四年の三年間、秀雄は社の資金繰りに悪戦苦闘を強いられる。それでいて、この人物の恐るべきところは、時を同じくして自薦他薦に関係なく、「電通」の社員を募集しつづけた点であった。

しかも、「公職追放」に該当《がいとう》する者を、それを承知で傍系会社まで作って入社させている。なかでも語り草となったのが、「ユニヴァサル広告社」であろう。

この「電通」傍系会社は、表むき輸出品輸入品の広告を専門に扱うということになっていたが、事実上は何もしていない。

政界・財界・言論界などで「公職追放」された著名な人々を集めた、いわばサロンのようなものであった。

終戦で海外からの引揚げ者も多かった。また、財閥企業や軍需工業の解散縮小で、各界の要職を離れ、優秀な才能を持ちながら腕をふるう場に恵まれない人材も多かった。電通はこれらの人たちをさまざまな形で吸収し組織することによって、電通を近代的な広告会社に飛躍させることに努めた。

（『電通66年』）

「失得恤《しっとくうれ》うる勿《なか》れ」(『易経』)

という名言がある。

わずかばかりの得失のために、心をわずらわすべきではない。誠をもって断乎としておこなえば、かならず慶福がある、との意だ。

秀雄は日々、難問苦問に責められながらも、戦時中に比べれば、どれほどましか、と自らを叱咤激励した。己れの想う方向へ、「電通」を引っ張って行けるのだから。

人生というものは、と秀雄はのちに回想してる。

結局こっちが生んでくれと云ったわけでもないのに生れて、何やら知らぬが、皆が云うから、学校を出て、就職難だからあすこも駄目ここも駄目といっている内に、偶然ぶち当って一体どんな会社か訳もわからぬまま入ってきた。入ってみて、これは大変だと思ったが、まあ仕方がない、やってみようかいと云うことになって、やっている内にどうにか何とか恰好《かっこう》がつき出したと思ったら死んでしまう。

(「電通入社二十五周年回顧座談会」より)

戦時中、中断していた電通恒例の富士登山も、秀雄の社長就任の翌年には五年ぶりに再開した。また、彼を中心に早朝会議がもたれるようになった。

徐々に形成される、戦後の「電通」の陣営に応じるかのごとく、ラジオ放送がはじまる。秀雄は昭和二十二年の時点で、電通経営の三施策を打ち出していた。その一つが商業放送の設立であった。残る二つは、クリエーティブ技術の向上、マーケティング理論の確立――。

彼はこの大目標を、残された寿命の中でやり抜くこととなる。

ラジオについて――日本人が皮肉にも、この機器の重要性に気がついたのは、アメリカ軍による本土空襲がはじまったことによってであった。

そして、玉音放送こそが、ラジオの必要性を決定づけたといってよい。

大正十四年（一九二五）三月にNHKがラジオ放送を開始して以来、民放は昭和二十六年の大阪・名古屋・東京の初放送を待たねばならなかった。

なぜ、これほどに時間がかかったのか。

占領下の昭和二十年（一九四五）九月、ときの東久邇宮《ひがしくにのみや》内閣は逸早《いちはや》く、NHKのほかに広告放送料を収入源とする放送会社＝民放設立の方針を閣議決定した。が、GHQ（連合国軍総司令部）は占領統治の便宜上、当分はNHK以外の放送を認めない方針を打ち出す。

そのため、終戦より六年間、ラジオ放送をめぐって、占領下の日本では紆余曲折の折衝がおこなわれたが、このおり主導的な役割を担ったのが、「電通」の常務、社長としてかかわって来た吉田秀雄であった。

「二十五年の電通生活の中で、これが一番大きな出来事かも知れない」

と、のちに秀雄は回想している。

電波の民営化が打ち出され、多くの経済界の人々の賛同を得、ラジオ放送はすぐにでもはじまりそうにみえた。だが、秀雄を「電通」の四代社長とした公職追放令は、一方で民間放送を準備しようとした財界の人々を、一挙に追放してしまうことにもなった。

加えて、秀雄個人は民間のラジオ放送を、新聞社を中心に開局したい、との考えをもっており、その方面への説得に苦労する。

当時の新聞界には、ラジオに理解を示す人は極めて少なかったから無理もない。

「一時は火の消えたような事態に突き落とされた」(『民間放送十年史』)中にあっても、秀雄は社運を賭して踏みとどまり、懸命にラジオの未来性を語っては、大手新聞社を説得してまわった。

民放時代はかならず到来する、それは「電通」はもとより、広く日本の広告業界に新しい地平が開けることにつながる、との確信が先進の欧米広告事情を勉強して来た秀雄には、掌《たなごころ》を指すようにわかっていたようだ。

昭和二十五年、民放に関する条項を含む放送法が国会で成立。翌年十二月、電通・毎日・朝日・読売の四社合意のもと「ラジオ東京」が初放送に漕ぎつけた。

世間では本当のことを知っているものはごく少数だし、電通の者や、いや諸君にしても、あの一年に亘《わた》る必死の画策努力を知らんだろうが、後世日本の商業放送秘史あるいは裏面などということになれば、面白いことも沢山あれば、意外なことも色々ある。だが誰が何と云おうと、今日の民間放送体制を作りあげたのは電通だ。電通以外の何者でもない。〈中略〉電通はラジオで儲《もう》かるだろうと云う。冗談じゃないよ。満六年間の苦労の償《つぐな》いは一生かかっても出来はしない。

（「電通入社二十五周年回顧座談会」より）

テレビは採算があわぬ

のちに、八代社長となる木暮剛平は、『電通人たち』の中で、次のように述べている。

私はのちに社長に就いてから、吉田さんの偉大さを改めて痛感したことがある。フランスに行った時ですが、フランスには民放がないという。民放ができたら新聞社は広告を食われる。だから新聞社が反対した、との説明だった。ドイツも同じ。ところが、吉田さんは、民間放送の経営母体を新聞社にしようと骨折った。「自分のところの広告が食われてしまう」「食われてもいいじゃないか、広告のパイがどんどん広がるんだ」。吉田さんの説得で新聞社が民放ラジオを始めたんです。〈中略〉産業界の人がラジオをやったら、新聞社がそれをつぶしたかもしれない。

秀雄のラジオ放送にみせた手腕は、その「構想力」を遺憾なく発揮したものであったといえる。ところが、このラジオにおける速断即決が、テレビ放送に関しては見られなかった。六年の歳月をかけてようやく実現した民間ラジオの放送実施に比べ、テレビ放送はそれからわずか二年で実現している。ときの読売新聞社社長・正力松太郎の手腕によって。正力は東大出の警察官僚であり、警視庁警務部長のキャリアで、当時は三流紙といわれていた「読売新聞」の七代社長に就任した。

その経営手腕は、センスにおいて、秀雄自身が語ったところにしたがえば、「電通」初代の光永星郎が匹敵し得るぐらいのもので、「朝日」「毎日」の先発新聞を相手に、売り上げを争う一方、ラジオの民間放送で出遅れた反省も込め、テレビ放送では誰よりも早く触手を動かした。

当然、秀雄のもとにも相談におとずれたが、終始、聞き役にまわり、秀雄は正力の期待した、積極的な動きを示さなかった。焦《じ》れた正力は、独自に昭和二十六年十月、「日本テレビ」の免許を申請。あわてたNHKが、テレビ放送を昭和二十八年二月一日にスタートさせると、それを半年後に開局して追撃した。

最大の難関は、ラジオが終戦時に全国で八百万台あったのに比べ、テレビ受像機は一台もなく、その値段は破格の一台二十万円以上というものであった。とても、各家庭に一台とはいかない。

家庭に受像機が買えないならば、と正力は、東京・大阪の目抜き通りに街頭テレビを設置していく。

一方でプロ野球のナイター、力道山のプロレス、相撲の中継と放送ソフトを充実・拡張し、街頭放送を大成功に導いた。テレビのあるところに人々は集まり、集客を目的とする店は、懸命にテレビを購入するようになった。

秀雄はテレビの将来性を、読みあやまったのであろうか。そうだ、という声は今日なお少なくはない。

実はここに、広告生活三十年を迎える一年前、正確には昭和三十二年一月一日発売の『新聞時代』がある。秀雄は同誌の「広告の鬼に聞く」のインタビューに答えて、次のようなことを語っていた。

ラジオ、テレビの企画、製作はほとんどサービスです。原価ももらえない。放送会社自身が製作というものは原価の半分でやっていますからね。電波料は原価通り、しかし製作料を割引きしましょうといっている。〈中略〉

それじゃほかの代理店はやっているじゃないか。外の代理店は案内だとか、スポットだとか、製作コストのかからない、しかも手数料の多いものをやっている。プログラムの十五分もの三十分ものというのはべら棒に手数がかかって手数料は安いです。考えてみただけでもゾッとしますが、企画を立てるシナリオを書かすでしょう。配役を決めるでしょう。リハーサルをやらなければいけないでしょう。それからいよいよ本番に入る。その間中、社のスポンサー担当の社員と企画、製作の社員何人かが付ききりなんです。〈中略〉

それじゃアメリカあたりは、どうやっているか。アメリカあたりは広告代理業は企画だけやるんですよ。製作はみな独立スタジオにやらしちゃうんですね。〈中略〉放送会社自身も大きな製作部は持たない。〈中略〉広告代理業の社員はいうてみれば、広告関係のプログラムのプロデューサー的な立場で監督しています。放送会社然りですね。

それでいてアメリカあたりでは、企画製作に対しては堂々と正式の手数料をとっております。日本ではラジオもそうでしたが、テレビのプログラム物を、いまの手数料では完全にはやれないということですよ。スポット、つまり案内ですね、あれは手数も経費も余りかかりませんから助かる。

ところが私の社の者は、プログラム物をやらなければ本当のラジオ版、テレビ版ではないと思っている。〈中略〉お前ら面白い仕事ばかりやりやがって、赤字のケツ埋めは、だれがやるんだとやかましくいったです。

広告として、初期のテレビはラジオ以上に採算があわなかったのである。

秀雄はラジオに関しても、電通入社二十五周年回顧座談会で述べていた。

「現在厳密計算で行っても電通のラジオはまだまだ赤字だ」

と。彼がテレビに積極的でなかった最大の原因は、この収益にあったわけだ。

それでも〝広告の鬼〟はタイミングをはかりつつ、最小限度の赤字覚悟で、果断にテレビへも挑戦していく。

躍進の一方で引き締め

昭和三十年(一九五五)、吉田秀雄は五十二歳になっていた。この年は、終戦から十年目にあたる。

「電通」は同年七月に、創立五十五周年を迎えた。このおり、それまでの社名であった「株式会社日本電報通信社」を、通称のとおり、「株式会社電通」と改めている。資本金も倍額増資され、九千六百万円となった。

この年の「電通」総取扱高は、百四十七億円。月割にすると十二億円となる。そして年末になると、たえず秀雄が目標にかかげてきた数字=十五億円を突破した。

同じ十二月十七日、「電通」では一日ストが決行されている。

——一つの、予測された結末であったかもしれない。

躍進する「電通」は、吉田秀雄の経営手腕によってようやくここまできた。が、当然のごとくそれは、彼の社員に対する苛烈な要求によって、実現されたものでもあった。

当時、「電通」の社員が結婚式をあげると、かならず出てくる上司からの祝辞というのがあったようだ。

「新郎は、当社の優秀な社員であり、朝は星をいただく頃から、深夜にいたるまで働かねばなりません。新婦はこのことを十分理解していただきたい。

「そしてわが社には月給袋というものがありません。新婦は新郎を信頼して、ユメ月給をごまかしているなどとは思わないように」（いずれも、『広告を考える』より）

つまり、電通マンたるものは、早朝から夜遅くまで働くのがあたり前。身ゼニを切ってでも、クライアントの確保、開拓に全力をあげろ、ということになる。

冒頭近くでみた、秀雄の「鬼十則」の精神もまたしかりであった。

だが、一日ストを決行しても、秀雄のワンマン体制には、何ら支障は来《きた》さなかった。

時代が日本人全体に、モーレツに働くことを強《し》していたともいえる。

翌年二月、彼は欧米視察の旅に出ている。

年齢を考えれば、遅すぎる外遊といえなくもない。おそらく秀雄にとっては、欧米先進国の広告事情に直接、手をふれ、実際に体験してみるという貴重な行為より、〝電通革命〟の方が、より重要であったのだろう。

彼の目からみれば、十年たって飛躍的に発展している「電通」も、まだまだ不充分なものでしかなかった。加えて、秀雄は己れの年齢を考えていた。突っ込んだ見聞や専門的な研究、視察は、未来のある若い社員にやらせればよい。自分は最高責任者として、浅くとも広く海外事情を知り、社の方向性を示せばことはたりる。

ここにも、この人らしい「構想力」があった。

全体と部分。戦略と戦術。秀雄はこの差異を十二分にわきまえていた。

では、彼の求めた方向性とはどのようなものであったのだろうか。

広告代理業の歴史を第一、第二、第三、第四と期間を分けると、第一期がスペース・バイヤー。新聞社は新聞のスペースというものを、広告主に売るという考えは持っていなかった。〈中略〉その内にこれが有力な広告媒体であるということに気づいて、〈中略〉新聞社からスペースを買ってくる仕事を考え出した者がある。これが広告代理業の始めだ。そうしている内に、〈中略〉今度は新聞社が積極的にスペースを売り始めた。そこで代理店が、新聞社のスペースを売る行為をやるようになった。これが広告代理業の第二期的な性格だ。〈中略〉スペースを売るにも買うにも、いろいろなサービスを提供することによって、売買活動を旺盛にする。〈中略〉これが第三期のサービス時代だ。

更にそのサービスが進んで企業参加、いいサービスをする為には、その広告主の事業の全《ぜん》貌《ぼう》というものを理解していなければならない。でないとよい広告の計画は立たない。企業に参劃《さんかく》したと同様な関係を持たなければ、いい広告、宣伝の立案企画は出来ない。〈中略〉これが現在のアメリカの段階、つまり第四期の企業参劃時代だ。

（「電通入社二十五周年回顧座談会」より）

日本はまだ第三期だ、と秀雄はいう。これをいかにして第四期に近づけるか、これこそが彼の方向性の根本であった。

秀雄が初の海外視察を終えて帰国したその年の十二月、電通の月扱高はついに二十億円を超えた。明けて昭和三十二年、元旦——。

「いよいよ三十億の電通時代が来た」

と、彼は声高らかに宣言し、役員・社員を叱咤激励している。

その一方で秀雄は、「社外極秘」「厳秘」扱いの訓辞を再三、社員に出して、その引き締めに躍起となっていた。

「電通」は確かに大きくなった。そのことにより、「業界各面の厳しい監視、激しい抵抗、反撃、或いは一部の根強い嫉視《しっし》反感」が生まれ、その中で「電通」は生きのびていかねばならない。勝ち抜くためには、社員一人一人が「他の如何なる者よりも常に数段数十段すぐれており、電通が他のどの社よりも常に数段、数十段ぬきんでたものを持って」いることこそが必要だと説いた。

客観的条件と主観的条件＋構想力

ここで見落してはならないのは、客観的条件と主観的条件の彼独特の考え方であった。

癌病の兆は真に微弱である。然しその軽微な兆こそは実は死への第一歩である。〈中略〉よく諸君は世間の景気不景気を言う。究《きわま》り客観的条件の如何を口実にする。景気の好い時売上げを増し、悪い時に減らす位のことは凡庸匹夫《ぼんようひっぷ》、誰でもやれることだ。不況時に業績を上げてこそ勝れた才能、絶倫の努力と言える。

いや勝《すぐ》れた才能、逞しい努力があれば、客観的条件の如きは問題ではない筈《はず》だ。正力（松太郎）さんの読売新聞は、世をあげて不況にあえぎ、広告料は滔々《とうとう》として値下げの方向にあった時期にすら、第一次、二次、三次と十数度に亙って順次値上げを敢行し続けた。昭和の初期五万部の読売が弐百万の大新聞として今日ある所以だ。

事業の消長は客観的条件によるのでなくて、何時の時代如何なる社会においても、常に主観的条件の良否如何に掛っておる。世間並の考え方、やり方、世間的な才能努力では世間並の収穫しかない。諸君がそれで満足だとするならもはや何をか言わんやである。

少くとも私は断じて「否」である。いや電通とはそのようなものではない筈だ。

（「厳秘」・「危険の兆候を怖れよ」より）

しかし、それをやり抜くには、並々ならない「構想力」が必要であったろう。秀雄はいつ、どのような形で、この「構想力」を組み立てていたのだろうか。すでに引用した『新聞時代』に、次のような興味深い、彼自身の談話が掲載されていた。

——社にきている間は、本当はものを考える暇がないですよ。次々に人に会ったり、電話に出たり、社のものを呼びつけて命令をする、仕事を与えたりしているが、ときどき一人でフワーッと飛び出して銀座を歩いてくる。そうしている間に頭を休め、いろいろ考えます。考えたことは——私は日記は絶対につけない。つけたものは忘れるから——紙片にメモしておく。そしてここ（胸ポケット）にはさんでおく。夜家に帰りますと、家にきている書類の整理をします。〈中略〉それから新聞に目を通す。寝ます。寝て三十分ばかり本を読んだり雑誌をよんだりしている間に考えつきますとメモをつけます。ポケットにつっこんでおきます。〈中略〉

昼の汽車に乗ると必ず、だれか知った人に会う。汽車は夜行、でなければ飛行機。知った人に会えば、そうっとかくれてしまうということなんです。

だから昼間は銀座ショッピングに歩いている。〈中略〉おもてに飯を食いにゆけば必ず知った人に会うので、ここ（社内）で支那そばを食って一人でボヤーッとしている時間が一番楽しいですね。その間いろいろなことを考えつくわけです。昼間は全然その暇がないですよ。夜は幸にしてよく寝ます。夜中にふと目を覚ますことはないですから。

考える、ということについて、あるいはアイディアを練るということに、なるほどと思える秀雄の言葉であった。

――少し、角度をかえてみる。

人は日常生活とは別の顔を、非日常――その代表として趣味の世界で示すという。趣味をみれば、あるいはその人物の本性が窺《うかが》えないともかぎらない。

吉田秀雄が「構想力」を組み立てるときの一例として、「銀座ショッピング」に出たことは述べた通りだ。

これは趣味の少ない彼にとって、唯一ともいえるもの、道楽ではなかったろうか。

「吉田秀雄」といえば、その趣味にゴルフをあげる人は少なくない。

余談ながら、日本でのゴルフの起源は、イギリス人の茶商が神戸六甲山上に四ホールのゴルフコースを造った、明治三十四年（一九〇一）だとの説がある。いみじくもその年は、「電通」の創業した年でもあった。

だからというわけではないが、四代社長となった秀雄の、ゴルフへの打ち込みようは、なるほど、尋常なものではなかったようだ。得意先——新聞社・放送局、無論「電通」の幹部社員に対しても、ゴルフボールをくばり、クラブを紹介し、ゴルフの普及・発展に貢献したということでは、おそらく日本屈指の人であったろう。

昭和三十五年には、戸塚カントリー倶楽部の初代理事長もつとめている。同所にはその感謝を込めて、昭和三十九年三月に、「吉田秀雄の詩碑」まで建立されていた。

故吉田社長の贈り物は有名である。ある意味では、日本のゴルフ熱をここまで盛んにしたのは彼であると言われている。社長の短い生涯で贈ったゴルフセットは三千組とも四千組とも言われている。社外はもちろん、社内でもこのおかげを受けている者は数多い。私もその一人である。社長が部下に物を与える時の表情には色々あるが、社長の心情が端的に出ていて感激する。その三態を書いてみる。

その一、大阪在勤当時ゴルフセットを戴いた。朝出勤するとすぐ、社長が呼んでいるというので、当時別棟の役員室に行くと社長は例によって手紙を書いているらしい。挨拶をしたが見向きもしない。

「来たか、うん、それを持って行け」ただそれだけである。見るとハトロン紙にくるんだものがある。有りがたく戴いて帰ったがあけて見て驚いた。きのう買ったばかりのボビージョンズ。普通の人なら最近お前はよく働いているようだから、これをやる、しっかりやれよというんだろうが、そんなことは何も言わない。そのため一層感激を深くする。タレントであるとともに非凡の演出家といえる。

その二、名古屋在勤当時外套を戴いた。〈中略〉

その三、北海道に赴任する際にも色々のものを戴いた。〈中略〉その際ゴルフセット〝タニー〟その他数々のものを戴いたが、いつになくクラブの説明なども拝聴した。あちら、こちらと転勤して、今度は北海道、「頼むぞ」の気分が言外にあふれて、本当に慈父の感を深くした。

（「思い出の記」・『鬼讃仰』収録）

ゴルフにまつわる秀雄との思い出は、電通マンにとって少なくない。

だが、これらは「電通」が広告業界の中で占めた役割を、ゴルフに置きかえての、彼なりの「電通」宣伝戦略であったと思えるふしもある。

同様に、戦前から存在した歴史の古い名門コースへのレジスタンス、彼らしい反抗心の表現でもあったように考えられるのだが、いかがなものか。

野球に熱心であった、との証言もあった。

趣味と部下への思いやり

――嗜好品は、どうであったろうか。

どちらかといえば甘党であった秀雄は、酒を飲まず、食べ物にも生涯無頓着であった。彼はそうとうコーヒーを日々、飲んでいたようだが、その味や香りについて語ったものを読んだことがない。タバコはヘビースモーカーといってよい。

どうやら買物だけが、彼を知るすべての人の認める趣味・道楽であったようだ。ニューヨークにいったおり、走る車の窓からみえるウインドウを指さして、次々と購入を部下に命じたといった挿話には事欠かない人であった。銀座、道頓堀、どこへいっても気ばらしをするように衣服を買い、機会あるごとにそれらを人々に贈った。単なる物欲ではなかったようだ。

女性にも大いにもてた。しかし、色欲におぼれて社業を疎《おろそ》かにすることは皆無で、世間に多い名誉欲にも、きわめて関心の薄い人でありつづけた。

常にこの人物の心を占めつづけたのは、昨日・今日・明日の「電通」――それだけであったように思われる。

以下、吉田秀雄がこの世を去った一周忌に編まれた、『鬼讃仰』（非売品）を読んでいて、不覚にも新幹線の中にいながら、筆者が泣いてしまった、という思い出である。

それは「採用決定」と題された、「電通」社員の「追慕の記」を読んでのものであった。少し長いが、以下、引用する。

昭和三十四年も、おしつまったころです。人事部長から、君が紹介したSの採用が決定したので、至急本人に知らせたい旨の電話を受けました。当日は女子社員の面接試験が八時半から行なわれる予定でしたが、都合で十時に変更され、Sは所在なさに社外に出て、十時近く指定の場所に戻った時は、再度開始時刻が変わり面接試験は終了していました。

そのころSは十六歳、両親に死別し、老いた祖母と二人だけの淋しい家庭で、中学を卒業後、英会話、英文タイプを習得し、就職を切望しておりました。電通へはいれたら、ということで人事部にたのみ、今日の面接となったのですが、受験に遅刻しては万事休すです。

次の機会を待つように、言いきかせて帰した直後の電話です。人事部長の話によりますと、社長（吉田秀雄）が「今日一人来なかったな」と言われたことから、市川専務がSの話をされ、即時採用が決定されたそうです。しかも「電話でも、電報でも、できるだけ早く本人に採用の決定を知らせろ、就職がきまって迎える正月と、知らずに迎える正月では楽しさがちがう」との行届いたご指示までありました。

私はSに採用の決定と、社長のご配慮を伝えましたが、それだけでは何かものたりなくて、帰宅後家族にこの話を致しました。

母と家内は感激して泣いてます。〈中略〉やがて母が申しました。

「そんないい社長さんの会社に勤めているあんたは幸福だね」

――読んでいて、涙を誘った「追慕の記」は、これ以外にもあった。

面接試験の後、吉田社長は、わたし一人を隣の応接室によび、

「君は、僕と同様、父親を早くなくして、さぞ苦労したことだろう。今日から君の才能を買うから、今後は会社のために大いに頑張ってくれ」

と、いわれ、その後で、

「この銀座というところは、遊ぶにはもってこいの場所だから、誘惑されないように…もし遊ぶ銭があったら、その銭でおふくろさんに餅菓子でも買ってってやれ」

と、いわれた。

わたしは、そのとき、涙がにじみ出てくるのを、どうしてもこらえることができなかった。

(「おふくろと餅菓子」)

――このように、入社をめぐっての受験者に、あるいは新旧の社員へかける吉田秀雄の温

情、型やぶりな応対については、それこそ枚挙に遑《いとま》のない証言が残されている。その一方で、〝広告の鬼〟と畏敬され、率先垂範して「電通」を引っぱり、電通マンの尻をたたきつづけ、役員・社員の失敗には情容赦のない叱責をとばす恐ろしさが、この同じ男の中に同居していた。

否、日々の厳しさが身に沁みている社員たちにとっては、ときにみせる秀雄のやさしさ、情にもろい言動、包容力が救いであったのかもしれない。ほっと心なごみ、それによって彼らはコロリとこのワンマン社長にまいってしまった、といえなくもない。

無論、すべてが演出ではあるまい。親のいない社員に見せる心配りは、同じように苦学してきた彼自身の生き方をダブらせ、心からの同情によって出た言動であったろう。

それにしても、目標を掲げそれを決して忽《ゆるが》せにしない一徹さ、「バカモン！」「阿呆《あほう》！」「この糞ったれ」と怒鳴り散らし、「死ね」とまでいい切って、相手を徹底してやり込め、決して手を緩《ゆる》めない、その執拗さはどうであろうか。

この相矛盾する、大きなイメージの落差をもつところにこそ、秀雄の人間としての魅力があったのかもしれない。彼は〝鬼〟になるべく自らに鞭打っていたのだろうか。それとも、真性の〝鬼〟であったのだろうか。ふと思うことがある。

〝鬼〟、逝く

生死というのは、あるいは仮りの区分なのかもしれない。

例外なく、人は死ぬ。しかし、親しい人々は、それが死者と自らを隔《へだ》てるものとは、なかなか割り切れない。

なにしろ逝《い》った人は、永遠という際限のない世界に広がり、むしろ生き残った地上の人々のまわりに、いつ、いかなる時にも自在に満ち満ちることができ、祈れば、思えば会えるのだから無理もない。

ただ一つの無念は、生者は再び死者に現世では会えないということだ。

思い出を中心にあまねく存在しながら、去っていった人は再び、手をにぎりあうことも、同じテーブルを囲むことも、喧々諤々《けんけんがくがく》のいさかいをすることもない。つまり、生者の五感の中に、死者を感じることができないのだ。

〝電通〟四代社長として、ほぼ独力でこの企業を世界屈指の広告代理業に育てあげた吉田秀雄が、昭和三十八年一月二十七日、突然、この世を去った時も、すべての社員は「そんなことはあり得ない」、「あの〝鬼〟がくたばるはずがない」、否、「病気にかかっていること自体、うそだろう」と思った。

だいたい、うちの社長は幾つだったか。五十九歳。まさか、せいぜい四十代じゃなかったのか。実年齢すら顧《かえり》みられることがないほどに、秀雄の存在は若々しく強烈でありつづけた。

「電通はおれだ。おれが電通だ」

と公私ともに臆面《おくめん》もなくいい切って、何ら恥じることのないこの人物は、本来、〝死〟とは無縁のイメージであったのかもしれない。しかし、生身の秀雄はすでに病魔に冒《おか》されていた。

そういえば……と、ごくごく近しい人は思い出したかもしれない。秀雄の医者嫌いと、それに相反する薬の服用を。ペニシリンのみならず、抗生物質の効果が世間に知られ、新薬が市販されると、何でもかでもすぐさま購入し、自ら用いた。

それも用量用法を無視して、瓶から手の平にこぼれた錠剤を、無雑作《むぞうさ》に口の中へほうり込むというやり方であった。

灸《きゅう》に凝《こ》ったことも、あとで思いおこせば、胃の調子の悪かったこととつながった。秀雄は自らの胃の痛みを、神経痛だと思い込んでいたふしがある。

昭和三十七年（一九六二）、ニューヨークへの出張から帰って二ヵ月ほどすると、秀雄は連日、胃の痛みを訴えるようになった。それでいて病院には行かず、ひたすら浴《あ》びるように市販の薬の錠剤を飲んだ。

このあたり、この人物と似た天下人の徳川家康も同様であった。

何事にも用心深い家康は、自ら医学を修め、徳川家の医師団よりも本草《ほんぞう》（医薬）に精通していた。薬剤の専門書『和剤局方』を身辺から離さず、その内容を諳《そら》んじていたほどに詳しく、病気になれば自分で調薬し、服用した。が、これがかえって仇《あだ》となる。

元和二年（一六一六）正月、当時は珍しい南蛮料理であった天ぷらを食した夜、家康は腹痛を起こした。自ら「食傷」と診断した家康は、「万病丹」を出させて服用したが、所詮は素人――これは誤診であった。

食あたりにしては、吐瀉《としゃ》がない。家康の病状は、今日でいう胃癌であった公算が高い。もとより家康にはそれを見通すことはできなかったものの、三月二十九日、白湯で服用した薬を吐いた時点で、いかにもこの人らしく、その後、臨終までの十数日間、どのように周囲の者がすすめても、一切の薬をもちいようとはしなかった。

「もはや無駄である」

その顔は無言のうちに語っていた。

日々養生を心掛け、自ら調合した薬を服しつづけた家康も、ついには治癒することなく、七十五歳でこの世を去ってしまった。

箱根カントリークラブで、ゴルフに臨んでいた秀雄は、このとき、これまでにない激痛に襲われる。かかりつけの、医師の勧告によって、六月二十五日、東大木本外科に入院し、同二十九日に胃の切開手術がおこなわれた。

この時点ですでに、彼の病名は胃癌と知れる。しかし、この事実は長男・宏にしか知らされず、秀雄は胃潰瘍と告げられたままを信じ、再起を疑わなかった。

手術後の経過はおおむね良好であり、七月下旬から九月半ばにかけては、箱根や山中湖、軽井沢などへ転地療養にでることもできるようになり、半ラウンドとはいえゴルフも楽しめた。九月十八日には一路、福岡へ飛び、実母サトを訪ねてその健在ぶりを示すゆとりももっている。

翌月二日には、大阪支社で開かれた、十月度事業予算会議及び全体部長会議にも出席。文字通り〝広告の鬼〟としての存在感を社員たちにあますところなく示した。

いつもと変わらぬ厳しい訓示のあとで、秀雄は次のように述べている。

最後にお願いしておきたいことは、東京本社の建設という問題である。私が今後五年生きるか、十年生きられるかわからぬが、私の寿命を縮めてもこれだけは必ず完成したいと考えている。世界一の広告建築、世界一の広告殿堂を作ることは前にも申上げたごとく、世界一の広告会社になるということだと、私は考えている。重ねて申上げる、私は私の命を捨てても本社社屋の完成をなしとげたい。〈中略〉社員諸君、私の命をさし上げるから、一日も早く本社社屋の完成をなしとげるための、努力をお願いしたい。私はまだしばらくは、完全な社務に従うことは出来ぬかも知れぬ。後一ヵ月、二ヵ月は、諸君にいろいろ御苦労をかけることと思うが、なにとぞよろしくお願いする。

〝己れの生命と引きかえても〟という異常なまでの執念《しゅうねん》を聞かされた社員たちは、一様に何事かを思った。翌日、彼らは社長へ静養を懇願する手紙を、全員で秀雄に提出している。

〝鬼〟は気魄《きはく》を込めて反論するかと思いきや、

「御忠告は、身にしみてありがたく」

と静養を約した。

が、この人は二十二日には病床を抜け出してY&R社のグリビン社長の来日に対する接待に出ている。しかもショッピングにも出かけたというあたり、執念を通り越した凄味を覚えたのだが……。

しかし、病魔はこの間に駆逐《くちく》されることはなく、かえって増殖していたようだ。

十一月十三日、再度入院。以来、レントゲンの照射を二十数度おこなったが、悪化する病状を食い止めることはできず、逆に秀雄のスタミナを奪い、その衰弱ぶりは見た目に甚《はなは》だしいものがあったという。

こうした中にあって、この男は〝電通〟の全社員のうち、長期病欠者すべてに、見舞状と熱帯植物の鉢植えを贈ることを思いつき、実行に移していた。

病気の苦しみを、人生六十近くなって知った私（秀雄）ですが、これほどとは思いませんでした。とくにこの三週間ほどは、新聞も雑誌もテレビも、そしてラジオを聴く気力さえなく、呆然と天井を眺めながら、痛みをこらえておりますが、その苦痛はまさに煉獄です。

〈中略〉

クリスマス、そしてお正月、せめてその間だけでも楽しくしていただきたいと思い、お花を少々届けました。


十二月二十六日、正月をせめて自宅で、との本人の希望で退院。翌日はさっそく役員を自宅の病床に集めて、来年度の人事異動、社の方針について約一時間、自ら意見を述べている。

――昭和三十八年の元旦が来た。

旧年末の月扱い高において、〝電通〟はついに六十五億円を突破。全社員三千四百六十九人に大入り袋が贈られた。けれど、秀雄の苦しみは軽減されることがない。十日、三度目の入院。十九日にいたって、ついに役員へ胃癌の真実が語られた。

それはもはや、再起のないことを前提とするものであった。

二十四日に改めて帰宅、三日後の午前零時五十五分、吉田秀雄は永眠した。

最期まで己れの可能性を信じ、主治医を信頼し、決して神仏の名を口にすることなく、〝広告の鬼〟は病苦と壮絶な闘いを展開しながら、孤独の中に没し、三途の川をひとりで渡っていった。その胸に去来したのは、何であったろうか。まだまだ納得のいかない、「電通」への苛立《いらだ》ちであったろうか。

だが、この男は確かに、一つの広告会社を育てあげ、世界一流の企業と成した。その発展は決して止《とど》まることなく、今日につながっている。これは史実である。

本年は吉田秀雄没後四十年＝吉田秀雄記念財団創立四十周年の年でもあった。

世界の〝ソニー〟を創った男

■ 井深 大

成功の条件

筆者には、〝昭和のおやじさん〟と畏敬と慕情を込めて、心の底で呼ぶ人々がいる。戦後の荒廃した日本で産声《うぶごえ》をあげ、小さな町工場から出発し、ついには世界に冠たる大企業を創りあげた創業者たちである。

たとえば、〝松下〟の松下幸之助、〝ホンダ〟の本田宗一郎、〝ソニー〟の井深大《まさる》などで、彼らはさしずめ〝平成のおやじさん〟とでも呼ぶべき、昨今の中小企業主にとっては、ときに神であり、憧憬の的であって、目標であることが少なくない。

その〝昭和のおやじさん〟の中でも、本田と井深は年齢が近いということもあり、仲が良かった。井深の名著に、『わが友本田宗一郎』というのがある。

これに二人の対談がつづられているのだが、なかに次のような興味深いくだりがあった。

本田　僕たちの時代は、終戦直後でしたからね。こんな会社にしようかといった大それた理想はありゃしない。なんといっても昭和二十年から二、三年は食うのに一生懸命だった。私も御多分にもれずに食うのに困ってなにかをやらなければならないという気持だったからね。〈中略〉最初から世界一なんて思いもしなかった。せいぜいよくてでっかい企業になればいいなあと思ったぐらいだよ。はじめはこれをやるといった目的のためにやったのじゃない。どんな企業でも同様だと思う。それが一歩一歩進んでいくうちに欲が出てだんだんと夢も大きくなる。つまり欲の積み重ねが、ここまできたというのが現実ですよ。

井深　私も全く同じでした。〈中略〉ただ、本田さんも同じだと思うが、人がやるだろうということをやっていたんじゃ勝ち目はない。資本金も設備もないし、ないないづくしのところでは、大手が復旧してきたら必ず一も二もなくやられてしまう。大手がやらんことだけをやろうと思った。なんぼ小さくてもいいから技術屋でみんな寄っていればなんとか食えるだろう、という安心感もあったね。〈中略〉

本田　お互いに苦労したが、そのころは世界一になろうなんて思わなかった。そんなこと思ったらつぶれていただろう。

――これが各々の分野で、〝世界一〟と呼ばれる企業の真実であった。

その一方で、無数の町工場主が現状維持に追われ、悪くすれば倒産で消えていた。

〝昭和のおやじさん〟とその他の町工場主たち――いったい、この両者の大きく隔った明暗は、何に由来するのだろうか。

結論から先に述べるようで恐縮だが、筆者はスタートの町工場における技術と忍耐。中小企業に成長したおりの、新たな人材の発掘・登用と世界に向けての志の大きさ。――大きくこの二段階における、各々の要因に集約できるのではないかと考えてきた。この項では〝ソニー〟の井深大の生涯を追いながら、この点を検証してみたい。

戦時中と戦後の技術の違い

井深は、古河鉱業日光製銅所の技師であった井深甫《たすく》の長男として、明治四十一年（一九〇八）四月十一日に生まれている。

ところが父は、彼が三歳のときに他界し、幕末の戊辰《ぼしん》戦争において会津藩士として奮戦、生き残った祖父が、井深を引きとることとなる。

廃藩置県後、〝国賊〟扱いにされ、苦労し、北海道で官吏となった祖父は、古武士然とした我慢強い人で、井深の人間形成に多大な影響を与えた。

が、当時としてはハイカラな日本女子大学を出ていた母にすれば、義理の父である井深の祖父は、馴染《なじ》めない人であったようだ。母はわが子を伴い、自活の道を求めて上京し、日本女子大の付属幼稚園の先生をしながら、井深を育てた。

彼はその後、母方の祖父が病気になり、その看護に戻った母について北海道へもわたり、母の再婚により再び父方の祖父のもとへもどった。

父と母を失ったに等しい井深は、孤独感を埋める手段として、無線機製作などへ打ち込んでいく。

早稲田大学の高等学院に進学し、同大学の理工学部へ進んだ彼は、在校中、のちにパリの博覧会で優秀発明として賞をうけた「走るネオン」の研究をものにしていた。

東芝を受験したが失敗。光を音に変え、音を光に変える録音技術に興味をもち、PCL（フォト・ケミカル・ラボラトリー）＝写真化学研究所に入社。

若き研究者として「日本光音」へ移った井深は、やがて独立して「日本測定器」の技術担当常務となる（三十二歳）が、その前途は日本の戦争への深入りにより、戦時科学技術の世界へと誘《いざな》われることとなる。

昭和二十年（一九四五）八月十五日、終戦。

これもぜひ、〝昭和のおやじさん〟の成功の条件に補足的に加えておきたいのだが、彼らはこぞって、〝戦争〟という不可抗力なものに人生の大切な一時期を奪われていた。

理不尽な国の力、自分のしたい仕事ができず、したくないことを押しつけられる境遇。その閉塞《へいそく》された気持ちは、やがて終戦を迎えて爆発する。

井深の場合、これまで出会った大学時代、社会人としての人脈をたどって、「東京通信研究所」⇩「東京通信工業株式会社」を旗上げすることにつながった（ソニーと社名を変更するのは、昭和三十三年）。

今少し、戦争と技術について触れたい。

戦時における技術者の宿命は、軍部が決めた高性能のものを、仕様書通りに仕上げる技術が要求された点である。

これは筆者の独断だが、戦後、日本の技術者は見本さえあれば、海外の新製品を器用に、同じ性能をもってすぐさま復元、製作する技術を習得していた。

これは、戦時中の技術要求の成果であったろう。が、この仕事のやり方では、自分なりの工夫、性能をよくするための自由な発想が欠落していた。そのため、創意工夫がない。

問題は仕様書のない、まったく新しいものを産み出すことができるか否か。

井深の会社はまず、部品の仕入れに奔走《ほんそう》しつつ、ラジオの修理を請けおい、次に短波も聞けるコンバーターを世に出した。

これが朝日新聞に紹介され、のちに井深の補佐役、自らも経営者となる盛田昭夫が、その記事を読んで連絡をしてくることとなる。

電気炊飯器もつくった。木のおひつの底にアルミの電極をつけただけというしろもので、思うようにご飯が炊けず、ソニーの失敗第一号となった。

もし、このとき真空管電圧計が商品化されていなければ、〝ソニー〟も、その他多くの町工場と同じ、縮小・衰亡の運命を辿《たど》ったかもしれない。

皮肉なことに、戦時中の軍部にかわって、今度は官庁需要に支えられ、〝ソニー〟は町工場としての基盤を築いた。この段階で盛田が参加してくる。ときに、井深は三十八歳。盛田は二十五歳だった。

彼の実家は三百年の伝統を誇る酒の醸造業の老舗で、彼自身は海軍の技術将校であった。戦後は東京工大の講師をつとめていたものの、GHQの公職追放で追われ、井深のもとへ。

簡易な信号発生器を市販したり、ダミー会社をつくって電熱マットを商品化したり、井深の試行錯誤はつづいた。

そして、そうこうするうちに、いよいよ、のちの〝ソニー〟を決定する時期に差しかかる。

ソニー成功秘話

磁気録音機＝テープレコーダーの製造であった。

NHKに進駐軍が一台のテープレコーダーを持ち込んだのを見た瞬間、井深は自分たちの造るものはこれ以外にない、と決断した。

ごく初歩的な原理の、それも一部分しかわからず、テープひとつとっても、材料もなければ磁気材料の塗り方もわからない。製作は、試行錯誤のくりかえし。しかし、井深は決して中断、撤退はしなかった。

のちに彼は、次のような述懐を残している。

こういう目的を達成したいと思ったら、無謀と思われることでもやろうという姿勢は同じですね。目的をピシャッと決めて、その目的達成のためにはどんな困難があってもやり抜いてきたのです。目的意識というのが非常に強い。

そりゃあ、すべて新しい物を作るのだから、初めはなかなかうまくいかないし、製品の歩留まりも悪いのだけれど、ついには完成させた。偉そうな言い方になりますが、ものを作る本質をわきまえてやってきたということでしょうか。

そもそも、日本の産業界ではサンプルのない製品を作ったことがなかった。これを打ち破ったのは、本田（宗一郎）さんやわれわれだと自負しているのです。

（小島徹著『井深大の世界』毎日新聞社）

では、忍耐強く目的達成に辿りつけた、井深の秘訣はどこにあったのだろうか。

技術者として、本田さんと私とのあいだに共通していたのは、ふたりとも、厳密にいえば技術の専門家ではなく、ある意味で〝素人〟だったということでしょう。

技術者というのは、一般的にいえば、ある専門の技術を持っていて、その技術を生かして仕事をしている人ということになるでしょう。しかし、私も本田さんも、この技術があるから、それを生かして何かしようなどということは、まずしませんでした。最初にあるのは、こういうものをこしらえたい、という目的、目標なのです。それも、ふたりとも人真似が嫌いですから、いままでにないものをつくろうと、いきなり大きな目標を立ててしまいます。この目標があって、さあ、それを実現するためにどうしたらいいか、ということになります。この技術はどうか、あの技術はどうか、使えるものがなければ、自分で工夫しよう、というように、すでにある技術や手法にはこだわらず、とにかく目標に合ったものを探していく――そんなやり方を、私も本田さんもしていました。〈中略〉

こういう話をすると、ずいぶん無茶苦茶をしていたものだと感じられるかもしれませんが、まったくそうなのです。本田さんも私も、目的を達成しようという執念がひじょうに強い。目的のためには、どんなに無茶苦茶に見える手法であろうと、取り入れられるものはなんでも取り入れるのです。その意味で、技術的には専門家でも玄人でもなく、まったくの〝素人〟なのです。

しかし、〝素人〟がこうして、ひとつひとつ苦労して自分自身の手でつくりあげていくからこそ、人真似でないものができるし、人が真似をできないものがつくれるのです。この〝素人〟という点では、本田さんも私も、まったく同じだったのだと思います。

（前出『わが友本田宗一郎』）

別なところで井深は、本田とおこなったゴルフのプレイを語っている。

木の根っこにボールが飛んでいくと、本田は「キャディーさん、ノコギリを持ってきてくれないか」と冗談を飛ばしたというのだ。よけて通らず、なぎ倒してでもまっすぐに進む。この姿勢が、世界へのパスポートであったように思われてならない。

井深はついに、日本初のテープレコーダーを作り、テープも製作。双方を作った会社というのは、おそらく世界に例がなかったのではあるまいか。

世界のソニーへ

「やればなんだってできるのだ」

この成功体験が、テープレコーダーのトランク型の開発成功に結びつき、次の飛躍となるトランジスターラジオの開発へと受け継がれていく。

アメリカのウエスタン社が開発したトランジスターを、ラジオに使おうと思いついたものの、製作は一向に前進せず、研究開発費は出ていくのみであった。

「私はこのころトランジスターに手を出したことはたいへんな失敗だったかと幾度も反省させられた」

と、のちに井深は『私の履歴書』（日本経済新聞社）で告白している。ほかの商品化がスムーズにいっていればこその継続であった。苦心惨憺《さんたん》して、どうにか世界で二番目のトランジスターラジオの商品化に辿りついた。

盛田は、このラジオをもって、アメリカへ売り込みにいっている。

井深はテープレコーダーのときと同様、ラジオの小型化を企画した。改良して昭和三十二年、六三型と称したラジオは世界最小の大きさで、ポケットにすっぽり入った。

この小型化の成功は、一家に一台のラジオの常識を、一人に一台の時代に踏み込ませることとなる。

ソニーは物真似で追随する他のメーカーを振り切るために、短波用、超短波用（FM用）トランジスターの開発へ進み、世界初のトランジスターテレビ（八インチ）、さらにはマイクロテレビの発売へと技術を繫《つな》いでいく。

無論、成功した開発の陰には、研究の途上、井深の決断で開発を中断したものも少なくなかった。電卓、電子写真……云々。

しかし、〝ソニー〟は世界に大きくはばたいた。

井深はいう。

「——ほんとうの経営者は、来年、再来年になにをやるか。それはだんだんひろげていくのじゃなしに、だんだんせばめていくことだと思う。そこに集中しようと思ったら、いらんことはやめていく。それでなきゃ集中できない」

「去年、アメリカのデュポンの人がいっていた。五年後の商品は六十%がいま世の中に出てないもんだっていうんですね。これ、ウソじゃないと思う。そうなるとね、学校で教わったことなんて、少なくとも十年前のことなんだ。そこへ予想しないものが出てくるからあわてるんだけれども、なにが出てきても恐ろしくないという心構えをもつためには、それだけの応用力、フレキシビリティをもった人をこさえること。それが学校の先生の使命だと思うんだな」

一方で井深は、国民の間に広く科学技術を普及させたいと考え、「ソニー理科教育振興資金」という制度も作った。昭和三十四年のことである。

昭和四十六年、六十三歳の彼は代表取締役会長となり、五年後には取締役名誉会長となった。そして平成九年（一九九七）十二月十九日、急性心不全のため、この世を去っている。享年八十九。

井深とともに〝昭和のおやじさん〟を代表した本田宗一郎は、その五年前＝平成三年（一九九一）八月に八十四歳で没していた。

もし、〝昭和のおやじさん〟たちが、平成不況の渦中に、今、町工場を創業していたとすれば、彼らは喜々としてその苦境を脱したに違いない。

夢とわがままが実現できる、こんな幸福な世の中があるものか、と呵々《かか》大笑しながら。

〝時勢〟を読んだ日本の時計王

■

服部　金太郎

「一人一業主義」の原点

「修理と販売――これほど手堅い商いはあるまい」

十三歳の〝唐物屋〟（輸入品を扱う店）「辻屋」の丁稚が、通りを隔てた向かい側の、「小林時計店」を覗《のぞ》いて閃《ひらめ》くものを感じた時、のちの服部セイコーは事実上、誕生したといえるかもしれない。

この丁稚こそが、創業者の服部金太郎《はっとりきんたろう》であった。

ペリー来航の七年後＝万延元年（一八六〇）の十月に、江戸で生まれた金太郎は、決して恵まれた環境に育ってはいない。

父は古物商「尾張屋」を営んでいたというが、大々的に店舗を構えての商いではなく、一説には事業に失敗し、名古屋から逃げるように江戸に出てきて、その商売は専ら、夜ごと露店を開いての、ささやかなものであったという。

――時代は幕末維新の、動乱の最中であった。

庶民は常に生と死の狭間《はざま》に置かれていた、といっても過言ではない日々をくらしていた。

慶応四年（一八六八）――九月に「明治」と改元するこの年の――正月、最後の将軍（十五代）・徳川慶喜が鳥羽・伏見の戦いに敗れ、江戸へ逃げ帰ったおりも、あとを追って官軍がやってくると聞かされた江戸っ子たちは、市中が戦火の巷《ちまた》と化すると思い込み、動揺して、ついにはなけなしの家財道具一式を担《かつ》いで、市街の外へ懸命の疎開を試みた。

金太郎もこの人の波の中に、両親に手をひかれて懸命に浮きつ沈みつ、流れていった一人であった。このとき、九歳である。

彼はその後、維新をはさんで京橋南鍋町にあった寺子屋「青雲堂」（のちの南鍋小学校）に十三歳まで通い、商人を志して洋品雑貨問屋である「辻屋」に奉公へあがった。

まじめで仕事熱心な金太郎は、店では重宝されたものの、〝唐物屋〟には相当の資金と人手、人脈といったものが必要で、とても資金力のない自分が独立して始めるのは無理だ、との思いが強くなっていたようだ。

小資本で始められ、将来は大いに伸びる見込みがあり、地道にコツコツやっていれば発展できるもの。

こうした金太郎の条件に、ピタリときたのが〝時計店〟であった。

店を覗くとそこには、雨の日にもかかわらず、せっせと修繕に励む店員たちの姿があったという。「辻屋」を退店した金太郎は、日本橋の「亀田時計店」へ年季奉公に入った。

この二年前＝明治五年（一八七二）、明治政府は太陰暦を廃して、太陽暦を採用。一日を二十四時間とする〝時〟の制度がスタートしていた。ここも見落してはなるまい。

十七歳で名門「坂田時計店」へ転職。この店の主人は代々、〝時計師〟として幕末から聞こえた技術をもっていたが、ときの店主は時計以外の事業に手を出して失敗し、ついに店は破産、閉店してしまう。

金太郎の〝一人一業主義〟は、あるいはこのおりの思い出に由来するのかもしれない。

はからずも自宅に、「服部時計修善所」の看板をかかげて中古時計の修理をしながら、それだけでは生活が難しく、別途、「桜井時計店」の技術者としても働き、時計商・中山直正の修理を下請けしたりもしている。

技術をみがきながら、金太郎は連日、夜店を見て回っては壊れた時計を探し、二足三文で買い叩いたあげく、これを自らが修繕して、改めて売るということもはじめた。

四年で百五十円を貯めたというから、凄まじい。もりそば一杯が八厘、うな重の並が二十銭の時代である。

明治十四年には、〝文明開化〟の象徴ともいうべき銀座の、裏通りながら「服部時計店」の看板をかかげ、今度は外国の商館から輸入時計を仕入れて売るブローカーをもはじめた。

最初の妻・亀田時計店の店主の長女はま子と結婚したことにより、店は新妻にまかせていたのだろう（三年後に離婚）。

このころ、横浜の商館との取り引きは、一ヵ月の〝信用借り〟――なかでも〝三十日延し〟が主流であった。

商品の時計をブローカーが借り受けて、一ヵ月以内に代金を商館に支払うというものだが、当時の日本はいまだ江戸時代の、盆と暮の年に二期の清算が色濃く残っており、ブローカーたちからの支払いは遅れ気味で、商館は常に彼らへ不審の目をむけていた。

そうした中にあって、金太郎は決済期日を一度も違《たが》えなかったという。三度の食事に事欠いても、商取り引きの約束は厳守した。そのおかげで、商館では金太郎への信頼が商いにはねかえる。彼はのちにこのときのことを、次のように述懐した。

私の店が開業後大層《たいそう》都合のよかつたのは、横浜の外国商館が私の小さな店を信用して、何ぞ斬新《ざんしん》なものとか、何ぞ珍《ママ》らしい時計でも来ると、他の店よりは先ず私の店へ売つて呉《く》れたといふことである。〈中略〉時は明治十七、八年で、開業後日も猶《ま》だ浅く小さな店であつたにも拘《かかわ》らず、横浜の外国商館では安心して、私の店に多額商品を貸し与へ、逆には一軒で何万円といふ多額の商品を融通して呉れた。つまり、何十万円といふ外国の資本を融通したことになる。

かういふ次第で、私の店に来れば、他の店より比較的斬新な品もあり、品物もまた比較的豊富であるといふので、自ら客足が多くなり、ここに店運発展の機運を形成するに至つた訳である。

（「正直の二字が発展の機会を作った金の実験」・『実業の日本』大正二年十月十日号所収）

「急ぐな、休むな」

店が火事で全焼したり、最初の妻と離婚したりと、金太郎も決してすべてが順風満帆にいっていたわけではなかったが、手堅い彼の経営手腕はやがて明治二十年九月、ついに銀座の表通り（四丁目）に服部時計店を進出させることに成功する。

創業後、わずか六年目における快挙であった。二十八歳。このとき、金太郎はすでに再婚し、家庭を妻のまんにまかせており、財力をたくわえた経営者の目は次の飛躍を期して、いよいよ時計製造事業へとむけられる。

この件に関しては、天才的機械技術者・吉川鶴彦（昭和二十年、八十一歳で没）との邂逅《かいこう》が大きかった。吉川の技師長就任の承諾を得て、金太郎は工場（「のちの精工舎」）の設立を実行に移す。

揺籃《ようらん》期の精工舎はまず、アメリカ製品をモデルにしたボンボン時計の製造からスタート。この掛時計一ダースの、製造に成功する。このとき、金太郎は三十三歳。吉川は二十八歳であった。

やがて「精工舎」は懐中時計、そして腕時計へと生産の幅を広げていく。

――社業は、製造と販売の両輪を得たことになる。

金太郎の慧眼《けいがん》は、〝時勢〟を読んでいたことにあった。

時計が「家の時計」（掛・置時計）から、やがて「個人の時計」（懐中・腕時計）へと移行していくのを見てとっていた。そうなればなおさら、技術力が事業の成否をわける。

「精工舎」では機械設備の改良とともに、職工の技術的向上を懸命にはかった。工場内に寄宿舎の制度を設け、熟練工（精工舎では「生徒」と呼んだ）の養成にも着手している。

原材料についても、第一次世界大戦の勃発直後、舶来鋼材や同鉄線類の輸入が杜絶することを予想し、いちはやく多量のスウェーデン鋼材を仕入れていた。

多くの競争相手が、輸入材料の杜絶で失速、やがて廃業していくなかで、服部はますます栄え、明治二十七年には店を増改築して、その屋上に〝服部の時計台〟を設置。これは東京名物にまで数えられた。

では、金太郎にとって生涯の試練となったのは、いつであったろうか。大正十二年（一九二三）九月一日の、関東大震災と考えることもできる。

二年前から起工していた本店の建築に伴い、この頃は仮営業所を構えていたが、これが震災で類焼。「精工舎」も、服部邸も焼失した。

このとき、すでに金太郎は六十四歳になっていたが、彼の気力はまだまだ衰えてはいなかった。

従業員二千百名の解雇を断行し、急ぎ新規雇用の復興体制を確立。震災前に修理で預かった時計類約千五百個に対しては、すべて新品をもって弁償に臨んでいる。

「さすがは、日本の服部よ」

顧客は唸《うな》ったという。

昭和七年（一九三二）六月、銀座四丁目に近代建築の粋《すい》をこらした服部時計店本店が落成した。屋上の〝服部の時計台〟は改めて銀座のシンボル、東京名物の一つとなった。このとき金太郎は、七十三歳になっていた。

二年後の三月一日、この一代の〝時計王〟は七十五歳でこの世を去った。

この間、服部金太郎には明治の経営者に有り勝ちな艶聞が皆目ない。

酒もタバコも、ある時期からはぷっつりとやめている。骨董の趣味があったといっても上限を一点一万円と定めた節度あるものであり、趣味とした狂歌もおぼれるというほどではなく、無類の将棋好きといってもアマチュア二段ぐらいの腕前であったというが、のめり込むというよりは、気のおけない人々と寛《くつろ》ぎの時間を愉しむという面が強かったように思われる。

もうけた金の一部は「財団法人服部報公会」をつくって、社会に還元する道を開いた。

仕事が趣味、道楽を兼ねた半生であったといえるかもしれない。

この金太郎の口癖に、

「急ぐな、休むな」

というのがあった。本人はいう。

此間《この》或《ある》人が来て、簡単で要領を得たる教訓はないかというから、僕は「急ぐな、休むな」と言った。所が其人《そのひと》は独逸《ドイツ》に「急げ、休め」という金言があるというので互に話して見ると、詰り「急ぐな、休むな」と「急げ、休め」は表面反対であるように見えるが、其《その》結果は同一であることが知れた。僕の所謂《いわゆる》「急ぐな、休むな」は縦《よ》し牛歩のそれの如《ごと》く其《その》歩みは遅々たるものであるにせよ、休まず絶えず進んでいけば何時かは向うの目的地に達するものであるというに外ならぬ。人若《も》し急いで休まなければ之《これ》に越したことはないが、恐らくそんな事は出来ない。矢張り急げば休まなければならぬ。休まず進まんとすれば急いではならぬ。

（「学識は門戸を開く鍵なり」・『富の日本』明治四十三年十一月号所収）

「もしもしかめよ、かめさんよ」ではじまる童謡唱歌「うさぎとかめ」（石原和三郎作詞）の話ではないが、急がず休まずに目的地に向かって歩を進めた金太郎の生き方は、確かに成功の秘訣に違いない。

中国の古典に学ぶ

今一つ、あまり触れられていなかったが、この人物が中国古典、なかでも司馬遷の『史記』

を暗記するほどに読み込んでいた点も記録しておく必要がありそうだ。

とりわけ、「完璧《かんぺき》」の故事を成した名外交官・藺相如《りんしょうじょ》を金太郎は敬慕していたと知り、筆者はいたく驚いた。

――この人物は、中国が混乱していた戦国時代の英傑である。

紀元前二八四年、戦国の雄・秦は斉が宋から奪った定陶《ていとう》（現・山東省定陶県西北）を略奪。四年後には同盟国の魏を襲い、その都・大梁《たいりょう》に迫った。

もし、ここで魏が討たれれば、秦の矛先はこちらに向かう、と読んだ趙と燕は、連合して魏を救ったが、秦はこの両国の行動を恨み、征服政策を変更して、韓と魏を懐柔する。

そのうえで翌紀元前二八三年、秦は名将・白起を登用して、一気に趙の藺《りん》（現・山西省離石県西）と祁（現・同省祁県）を奪い、つぎの年には離石《りせき》（同上）を併合した。

相手が大国とはいえ、趙も領土を奪われてばかりでは国が亡んでしまう。対抗措置として、魏領の伯陽《はくよう》（現・河南省安陽県西北）を取った。

秦と趙のあいだに、かつてない緊張関係が生じたことはいうまでもない。

そうしたなかで、秦の昭王は趙の恵文王に対して、〝和氏《か》の璧《へき》〟と名づけられた天下の名宝と、秦の十五城を交換したい、と提案してくる。

もとより秦は、約束を守るような国ではない。提案を呑めばみすみす〝和氏の璧〟を取り上げられるだろうし、交換を拒絶すればそれを口実に秦は攻撃してくるだろう。

全面戦争になれば、趙は秦に勝てない。

どうするべきか、恵文王が思案に暮れているとき、藺相如《りんしょうじょ》という食客の知恵を借りてはどうか、とその名が挙がった。

なすすべのない恵文王は、藁にもすがる気持ちで藺相如を登用、秦への使者にたて、昭王のもとに璧を持参させることにした。

藺相如は秦におもむき、昭王のようすを一部始終観察した結果、十五の城との交換は絵空事だと確信する。

そこで、「その璧には瑕瑾《きず》がございます。お教えしましょう」

と、一度、昭王の手に渡った璧を取り返すと、それをもって柱を背にして立った。

ここからが、凄まじい。逆立った怒髪が、冠をつきあげたというほどの怒りを示して、藺相如は昭王に罵声を浴びせ、璧を己れの頭とともに、柱で砕こうとする。

璧を失っては元も子もない。昭王は慌てて己れの無礼をわび、係官に地図を持参させ、十五の城を指し示した。すると藺相如は怒りを解いたものの、なお五日間、斎戒したうえで璧を受け取って欲しい、といい、昭王に承諾させる。彼はこの五日のあいだに、従者を変装させ、璧をもたせて間道づたいに趙に帰国させた。

五日後、藺相如は昭王の御前でいった。

「歴代の秦王は、約束を守られたためしがありませぬ。この度も王に欺かれてはと存じ、璧は人にもたせて、すでに趙に帰しました。秦は強く、趙は弱うございます。約定さえ守っていただければ、一人の使者をお遣わしになるだけで、趙は璧を献上いたしましょう。なれど王をたばかった罪は、誅殺にあたいします。なにとぞ釜茹での刑に処されますように――」

居並ぶ群臣は色めき立ったが、昭王はもはや璧が手に入らぬことを悟り、これからの趙との外交・戦争も考慮して、藺相如を厚くもてなして帰国させた。

帰国後、藺相如はこの功により趙の上大夫となった。

このエピソードから〝和氏の璧〟は〝連城の璧〟とも呼ばれ、藺相如の功を称えて〝完璧の使者〟と呼ぶようになった。これが今日の、〝完璧〟の由来である。

藺相如にはもう一つ、〝完璧〟な言動で主君を救った挿話があった。紀元前二九九年のことである。

秦の昭王から趙の恵文王に、

「澠池《べんち》（現・河南省宜陽県）でお会いしたい」

との使者が派遣されてきた。

拒絶すれば、相手は大国、どのような無理難題をふっかけてくるかもしれない。さりとて許諾すると、以前に同様の手口で取りこまれた、楚の懐王の二の舞いになりかねない。

恵文王は困惑して、藺相如に意見を求めた。彼は行くべきだといい、自身も同行を願い出る。両王の会見は恙《つつが》なく終わったが、問題はその後であった。酒宴の席で昭王は、執拗に恵文王に瑟《しつ》を奏《かな》でることを求めた。

当時、衆人のなかで楽器を演奏するのは、芸人の仕事であって、一国の王のすべきことではなかった。それを承知で、昭王は無理に恵文王に瑟を奏でさせたうえ、秦の御史《ぎょし》（記録係）にその事実を記録させた。恵文王の面目は丸潰れであり、ひいては趙が笑いものにされる。

　この急場を救ったのも、藺相如だった。

「わが趙王が洩れ承りますれば、秦王には秦の音楽にご堪能の由。ぜひ、盆缻《ほんぷ》を奏していただければと存じます」

　盆缻とは酒などを容れる瓦の器のこと。今日風にいえば、茶碗を箸で叩いてみせるに等しい。昭王は立腹した。もとより、聴き入れるはずもない。

　しかし、藺相如は素知らぬ体《てい》で、昭王の前に盆缻を献じて跪《ひざまず》いた。そして呟くようにいう。

「王と私の間隔は、わずかに五歩でございます。あくまで否まれますならば、私の頸から流れる血を王に濺《そそ》がせていただきますが……」

　己れの生命《いのち》と引きかえに、刺し違えるというのである。

　藺相如はハタと昭王を睨みつけた。それに気押された昭王は、一度だけ盆缻を打った。するとすかさず藺相如は、振り返って趙の御史にこのことを記録させた。これで五分と五分になったわけだ。

　昭王は改めて恵文王を貶《おとし》めようと隙をうかがうが、藺相如の万全の備えに、ついに目的を達することができなかった。

帰国すると恵文王は、藺相如を「上卿《じょうけい》」（日本の太政大臣に相当）に任じた。

ところが、藺相如の昇進で叙勲を抜かれた趙の功臣・廉頗《れんぱ》は、これをふくみ、

「藺相如に会えば、必ず辱めてやる」

と周囲の者に宣言した。

この廉頗の言葉を伝え聞いた藺相如は、それからというもの廉頗を避けるようになった。外出先でも、遠くに廉頗の行列を見かけると、急いで車を脇道に入れてかくれるありさま。あまりの不甲斐なさに、諫言する者が出たが、藺相如は笑って問うた。

「廉頗どのと秦王と、いずれがより恐ろしいか」

もちろん、秦王のほうが恐ろしいに決まっている。

「かつて秦王を私は叱咤し辱めた。どうして、ひとり廉頗どのを恐れよう。だがな、あの大国の秦が趙をあえて侵そうとしないのは、私と廉頗どのがいるからだ。もしいま、両虎が闘えば、ふたりとも疵《きず》がつこう。私が廉頗どのを避けつづけているのは、国家の急を第一とし、私の讐《あだ》は二の次にしているからだ」

藺相如のこの言を洩れ聞いた廉頗は、己れの浅はかさを恥じて、肌ぬぎとなり荊《いばら》の鞭を背に負い、藺相如の門前で罪を謝した。最大級の降参を意味したといってよい。

ふたりは以後、仲直りをしたのだが、この二人の様子を刎頸《ふんけい》の交わりを結んだ、と後世は

伝えた。ともに頸を刎ねられようとも悔いはない、との生死を誓った交わり、との意である。

　このふたりがスクラムを組んでいるあいだ、趙は秦の攻勢を支えきれたという。

「完璧」「刎頸《ふんけい》の交わり」の語源——服部金太郎は、中国の古典や歴史を、独学で自分のものにしていた。そう思うと、この人物の稀有な成功の、バックボーンが何であったか、わかったような気がした。

　愚者は経験に学び、賢者は歴史に学ぶ——これはプロシアの〝鉄血宰相〟ビスマルクの言葉だが、永遠の不変性をもっているように思われる。読者はいかがお考えであろうか。

「自主独立の製作」を目指す

小平　浪平

「自主独立の製作がしたい」

かつて畏敬の念を込めて、

「大いなる田舎企業」

と呼ばれた、日本を代表する企業グループがあった。

〝世界の日立〟—日立製作所及びそのグループ群企業である。

この企業グループは、好不況にもマイペースを崩さず、質実剛健、派手な宣伝を嫌っているのではないか、と思えるほどの技術本位を貫いてきた。それでいて、社内は意外なまでに自由闊達な空気に溢れている。

人々はこの「大いなる田舎企業」の源泉を、一人の経営者と重ねた。昭和四年（一九二九）に日立製作所の社長に就任した、小平浪平《おだいらなみへい》である。

この男が目指し、〝日立〟が実践してきたのが、〝国産技術立国〟の理想実現であった。

小平浪平は東京帝国大学工科大学電気工学科に在籍の頃、留年と決った口惜しさからか、自らの日記に次のようなことを書き記していた。

「試験は聊《いささか》も志あるものの、常に患《わずら》う所にして、一の信義なく姦猾《かんかつ》（悪がしこい）を以て其《その》武器となし、ゴマカシを以て其糧食となし、学生の徳義の如きはこれを度外に置き、決し

　彼は医科・理科に比べ、自分の所属する工科にはろくな人間がいない、とこき下ろす。

「――卒業生に能力なきなり。学識なきなり。彼等は、模倣《もほう》を以て満足するによるなり、模倣を以て満足する限りは、日本の工業豈《あに》論ずるに足らんや」

ときに明治三十年（一八九七）、浪平は二十三歳になっていた。

　浪平の性格は、その父譲りかもしれない。とにかく事業欲の旺盛な人で、盛んに山林、鉱山事業に手を染めたが、ほとんど失敗に終わった。

　明治七年（一八七四）生まれの浪平は、小学校を卒業後、栃木県から上京して杉浦重剛《すぎうらしげたけ》の東京英語学校へ入学した。十六歳であったが、この年に父が病没する。

　小平家には巨額な借金が残り、七人の子を抱えた三十八歳の母は途方にくれる。

　直接の被害を被ったのは、秀才の誉れ高かった長兄の儀平であったろう。第一高等中学に入り医学を志していたが、彼は学業を断念。家計を助けるために、銀行員となった。

　浪平はこの長兄のおかげで、引き続き勉学に励むことを許されたが、彼の選んだ電気工学の前途は、この時代きわめて多難であったようだ。

　何分にも、〝電気〟自体が社会において、十分に理解されていなかった。

　日本の将来のために、そして家のためにも、はやく自立することを目指して、浪平は勉強に精魂を傾けたが、日本各地で見学した電気機器の工場は、あまりにもみすぼらしく、「欧米諸国の盛大なる規模」との隔絶ぶりを、いまさらのように思い知らされるだけであった。

「業成りて社会に出ずるの日に、一小電気会社の番人となるは欲せざるに至れり。我国の工業振わざれば、之《これ》を振わしむるは吾人の任務にして――」

大学を卒業した浪平は、明治三十三年、青雲の大志を抱いて合名会社藤田組に入社する。配属されたのは小坂鉱山。鉱山開発に、電気技術者は必要不可欠な存在であった。

ところが、現地に行くと外国人技術者がことごとくを采配し、〝天下〟の東京帝大出も、ほとんど一般の作業員扱いであった。

「ふざけるな」。

頭にきた浪平は、広島水力電気を経て、東京電燈（東京電力の前身）に転身。当時、〝東洋一のプロジェクト〟といわれた桂川発電所の建設に尽力した。そして、送電課長となった。

が、浪平の心はいっこうに弾まない。

なぜならば、すべての業務は機械の発注・輸入から始まり、製造会社の外国人技師を雇って、指導を受けねばならなかったからである。

「自主独立の製作がしたい」

狂おしいまでに念願した浪平は、「電気工学を学んだ者の羨望の的」とされた東電の送電課長を辞め、茨城県下の助川村（現・日立市）の山あいにあった、〝大山師〟こと久原《くはら》房之助《ふさのすけ》の事業の一環＝久原鉱業所日立鉱山に工作課長として転職する。工作課長とはいえ、その担当領域は電気・機械・土木の全般にまたがっていた。

「痩せても枯れても自力で機械を作る」ために――。

国産主義の伝統

それにしても、現地は辺境の地でありすぎた。山麓でほとんど、山男の暮らし。電気機器修理工場といっても、掘立小屋同様のお粗末さであった。とても東京帝大出の、エリートが勤めるような環境にはなかった。


のちに浪平がスカウトし、二代後に社長となる駒井健一郎は、

「正直いって、あんな田舎にはいきたくなかった。主任教授がしつこく勧めるので一度、見学にいったが、とても入社する気にならず、拒否反応しか起こらなかった」

と後年、告白している。この逃げに転じた駒井の、自宅まで押しかけて親まで口説いたのが浪平であった。

「お国のために尽くしてほしい」

この殺し文句に駒井は負け、入社したという。

この駒井と並ぶ俊才の大西定彦（のち副社長）は、京都帝大出のために関東の地理にうとく、入社を決めて現地入りして、あまりの田舎ぶりに〝仰天〟したと、のちに語っている。

明治四十三年、浪平は数十人の従業員と十六坪の電気機器修理工場を、電気機器の製作工場にするよう提案（事実上の日立製作所の創業）。しぶる社長久原の同意をとりつけると、翌年から芝内《しばうち》を拠点に久原鉱業所日立製作所を稼動させた。

しかし、この製作所で作った電気機器は、しばしば故障して苦情も多く、モーターは製作されても満足に回転しなかった。さしもの浪平も「進退伺」を提出し、理想実現の断念を幾たびも思った。

「何分にも設備と経験に乏しいため、今日からみれば児戯に類する失敗を幾度となく繰り返した。〈中略〉この間に処する当事者の精神的打撃は、体得者でなければ共に語り、ともにしのぶことができない」

「小平さんは機嫌が悪いと指のツメをかむ癖がある。ツメをかむのは徳川家康だけではない。今日も部屋でツメをかんで居る」

当時の技師たちは、このように述懐している。

そうこうするうちに、大手メーカーでも製作困難とされた、大型モーターが名古屋電燈から発注された。日立製作所では悲壮な覚悟で製作にあたったが、このモーターは見事に完成する。

「回った、回った」

若い技師たちは涙を流し、手をつないでモーターの周りをとび歩いたという。

大正三年（一九一四）、試験係が設けられ、四年後には試験課に規模が拡大されて、浪平が所長兼任の課長となった。このセクションは設計、試作、製作段階で厳しいチェックをおこない、改良・改善をはかり、より優秀な機器の創造を任務としていた。

当時は製作所創設から間もなく、しかも各々が独自の考案、設計で仕事を進めていたから、試作に失敗するやら、製作された機器にも故障が頻繁に起きた。

「試験課は縦断組織の工場の間に、横断的に織り込まれて、工場のチームワークの中心とならねばならぬ重大な役目である」

浪平は工場の生産を盛んにし、意欲の増進、社風の涵養《かんよう》につとめ、工場独自の気風を養成するためにも、社内に見習工を対象にした学校まで開設した。

舶来機器がもっぱらの時代に、日立はそれらの機器の製作を自社で推し進めていく。書籍や雑誌で研究を重ね、あるいは輸入品を外部からスケッチするなどして、涙ぐましいまでの創意工夫を積み上げていった。

大正七年、日立工場が全焼した。期せずして、〝東京進出論〟が吹き出す。考えてみれば当然で、クライアントとの打ち合わせ、輸送の便を考えれば、〝日立〟は東京にあるべきであった。

だが、一人浪平が抵抗した。

「これまで培ってきた、日立の精神はどうなる。われわれは財閥系ではない。これといった資本の背景もない。これらのハンディを補うためには、なんとしても国産技術を確立する以外にない。これこそが日立の精神である。行きたい者は東京へ行け。わたしは一人でもここに残る」

結局、〝東京進出〟は沙汰止《さたやみ》となった。

〝日立〟がおれの論文

大正九年に〝日立〟は株式会社となった。このとき、浪平の肩書は専務取締役。もっとも、オーナー社長の久原は東京に在住しており、財界活動に忙しく、もっぱら社業は浪平に任せっきりであった。

もともと、気宇広大な浪平である。実質的な社長として、思うままに己れの理想実現に走った。

そうこうするうちに、大正十一年の暮れが来る。

国鉄幹線電化用品機関車の第一号が公開された。アメリカ・イギリス・スイスのメーカーに発注したもので、見学に訪れた浪平は、その偉容に打たれながらも、

「日立でできる、なんとしても国産第一号は日立でやる責任がある」

と技師たちにハッパをかけた。

翌年、日立は電気機関車の試作を正式に決定して、大正十三年の末には、公式試運転が実施され、そのときはアメリカの新聞が、日本初の国産電気機関車の試運転成功を報じている。

浪平の技術と手腕を高く評価し、引き立ててきた久原は、この成功について、次のように述べている。

「欧米のどの会社のものより、試験の成績が優秀であった。どうしてそういうことができたかというと、日本の他の会社は、欧米の一流会社と提携し、その規格に依らなければならない。改良したいと思っても、自由にカタをつけるわけにはいかない。欧米といえどもセクショナリズムで窮屈である。

しかるに日立は何の拘束も受けないから、他の特許権を侵害せざる限り自由に改良を加えることができ、自然に技術の進歩を来たした結果による」

――大正十二年九月、関東大震災が発生した。

東芝をはじめ京浜地方の有力電気機器メーカーが壊滅的打撃を被ったなかで、日立製作所は無傷であった。震災復興の特需もあって、日立に機器製作の注文が殺到した。

一躍、二流企業のイメージを払拭《ふっしょく》、同時に日立製品の真価を世間に認めさせることとなった。

冒頭でふれた如く、昭和四年（一九二九）、浪平は五十六歳で日立製作所社長に就任している。以来、その持論であった〝国産技術立国〟の実現を目指してがんばったが、アジア・太平洋戦争を挟んで昭和二十二年に公職追放を受ける。解除後、同二十六年に相談役に復帰。晩年、顕彰碑について相談を受けたとき、彼はただ一言、

「日立製作所がおれの論文であり、記念だよ。ほかに何もいらぬ」と答えたという。

〝日立〟に復帰した同年、浪平はこの世を去った。享年七十七。

友人ともいうべき東急の五島慶太《ごとうけいた》は、その功績を振り返って語った。

「派手な態度をとらず、売名行為を嫌った小平さんの〝陰徳〟の思想が、逆に日立に求心力を生み、国産主義の伝統を社内に残し得たのだ」

昭和三十一年、日立市に小平記念館が建設された。

昭和四年、〝夢の超特急〟を走らせた

結城　弘毅

「東京―大阪を八時間だ」

世の中には、瓢簞《ひょうたん》から駒《こま》といったことが、まま
あるようだ。

東京日日新聞（のち毎日新聞）の鉄道担当記者に、青木槐三という人物がいた。

のちに十七年のキャリアを買われ、社会部デスクからツーリスト・ビューロー（のちのJTB）の文化部長となった人で、日本交通協会の理事などもつとめている。

この青木がふらりと東京・呉服橋にあった、バラック庁舎＝国鉄運転局運転課長室に、新任の結城弘毅《ゆうきこうき》課長を訪ねたことから、とてつもないビッグプロジェクトがスタートした。

この企画は、国鉄（現・JR）創業以来の危機を救うことになる。

しかも、打ち拉《ひし》がれ、失意の中にあったすべての国鉄マンに、夢と希望を与えることにも成功した。

――これには少し、前知らせがいる。

昭和三年（一九二八）、それまで順調な伸びを示してきた国鉄の営業収入が、この年、下降線に転じた。

理由は、大きく二つに分析されている。一つは大正十二年（一九二三）の関東大震災により、国鉄のレールが各所で切断され、国鉄に対する国民の不平・不満が派生したこと。

そこへ自動車――とくにトラックの救援活動が目覚ましく、日本国内にはモータリゼーションの急激な発展がうながされた。つまり、国民は国鉄から、自動車に関心を寄せはじめたのである。

今一つの原因は、国鉄のみならず、日本の経済界全体を直撃した〝世界恐慌〟にあった。昭和四年十月二十四日、ニューヨーク株式市場の暴落に象徴される世界的な経済不況は、それ以前から国鉄の旅客利用度の低下、貨物輸送量の減少という形で進行していた。いわば二進《にっち》も三進《さっち》もいかない、国内外の状況の中にあって、国鉄はその存在意義を問われていたといってよい。

この最悪の状況下で昭和四年七月、〝運転の左甚五郎〟と異名をとってきた、結城弘毅が運転課長として就任してきたわけだ。

彼の就いたポストは、国鉄全般の列車運転の指揮をとる重大なものであったが、結城はおよそ、このポストにつく人物としては、一見《いっけん》、ふさわしくない男にうつった。

とにかく、酒が強い。斗酒《としゅ》なお辞せずの酒豪で、禅坊主が秋風にふかれているような風貌をしている。結城がふらっと、呉服橋にあったバラック庁舎の課長室に姿を現わすと、局内一同、その容貌に唖然とした、とのエピソードが残されていた。

その結城に、くだんの青木はインタビュー取材とはいえ、実に横柄な口をきいた。

「結城課長、外国に比べて日本の列車はどうもノロいですね。なんとか、スピードアップはならないものですかねぇ」

結城は運転の技術改革＝スピードアップをもって、〝左甚五郎〟と呼ばれてきた人物であった。おもしろいことをいう、と思ったか、はたまたカチンときたか。

すぐさま、隣室にいた福井国男技師を呼びつけた。

なにごとか、と押《お》っ取《と》り刀でかけつけた福井に、結城はいう。

「東京―大阪間を走れるだけ突っ走ったら、最短、何時間で走れるか計算してくれないか。ノンストップだ、水は走りながら補給する。機関車も客車も、新造はしない。国鉄《うち》には金がないからな。客車はそうだな……、五両か六両でどうだろう」

すべてが、思いつきだった。

福井は懸命に計算尺を使って、線路の曲線、勾配《こうばい》（傾斜の度合い）などを記した図を開げ、時間を算出しようと懸命になるが、なかなか答えは出ない。

結城はしばらく目を閉じていたが、

「福井君、八時間だ」

といった。反射的に福井は、

「いえ、それはむりです。九時間はかかります」

と答えた。すると結城は、

「九時間、それなら神戸へついているよ」

これらはみな、結城の勘《かん》によるものであったが、多少の根拠はなくもなかった。

この頃、東京—神戸間を特急「富士」「桜」が、上り十一時間二十四分。下り十一時間三十八分で往復していた。平均速度は五十三キロであった。

(三分の二ほどには、縮めねばなるまい)

結城はそう考えていたようだ。

この間のやりとりについては、異口同音——諸説あるが、青木が東京—大阪間三時間短縮、八時間強にスピードアップの大ニュースを報道したことは間違いない。

天衣無縫、有言実行の男＝結城は、国鉄の起死回生策として、業績悪化に当面している、かつてのドル箱路線であった東海道線を使い、東京—大阪間をノンストップで、超高速のスピード列車を走らせてみせる、と破天荒な計画を世にぶちあげたわけだ。

まさに、センセーショナルであった。

周囲は仰天し、あきれ、なかには憤《いきどお》る国鉄マンも少なくなかった。

「やれるわけがない」

国鉄の技術者たちは一様に、顔色をかえた。

「不可能だ」

「第一、レールが耐えられぬ」

保線関係者のいい分には、無理からぬものがあった。

従来の特急「富士」「桜」より、三分の二に所要時間を短縮して走るためには、平均速度にして十四キロ以上、それまでより速いスピードが求められたが、当時のレールは各所で速度制限をもうけていた。

ポイントが改良されておらず、線路は三十七キロの細いものを使用していた。むろん、下側の枕木もそれに応じたものでしかない（のち五十キロに、全部とりかえられるが……）。

この点、国鉄はこれまでも必死の努力をおこなってきた。

明治二十二年、東海道線の全通により、以降、旅客列車はほぼ七、八年に一度の割でスピードアップをおこなっていた。が、そのアップ率は一回当たり時速にして六、七キロメートルであり、結城の求める時速十四キロ以上というのは、従来の数値の二倍以上。不安と非難の声があがって当然であった。

そんな無茶《むちゃ》をすれば、全体の段取りと手順も大幅に狂ってしまう。人員も倍ほどいるが、そのような予算はない。この不況の真っ只中に、どうしてこんな無理無体《むりむたい》をいうのか。

結城のプランは当初、もし当時の全国鉄マンに賛否のアンケートを実施すれば、十人に九人までが不賛成と答えたに違いなかった。

そのためであろう、結城を支持する少数の人々も、〝超高速のスピード列車構想〟は国鉄収益向上へのかけ声、とのみ理解した。

「まさか、本気でやりはしまい」

ところが、当の結城は冗談《じょうだん》でも宣伝でもなく、本当にやる気でいた。彼には彼なりの、根拠と実績があったのである。

結城弘毅は明治十一年（一八七八）十二月三日、会津士族につらなる家系の人として、札幌市に生まれた。一時期、福島県会津若松市に移り、明治三十一年に札幌中学（旧制）を卒業。同三十八年、東京帝国大学工科大学（現・東京工業大学工学部）機械工学科を卒業し、技師見習として山陽鉄道会社へ入社した。

山陽鉄道は神戸—下関を結ぶ民間鉄道であったが、常に瀬戸内海の航路とライバル関係にあり、生き残りをかけた熾烈《しれつ》な競争を展開。その結果として、きめ細かい旅客サービスと、列車のスピードの速さで名を馳せた鉄道であった。

運転業務を学んだ結城は、国鉄より一足早く急行、特急の運行をおこない、日本で最初の食堂車と寝台車を連結した、そうした山陽鉄道の社績や社風を学び、翌三十九年、山陽鉄道が国鉄に編入されてからは、そのころ鉄道庁と称していた国鉄の技師、機関車掛長をつとめ、そして大正九年から三年にわたる欧米留学を無事に終え、帰国後は神戸鉄道管理局運転課長、大阪鉄道管理局運転課長などを歴任していた。

傍目《はため》にも、結城は順調な昇進をしていたと映った。浴びるような酒量に加え、部下が小理屈でしちめんどうなことを言うと、机を叩いて怒鳴りつける。そうした不羈奔放《ふきほんぽう》な奇行・性癖であったにもかかわらず、結城が国鉄の中で出世できたのは、彼の仕事にかける情熱と成果を、上司が冷静に、性格を切りはなして、客観的に判断してくれたからにほかならない。

国鉄に転じてから、結城は投炭技術の改善、列車の集結貨物輸送や列車の定時運転の確立など、世界に誇る国鉄のレベルアップに、多大な貢献をしていた。

沸《わ》き上《あ》がる不平・不満、「超特急など不可能だ」との大合唱の中、それでも結城が怯《ひる》まず、屈しなかったのは、民間鉄道であったときの山陽鉄道時代――瀬戸内の内海航路との競合に学んだ貴重なデータが彼の脳裏にはあり、国鉄へ移ってからも世界一を目指して、現場で各々の問題点を、具体的に解決してきたとの自負。そして、体に脈々と受け継がれた会津の魂＝不屈の挑戦者魂があったからだ。

余談ながら、今日のＪＲはダイヤどおりに運行されている。われわれはこれを当然と思い込んでいるが、結城が国鉄へ移ったころは、むしろ定刻どおりに列車が着くことの方が稀《まれ》であった。

結城は機関手一人ひとりに、沿線の樹木や家屋など自分なりの目印を設定させ、それにダイヤをあてはめて、今どの辺りを走っているのか、徹底して体に覚えこませ、これによってようやく定時運転を可能とした。

「やってやれぬことはあるまい。わたしは国鉄の仲間を世界一優秀だと信じている」

結城はすべて既存の車両や施設を活用して、大幅なスピードアップを達成するという難問を、逆境の中で見事に実現化した。

「私は国鉄を信じている」

なるほど、〝夢の超特急〟をぶちあげたのは結城であったが、この計画を実現させたのは、実のところ〝コロンブスの卵〟＝業績悪化で国民から非難を受けていた〝ダメ国鉄〟の中にこそ、その成因があったのである。

たとえば、結城が最初に導入を決定した、列車を牽引《けんいん》する機関車C51型。これは大正期に入って、機関車の全面国産化がおこなわれるようになって以来の、国鉄技術者による最高傑作といわれていた。

大正八年（一九一九）に、浜松工場で製作された第一号機でもある。

動輪直径千七百五十ミリメートル、この時代に狭軌を走る機関車としては世界最大。しかもスピードは旅客列車用として、最高を誇っていた。

問題のレールについて、結城は客車を七両編成にし、列車全体の重量を軽減、レールの負担を少なくするとともに、橋梁などの整備を急がせた。これも国鉄技師、保全の人々の実績と腕前、プライドを信じればこその突きはなし——一見無茶ともみえる命令——であったといえる。

さらに、スピードアップをはかるため、結城は停車駅を極力少なくし、東京—大阪間をノンストップで運転させようとした。

しかし、この時代、少しでも鉄道に知識をもつ者であれば、この結城の計画＝当該区間のノンストップ走行が、スピードアップ以上に困難な、無茶としかいいようのない思いつきでしかなかったことに、冷笑を浮かべたかと思われる。

なぜならば、全線電化の今日の東海道線と違って、蒸気機関車の場合には、〝石炭〟と〝水〟の補給が不可欠であったからだ。

蒸気機関車はおよそ百キロメートルを走行するごとに、給水と石炭補給のために停車するか、機関車のとりかえが必要であった。

運行時間の短縮を目標にするには、この補給は、あまりにも致命的な時間のロスとなる。

「従来の石炭がだめならば、性能のいい石炭の改良をおこなえばよい」

これはかつて、結城が取り組んだ問題の延長線上でもあった。石炭を練炭《れんたん》に加工することで、効率のよい燃料でしかも、補給を不要のものとした。

一つの壁を越え得た。問題は給水である。

——結城の発想は、ここで飛躍した。

目的遂行のために、奇抜なアイディアが生まれた、といい替えてもよい。

線路脇に水路を設けて、走行しながら水を汲みあげてはどうか——本気で技術者たちは考え、実際に実験もおこなわれた。が、当然のことながら速度の出ているとき、また、カーブの多い場所ではうまくいくはずもない。

さて、どうするか。思案した挙句、結城が決断したのが水槽車（タンク）の連結であった。

因縁とでもいおうか——国鉄史上、画期的なスピードアップを達成したのは、このときの超特急「つばめ号」誕生と、後年の東海道新幹線の開通であったが、結城の発案による水槽車を設計したのが、若き車両設計技師の島秀雄であった。

昭和三十九年開通の、東海道新幹線の車両生みの親として知られたその人である。

結城が信頼しつづけた国鉄の技術——弛《たゆ》まぬ技術向上への情熱は、これら以外にも超特急実現に、陰《かげ》ながら多大の貢献をしていた。

ブレーキも同断である。それまでの真空ブレーキが、空気ブレーキに変換されていたことは大きかった。また、自動信号機がすでに採用されていたことも、平均速度六十七・五キロを可能にした裏方といえよう。

国鉄マンは超特急の計画の中で、自分たちが日々取り組んでいたものが、いかにすばらしいものであったかを再認識させられる。

——それに、新たな知恵が加わった。

圧巻は、天下の箱根越えの方法であったろう。

従来、丹那トンネルが開通していなかった東海道線（開通は昭和九年）は、御殿場まわりで天下の険を越えねばならなかったが、一千分の二十五の急勾配の続くこの難所を、スピードを落とさずに列車が越えるには、補助機関車の連結が不可欠であった。

だが、箱根を越えてしまえばむしろ、補助機関車はスピードアップの邪魔となる。

結城はここで、補助機関車（D50型）を列車の最後尾＝一等の展望車のうしろに連結、急坂をのぼりつめたところで、走行中の状態で補助機関車をきり放す離れ業を考えついた。

これは誰しもが、まったく予想もしなかったことであったといってよい。

「無理です」

現場は悲鳴をあげた。が、彼らもまた国鉄マンであった。歯をくいしばり、走ったまま補助の機関車を取りはずす離れ技を、下り三十秒、上り三十秒で可能とした。

もとよりこの不可能を可能にした要因には、大正十四年七月、国鉄が全国一斉におこなった六万三千両に及ぶ車両の、連結器をそれまでのネジ式、リンク式連結器から、自動連結器に変更した大作業が底辺にはあった。

独り去る

度重なる実験を終えた結城は、自身が運転課長に就任してから半年後、昭和四年十二月四日、ついに第一回の試運転に漕《こ》ぎつけた。

そして、翌五年七月三日、一般から三百人の試乗客を募集して、二度目の試運転をおこなっている。一万二千人もの応募から、抽選で選ばれた人の中には、家族と水さかずきを酌み交わして乗車した客もいたとか。

このときには、ときの鉄道大臣や新聞記者、松竹の女優なども乗り込み、〝夢の超特急〟は順調に予定どおりに走った。

当日の立役者ともいうべき結城は、この試乗運転に余程自信があったのであろう。乗りこんだ列車が東京駅を発車すると間もなく、愛飲のウイスキーをなめはじめたが、そのうちに酔っぱらって熟睡、ついに終着駅まで起きることはなかったという。

同年十月一日、鉄道省の列車時間大改正がおこなわれ、ついに〝夢の超特急〟＝「つばめ号」は華やかにダイヤに登場した。午前九時、定刻に東京駅を出発。午後五時二十分、大阪駅に到着。神戸駅には午後六時に着いている。当時の人にとっては、画期的なスピードであったといってよい。「特急」の上をいく「超特急」は国民の関心を集めた。

以来、戦前のこの「つばめ号」のスピードを大きく超えるのは、戦後も昭和三十三年になってから、ビジネス特急「こだま」（電車）の出現をまたねばならなかった。

結城の大胆な発想と国鉄一丸となっての懸命の努力による「つばめ号」の登場を契機に、国鉄は漸次各線のスピードアップを実現。減収に歯止めがかかり、国鉄に客が戻ってきた。昭和七年からは、営業収益は好転していく。

超特急「つばめ号」の生みの親、結城弘毅は残念ながら国鉄の再生を見届けてはいなかった。「つばめ号」運転の七ヵ月後、政府の「官吏減俸令」の公布に反対して、鉄道省の局課長以下全職員二十一万六千人が抗議の辞表を出す事件が勃発した。このおり、慌てた政府は妥協案を提示、全員が辞表を撤回したのだが、ただ一人、結城は辞表を撤回することなく、無言で国鉄を去っていった。

その後、南満州鉄道（満鉄）に移った彼は、今度は大陸横断列車「あじあ号」を走らせるが、これはまた別の話。

昭和三十一年に結城はこの世を去るが、ついに国鉄を去った理由については、生前、一言も漏《も》らさなかった。超特急「つばめ号」の成功で、わが成すことはこれで終わった、と考えたのだろう、との見方がなされる一方、友人の一人は、国鉄が政治の争いの道具に使われることに、嫌気がさしたのではないか、と推測した。

いずれにせよ、結城弘毅の存在は、昭和初期の国鉄を再建し、〝鉄道絢爛〟の時代を創業するために、この世に使わされ、一縷《いちる》の光芒《こうぼう》をはなって中国大陸へ、そして消えていったかのような印象を、われわれに与えつづけて今日にいたっている。

——こういう人も、いたのである。

世界の〝キヤノン〟を築いた理想と戦略

御手洗 毅

医者から経営者へ

終戦を迎えた昭和二十年（一九四五）八月十五日――これより少し遅れて、同年十月一日に事業を再開した御手洗毅《みたらいたけし》はいった。

「諸君、旧海軍の零式戦闘機は、世界一の性能を持っていたという。日本は戦争には負けたが、われわれには彼らに負けない立派な頭脳のあることが、これでも立証された。われわれは、この頭脳と多年続けてきた技術研究の成果を生かして、世界一のカメラをつくろうではないか。日本は、これから大いに外貨を稼がねばならぬ。諸君、わが社が真っ先に立ち上がろう」

終戦直後、日本国民の多くが米やイモを入手するのに、自前のカメラを引換えとした時期に、御手洗は高級カメラ――しかも、世界一といわれたライカを追い越す、高級カメラを作ることにこだわった。

のちに彼は、素人の強味だった。なまじっかカメラの技術に通暁《つうぎよう》していたら、気恥ずかしくて、とてもそんなことは人前でいえなかっただろう、と告白している。

だが、素人の無知ゆえの強味が世界の〝キャノン〟を創ることになった。

人はとかく、理想と現実の狭間で、現実の厳しさに押しつぶされることが多いものだ。

ところが御手洗は崇高な理想を生涯堅持し、厳しい現実をかぎりなく理想に近づけ、しかも経営者として、見事に企業を成功へ導いた。

彼がひきいた企業は、今日、日本の精密工業をリードし、世界にもその企業の名を知られている。功なり名を遂げてのち、経営者にとって最も大切な資質とは何か、と問われた御手洗は、控えめに、

「円満な常識ではないか」

と答えたという。この場合、常識は前述の素人の強味とも訳せそうだ。

御手洗は経営に関して、まったくの素人であった。

なにしろ、産婦人科の医師であったのだから。

明治三十四年（一九〇一）に大分県南海部郡《みなみあまべぐん》蒲江村《かまえむら》（現・佐伯市）の旧家に生まれ、旧制佐伯《さいき》中学五年のおり、結核を患って一年の療養を余儀なくされた。

そのため、同窓に一年遅れて北海道大学の予科に進学している。

「ボーイズ・ビー・アンビシャス」（少年よ大志を抱け）

札幌農学校でクラーク博士が声高らかに宣した伝統を受け継ぐ大学で、彼は自発・自治・自覚の〝三自の精神〟を学ぶ。

昭和三年（一九二八）に医学部産婦人科を卒業した。なぜ、この分野を選んだのか。

この分野は、子供の出産にかかわる最も創造的な仕事、との思い入れがあったからである。

卒業後、助手から講師となったものの、教授の弁当がパンと牛乳だけであることを知り、大学に疑問を抱いた。理想は創造的な仕事をすることであり、現実が大学の生活であった。御手洗は躊躇《ちゅうちょ》することなく東京へ行くことを決め、日本赤十字病院に職を得る。

そうした生活が五年ほどつづいた昭和八年、御手洗は一人の証券マンと出会った。内田三郎といい、その妻を診察したのが縁となって、内田と面識をもったことから、御手洗はカメラの製作に参画することになる。

彼は医師という職業柄、顕微鏡やカメラを扱ったが、それらはことごとくがドイツ製であった。それらに比べて日本の精密工業は大きく立ち遅れており、輸入に頼っているのが現状であったといってよい。

このことへの不満、日本が強国として生きて行くには技術を武器に優秀な製品を生産し、輸出を振興して外貨を稼ぐ以外に道はない、との持論により、理想の高級カメラを作ろうとしていた内田に、協力することとなった。

「ちょっとしたはずみとしかいいようがない」

御手洗自身がのちに述懐するように、麻布六本木の木造三階建ての三階部分の三部屋を借りて、「精機光学研究所」が設立される。昭和八年のことであった。

二足の草鞋《わらじ》

最初のカメラは「KWANON」（カンノン）と名付けられ、カメラの専門誌には次のような広告が載った。

「潜水艦ハ伊号　飛行機ハ九二式　カメラハKWANON　皆世界一」

日本の誇る伊号潜水艦と九二式戦闘機と並べて、第一号カメラは宣伝された。カメラが売れ、理想は少しずつ達成されて行き、昭和十二年には「日本精機光学研究所」と改称。さらには「精機光学工業株式会社」となった。

この間、カメラの商品名が「CANON」（キヤノン）にかわる。英語でも独語でもキヤノンと発音するのがいいとされ、経文・教典という意味もあり、最初の〝観音様〟から一貫して通じるものもある、とされた。

御手洗は請われて監査役になったものの、もとより二足の草鞋。

産婦人科医と精密カメラ、その結びつきがどうも合点がいかぬと思われる方も多々いることでしょうね。その点について、文藝春秋の池島信平《いけじましんぺい》（編集長、社長を歴任）さんが、いつぞやおもしろいことをおっしゃいましたですよ。カメラと同様、女性も精密機械といっていいようなものじゃないですか、と(笑)。

(日本実業出版社編・『現代トップ経営者の事業哲学』所収)

当時、国際聖母病院の産婦人科部長となっていた御手洗は、医学博士の学位も取得。社員の健康診断こそ熱心にやったものの、経営にはほとんどタッチしていない。

それでもレントゲンカメラを陸海軍にもちかけ、大量の受注を取ったりはしていた。

昭和十四年七月には、その功績により取締役に就任。御手洗の人生が大きくかわったのは、昭和十六年に日本が第二次世界大戦へ突入したことによる。

会社の最高責任者であった内田が、日本統治下のシンガポール司令部で、民生担当顧問に赴任することとなり、会社経営を御手洗個人に託したからだ。

この時、彼は目白に個人病院を開業していた。会社の経営などやったことがなく、精密工学の技術者でもない。とても受けられる話ではなかったが、社員の膝詰談判に合い、

「このままでは社員が路頭に迷います」

と懇願されてはたまらなかった。

理想主義者の御手洗は、断わることができずに社長に就任する。彼は社員を前に、持ち前の謙虚さと理想主義者の面目を兼ねて語った。

「私は医師であり、技術のことも経理のこともまったくわからない。だから社員を信用する

以外にない。会社を繁栄させるには私を含め、社員一人一人が誠心誠意やっていくしかない」

御手洗は、社員を職員＝月給制と、工員＝出来高払いとに区別していた当時の仕来《しきたり》を率先して改め、工員の名称を廃し、すべてを職員として月給制に踏み切った。

これは理想の先走りで、腕のいい工員に去られ、残った工員に甘えられるといった失敗を招いたようだが、社員の生活安定は彼にとって、経営上不可欠な重大事であり、その後の日本企業における、初の週休二日制の導入などにも生かされていく。

二足の草鞋を履きつつ、昭和十九年には大和光学製作所を吸収合併し、社員の数は五百五十人にのぼった。戦時下、軍需製品を製作しつつも、カメラをはじめとする民生用機器の開発は継続しておこなっていた。

やがて、終戦となる。そして、冒頭の演説となった。

打倒ライカを目指して

御手洗の病院は焼失。その再建を断念して、彼はカメラ事業を再開した。

工場は木造二階建て、町工場同然で機械もノウハウも不十分。給料も安い。そんな会社が海軍をはじめ、優秀な技術者を多量に採用。不釣り合いな技術陣が誕生した。

彼らは残った部品をかき集めて、一筋に高級カメラの製作にこだわった。

その成果は、日本へ進駐してきたGHQが誰よりも評価してくれた。GHQのCPO（米軍中央購買局）に対応するため、銀座にサービスステーションを開くほど、キヤノンは進駐軍の間で売れた。

昭和二十二年八月、御手洗は東京の目黒雅叙園において、創立十周年を記念しての夕食会を開いた。その席上、彼は挨拶《あいさつ》の中で、

「みなさん、お笑いになるかもしれませんが、今、私どもはあのライカを念頭に置き、〝打倒ライカ〟を標榜しながらやっております。今はまだ足許にも及びませんが、いつの日にか必ず実現したい」

と、ここでも素人の強味、実に大胆不敵なことを口にした。

ライカは世界一と、自他ともに認める高級カメラである。それを打倒すると人前で宣言したのだ。精密工学の専門家なら、決して口にはできまい。絶対に不可能なテーマであったといってよかった。素人ゆえの、怖いもの知らず。居合わせた人々は唖然とし、他人ごとながらどう反応してよいのか戸惑った。

キヤノンのレンズを大半作ってきた日本光学工業（のちのニコン）の社長は、

「そりゃ不可能だ」

と一笑に付した。

精機光学工業を自社の関連会社程度にしか思っていなかった彼にとっては、御手洗の発言

は非常識な、生意気なものと映ったことであろう。ライカを倒すというのなら、その前に日本光学工業も倒さねばなるまい。不愉快になったのかもしれない。

だが、御手洗は屈せず、どこまでも理想の旗を高々と掲げようとした。否、高く掲げることで厳しい現実を乗り越え、理想へ近づけようとの思惑であったと理解すべきであろう。彼は翌年から日本光学工業のレンズ購入を中止し、自社開発・製造に切り替えた。販路開拓も商社に任せず、自ら切り開く道を選んだ。

社名も「キヤノンカメラ」と変更し、ブランドと社名を一致させた〝キヤノン〟は、昭和二十四年、東京証券取引所に上場。この年、ライカのf値――レンズの明るさで、小さいほど明るい――が、二・〇であるのに対して、キヤノンは一・九のレンズを作り出す。

そこへ、為替レートを一ドル三百六十円に固定するドッジ・ラインが採用され、日本中は急激なデフレ不況となってしまった。

キヤノンの本社も在庫の山と埋まり、一時はどうなることかと危惧された状況が、朝鮮戦争によって息を吹きかえした。

軍用としての大量需要が発生したおかげで、在庫は一気にはけたものの、御手洗は世界への商いを急ぐべく、昭和二十五年にはフラッシュ同調装置を備えた最新型試作機（キヤノンIID型）を携えて、自らアメリカへ渡った。

（創業当初から世界を相手にマーケティングを展開するという）この初一念も、当初はなかなか（自社の）幹部の人にもわかってもらえなくて、国内で手近に儲けられるお得意さんがいくらでもいるのに、何を好んで海外市場で苦労をするのか、といった批判にあったものです。昭和二十四、五年ごろといえば、現在海外市場で華々しい業績を上げておられるソニーやホンダさんもまだ雌伏期で、そういう頃から輸出、輸出と叫んでいた私の考えが、容易にわかってもらえなかったとしても、それはやむをえないことだったかもしれません。（同上）

代理店を求めての渡米であったが、シカゴの新聞で二十九歳の社長が誕生したとの記事を読み、御手洗は、五十年の歴史を持ち、拡大な販売網を誇るシカゴ大手の映像機器メーカー、ベル・アンド・ハウエル社を訪問。先方の社長チャールズ＝H＝パーシの若さに期待したが、彼は持参のカメラに関心を示さず、それでも粘って技術面を検討してもらうことになり、一ヵ月間待たされたあげくの解答は、

「当社の技術者によれば、ライカより数段、優れているとのことでした。これがドイツブランドなら、ホットケーキのように売れるでしょうが、残念ながらメイド・イン・オキュパイド・ジャパン（占領下の日本製）です。これでは残念ながら、アメリカでは通用しません」

「自分で産んだ子は——」


先方はベル・アンド・ハウエルのブランドにするなら、扱ってもいいと申し出た。OEM（相手先商標製品）である。日本の企業にはOEMから戦後をスタートしたものも少なくない。

だが、御手洗は即座に断った。このときのセリフが、後にキヤノンの語り草となる。

「自分で産んだ子は、自分で育ててみせましょう」

不思議な啖呵であった。本来、男がいうなら、「自分の子は自分で育てる」という。「自分で産んだ子」とは決していわない。

御手洗の中には、最も創造的な分野として、産婦人科医を選んだ過去がつながっていた。

キヤノンは悪戦苦闘しながら、自社で海外販路を確立。支店を世界中に開設していく。

デフレ不況の中、一時の急場策として安価なカメラを作ってはどうか、との声も社内にあがったが、御手洗は一蹴し、

「キヤノンはあくまで、高品質で世界一を目指す」

と断じた。

御手洗の理想主義＝「家に帰ろう運動」＝GHQ運動（ゴー・ホーム・クイックリー）、「週休二日制」、「新家族主義」といった新機軸を支えに、キヤノンは打倒ライカの頂《いただき》を目指して、

一心不乱に高級カメラ製造の道を歩んだ。

もとより、ベルギーのブリュッセル万国博覧会で「グーテンベルグ以来の大発明」と絶賛されながら、発売すると皆目売れなかった商品もあった。

しかし、キヤノンは着実にカメラの世界を制覇しつつあり、昭和三十六年には、かつて「メイド・イン・オキュパイド・ジャパン」とキヤノンを蔑《さげす》んだベル・アンド・ハウエル社の社長が、深々と頭を下げ、「キヤノンブランドを扱わせていただきたい」と願い出た。

そして、昭和三十八年には〝夢のカメラ〟と呼ばれていた自動焦点＝オートフォーカスカメラを世界で初めて発売するにいたった。

御手洗の成功の秘訣は、何に由来するのか――。

この人は経営に、素人らしい理想を持ち込んだ。

本人のいう「円満な常識」と言葉を置き替えてもよい。それを心底、実践しようとし、常に理想の頂を仰ぎつづけながら歩み、キヤノンはそれを社風として育った。

彼は胸をはっていったものだ。

「私は従業員が、〝キヤノンで一生を過して本当によかった。悔いはない〟と思ってくれるような会社を作りたいと考えているのです。これが経営者としての私の一生の夢なのです」

御手洗毅は昭和五十九年、世界のキヤノンを見届けてこの世を去った。享年八十三。

実に、すばらしい生涯ではなかったか。

第二章　変革にこそ求められたリーダーたち

崩れかけた財閥を立て直した〝大番頭〟

結城　豊太郎

創業者の性《さが》

三国志の時代、天下を三分した一方の、蜀漢帝国を任された諸葛孔明は、先帝・劉備玄徳の死を受け、直前に迫った帝国の崩壊の危機を、

「危急存亡の秋《とき》なり」（「前出師表《ぜんすいしのひょう》」）

という言葉を使って、人々に訴えた。

才覚にめぐまれた人物が、己れの知略と度胸で、一つの組織（国家を含む）を創りあげたとする。しかもこの人物は何でも自分がやらねば気がすまず、大きくなった組織全般を、かつての小さなレベルであった時と同様に、総攬《そうらん》することを止めなかった。方針を考え、決断するのは己れ一人で充分と、リーダーたる己れに自信をもちすぎた彼は、当然のごとく、補佐役を大切にはしても、後継者の育成には何らの配慮もしなかった。

こうした人物が急死した時、その拡散した組織はどうなるであろうか。一般論としては、空中分裂をし、瓦解するしかなかった。

孔明の立場にたたされて、その存亡を担わなければならなかった人は、歴史上に存外、多かったようだ。

たとえば、安田財閥の創業者である「安田善次郎」が、大正十年（一九二一）九月二十八

日、神奈川県大磯で突然、国粋主義団体のメンバーであった、朝日平吾の凶刃によって殺された時の〝安田〟が、まさに冒頭の「危急存亡の秋《とき》」を迎えることとなった（関連、拙者『日本創業者列伝』を参照）。孔明の立場にたたされたのが、本項の結城豊太郎《ゆうきとよたろう》であった。

〝日本四大財閥〟と呼ばれる三井・三菱・住友・安田の中で、財閥という巨大な企業群を各々形成するようになりながら、その経営手法が最も前時代的で、旧態を保っていたのが、〝安田〟であった。

傘下の企業を統括する本社機構が形成され、有能なスタッフが総帥を支えるという体制が、各々整備され、権限の委譲がおこなわれているなかにあって、〝安田〟だけはどこまでも、善次郎の個人商店としてのスタイルを崩さなかった。

財閥の企業組織としては、明治四十二年（一九〇九）十月、〝三井〟が同族十一家をもって三井合名会社を設立、持株会社の形で財閥コンツェルンを完成させたのが、日本における嚆《こう》矢《し》とされている。

以来、三菱、住友、安田が財閥本部を合名会社または合資会社とし、傘下諸企業の株式の全部、または大部分を所有、同様にコンツェルンの形態をとり、その中心にあって、莫大な財産を独占したのが財閥家族、一門であったといってよい。

だが、それらの結合形態はその家の創始事情、歴史、扱った商い、財産相続の態様などから相違し、必ずしも同一ではなかった。

この財閥形成の中で、こと経営の面からみた場合、最初に経営のピンチを迎えた〝四大財閥〟は、〝金融財閥〟として日本一を誇った〝安田〟といえるかもしれない。殺された時、善次郎は八十四歳であった。普通に考えれば、すでにそれなりの後継者への配慮があってしかるべきであったろう。しかし、善次郎はまだまだ現役、否、あるいは生涯を現役で終えるつもりでいたのかもしれない。

つまり先代（初代）善次郎が、いつまでも、主人が丁稚《でっち》小僧を使う気持ちで人を使ったことが、永く今影響を残しているのだ。近代の〝主人〟すなわち資本家は、利潤を確実に挙《あ》げるという最後の一点を条件とするのみで、後はその高級使用人に任せるものである。然《しか》るに安田では、主人自らが総てに采配《さいはい》を振《ふる》い、使用人達は、大物も小物も含めて、唯その手足となって働くのみである。そこでは、使用人は主人の隷属物に過ぎない。自分の計画や自分の見通しにおいて仕事をする領分は少しもない。

使用人達が何事をするにも一族の鼻息をうかがったり、又一族の者を〝御一家〟などという封建的な尊称で今日なお呼ばされたりしている処に、強い明るい性格や立派な人格が生まれる道理がない。

（小汀利得《おばまとしえ》著『安田コンツェルン読本』）

同様の論調は、幾らでもあった。

「その関係するところの事業は、他の英雄豪傑を加えるを欲せず。権力を一身に集め、重役に任ずるものは子弟・安田善某、安田善某……」（山路愛山《やまじあいざん》著『現代金権史』）

もっとも、善次郎も一度、「他の英雄豪傑」を〝安田〟に迎え入れたことはあった。

明治四十二年（一九〇九）正月、養子の安田善三郎に全事業を譲り、第一線を退《しりぞ》いたのだ。

善三郎は宇和島藩士・伊臣忠一《いおみちゅういち》の長男として生まれ、東京帝国大学法学部出の秀才。将来を嘱望されて明治三十年に安田家の養子となった。大正二年には家督を相続してもいる。

だが、善次郎はこの後継者に、己れが生命《いのち》懸けで築いた安田財閥を任せ切ることができなかった。創業者の性《さが》といえるかもしれない。

結局、善三郎は一族内のやっかみにも合い、大正九年に安田家を追われることとなる。手切れ金は三百万円であった。

ちなみに、大正十年に善次郎は東京帝国大学の講堂建設費として百十五万円を寄付している。のちに〝安田講堂〟と呼ばれるものだが、同時代の三百万円である。ケチで有名な善次郎にしては、奮発した離籍料といえそうだ。

しかしながら、善次郎はこの世を去ってしまう。前述の小汀はいう。

その有り様はちょうど、戦場においてとつじょ指揮官を失った大部隊が、たちまち烏合《うごう》の

衆と化し、進退方途を失い、いたずらに騒ぐ有り様にも似ていた。（同前）

一言でいえば、「安田王国にはただ狼狽《ろうばい》だけがあった」（同前）ということになる。

大財閥のまとめ役

〝安田〟では善次郎の長男・善之助が〝二代目善次郎〟を名乗り、財閥の元締めともいうべき安田保善社のトップに就任。安田銀行（のちに富士銀行を経て、現・みずほ銀行）には三男の善五郎が、傘下の第三銀行には四男の善雄がそれぞれ頭取となった。

一応の後継体制を整えたとはいうものの、とてもこの二代目メンバーでは、初代亡きあとの難局を、巨大財閥を率いて切り盛りしていくだけの力量は望めない。代り得る人物も、財閥内部には見当たらなかった。

〝安田〟の全事業を掌握し、コンツェルンの進むべき方向を示せる〝大番頭〟が求められた。が、いまさらながら、人材育成を一切しなかった初代善次郎の、ツケがまわってきたといってよい。

どのように見渡しても〝人〟がいないのである。困りはてた大番頭の原田虎太郎は、他の重役たちとも相談のうえで、この「危急存亡の秋《とき》」を初代と親交の厚かった高橋是清《たかはしこれきよ》に訴え、大財閥のまとめ役としての〝大番頭〟の周旋を依頼した（この人物に関しては拙著『日本創業者列伝』を参照）。

この時、高橋は大蔵大臣であった。「わかった」と人材派遣を約束している。それも単なる口約束ではなく、日本銀行の総裁・井上準之助に具体的な人選を担当させた。

〝安田〟の首脳陣は、

「大安田を率いる人物だから、相当の大物を紹介してくれるに違いない」

と、高橋に多大な期待を寄せた。

巷間、大臣級の人物を予想していた、とも伝えられている。なにしろ高橋は日銀総裁も務め、積極財政主義を唱え、明治期の松方正義と並ぶ二大財政家として、日本はおろか国際的にも知られていた人物であった。

安田側の〝願い〟も、無理からぬところであったといえる。

ところが、こうして選ばれた人物がときの日銀の理事・大阪支店長の結城豊太郎であったことから、〝安田〟の人々は愕然《がくぜん》とし、見くびられたと断じた。

結城は明治十年（一八七七）五月、山形県の現在でいう南陽市に生まれた人物。東京帝国大学法科を出て、初志である日銀入りのため、空席待ちまでして、同三十七年一月に日銀へ入行した。翌三十八年、ニューヨークに駐在し四年後に帰国。京都、名古屋の支店長を歴任、そして大正七年四月、四十一歳で大阪支店長となった日銀の逸材であった。

第一次世界大戦の反動不況が日本を直撃した時、この煽《あお》りを受けて、大阪の増田ビルブローカー銀行が手形交換の決済不能に陥ったことがある。

処置をあやまれば大恐慌ともなったであろうが、結城は上司の井上準之助とも連絡をとりながら、異例の特別融通を断行した。

併せて、破綻に瀕《ひん》していた関西の経済界――なかでも大阪の綿布商業界の整理を果敢に推進するなど、恐慌の拡大を未然にふせいだ人物として、一部には、

「日銀に結城あり」

と知られていた。

それだけに結城は、当初、〝安田〟入りを打診され、難色を示している。日銀での、栄達への未練を隠さなかったとも。加えて、彼は事の重大さと困難さを予測し、

「引き受けるからには、安田の経営を自分の思い通りにやらせてほしい」

と、独裁経営権を注文として出した。

それがあっさりと認められ、結城は安田保善社の専務理事として〝安田〟へ乗り込むことに――。

ときに、大正十年十一月、初代善次郎の事件から、二ヵ月後のことであった。

それにしても当時四十三歳の、結城の意気たるや、壮とすべきであろう。大安田を独裁する、というのであるから――。

ところが、〝安田〟入りした結城にそそがれる安田一族、経営首脳陣の視線は、ともに冷やかであった。それはまさに、養子善三郎が迎えられた時と同じであったといえる。

彼らは結城に不満があったのだ。大物を望んだ安田側にすれば、いかに秀逸な人物とはいえ、結城はたかが一介の日銀理事にすぎない。しかも四十代の前半である。

「安田を低く見ている」

と歎じたのも一面、しかたがなかったろう。

「安田を自由にされてたまるか」

との反発もあった。

こうした感情は、一族・首脳陣だけのものではなかった。非近代的商法に慣れた古い番頭たちや、叩き上げの社員、行員たちには、自身の将来に漠然とした不安を感じさせ、形のない危機感から結城の出現を快く思わぬ者も多かったようだ。

一方の結城は、そうした空気には一切お構いなく、約定通り、ほどなく安田銀行の副頭取をも兼務し、安田財閥の実権を掌握すると、すぐさま〝安田〟の再建、経営近代化に着手する。

のちに安田家三代目当主となり、安田財閥の解体を率先しておこなった安田一《はじめ》（初代善次郎の直孫）は、『安田保善社史』の中で、次のように語っていた。

これ（十一銀行）の大合同は初代善次郎の遺《のこ》した腹案もあったとはいえ、あの未曾有《みぞう》の関東大震災によって各行の本店はじめ多くの支店も焼失し、物心両面に渉《わた》る大混乱が未《いま》だ収まらなかったさ中に、この難事業を断行実現された事は特筆大書すべきであり、これは偏《ひと》えに当時の保善社（大正十四年、合名会社安田保善社に改称）専務理事であり安田銀行副頭取だった結城（豊太郎）さんの決断力と実行力に負う処が多いと認めざるを得ない。また、この大合同が当時、多数の大学卒業生を採用育成した結城さんの功績と相俟《あいま》って、今日の富士銀行発展の基礎をなしたものと申しても過言ではないと思う。

では、結城はこの孤立無援に近い状況の中で、どのように具体的な再建策を打ち出したのであろうか。

近代化への邁進《まいしん》

この安田財閥の再建——ときの大蔵大臣・高橋是清が、日本銀行総裁の井上準之助とはかって、結城豊太郎へ白羽の矢を立てた一連の経過は、時代は異なるものの、明治二十年代の〝三井〟が、やはり当時の政府高官・井上馨に依頼して、中上川彦次郎《なかみがわひこじろう》の推薦を受けたケースと一脈相通ずるところがあった（この人物については、次項を参照）。

プロセスのみならず、二人の〝近代日本の再建者〟は、その行動も酷似していた。まず、なによりも再建のための人材育成、人材登用に着手した点が共通している。否、一方の〝三井〟には明治以来、大学出の採用実績があったことを思えば、他方の結城の方が多分に難しかったに違いない。なにしろ初代善次郎は、

「大学出はいらない。高い俸給を払って、英才を集めて仕事に従事させる必要を認めない」

ときっぱりといい切り、実子で長男の善之助（二代善次郎）を中学卒業後、ただちに実務に従事させ、明治二十六年には十四歳で安田銀行の取締役、三年後には頭取にしたほどであったのだから。

近代的な学識経験よりも、実務訓練を重視する立場――それを結城は改め、大正十一年春から、大学、高等専門学校の卒業生の定期採用を実施した。組織的に人材を育成することにしたわけだ。保善社が一括して入社希望者を選考し、結城自身も会って面接をおこなっており、優秀な人材を財閥の中に確保するように心がけ、合格者を関係銀行・会社へ配置した。

さらに、海外視察派遣制度の導入。これには結城の、四年にわたる海外生活の思い出が根本にあったようだ。「これからは企業人も、国際的な視野をもたねばならない」との思いが強かったのであろう。

ついでながら、大正十三年（一九二四）に採用された第三期生の中には、のちに安田生命の〝中興の祖〟と仰がれる竹村吉右衛門《たけむらきちえもん》があり、彼は安田銀行の営業部外国課に勤務。結城

にかわいがられた。

また、昭和三年（一九二八）の入行組には、のちに第二次世界大戦後、富士銀行の頭取となる岩佐凱実《いわさよしざね》がいた。岩佐は満鉄志望であったが、仙台二高—東大と大先輩にあたる結城から、「安田に来ないか」と誘われた。岩佐は銀行にまったく関心がなかったのだが……。

安田入りしたのは、安田の〝のれん、前垂れ主義〟を打破し、積極的に経営近代化に取り組んでおられた結城さんの考え方が私の心をとらえたからだ、と言えるかもしれない。その結城さんで忘れられないのは、結城さんが入行のあいさつで、「安田は世間から必ずしも良い目で見られていません。だから今後は三井銀行や三菱銀行のような評判をとるために、次代を担う諸君は大いにがんばって努力してください」と言われたことだ。結城さんは〈中略〉大卒行員を積極的に採用・育成につとめ、「ソロバンも大事だが、銀行員としての社会的使命、産業界に対する責務の自覚こそが先決である」として、体制の革新を進められたわけだ。

（『回想八十年〜グローバリストの眼』）

右の「安田は世間から必ずしも良い目で見られていません」は、一つには創業者善次郎の、営利欲に汲々たる人柄、社会公共的事業への冷淡さに対する世間の反発の表われであり、〝安田〟が他の財閥と異なり、外部の公的機関の役職に付かなかったことによる、財界の中での交流のなかさから来たものでもあったといえる。

結城は学卒者の組織的採用に正面からとり組み、一方で日本工業倶楽部や日本経済連盟会の役員に自ら積極的に就いていった。

また、すでに採用されていた人々に対しても、本社と傘下企業群とのコミュニケーションを円満化することを前提に、人的交流をはかり、適材適所の配置を断行した。

即戦力としては、日銀時代の部下・園部《そのべ》潜《せん》（のちに安田銀行頭取）をスカウトしてきたりもしている。

保善社の中にこれまで四、五名しかいなかった調査課を、一挙に五十名ほどのスタッフに拡大し、「部」に昇格させ、その調査内容をそれまでの関係事業の監督・調査業務から、国内外の一般的産業・経済および各種事業調査などの広範囲なものとし、ここを〝安田〟の将来の、経営戦略の要《かなめ》と位置づけたのも、結城であった。

無論、これだけの改革が短期日にできるものではない。

同時進行を採りながら、なおかつ結城は金融財閥としての〝安田〟の経営効率を向上させるために、日本経済史に残る〝安田〟傘下の銀行の合併をやってのけた。前出の、安田一の回想にあった、〝大合同〟である。

「大小さまざまな銀行が、各行勝手に経営を進めていたのでは、〝安田〟は生き残れない」

この頃、第一次世界大戦後の経済不況は慢性化しつつあり、各地の銀行では大正九年、同十一年と相次いで取り付け騒ぎが起きるなど、日本の金融界は大きな試練の波に洗われたが、ここでも結城は先手を打った。

保善社の中に銀行部を設け、部長に京都銀行の支配人であった兵須《ひょうす》久《ひさし》を抜擢。〝大合同〟の前段作業として、ここで関係各行の内規、給付恩給などを調査し、調整させたうえで、大正十二年四月、安田銀行をはじめとする第三・日本商業・明治商業・第百十三・第二十二・肥後・京都・信濃・神奈川・根室の十一行の間で覚え書きを調印し、その年の十一月一日をもって〝大合同〟は成り、新生安田銀行が誕生した。頭取には二代目善次郎、副頭取に結城が就任している。かくして安田銀行は一躍、預金高、貸付高ともに日本一の大銀行となったのである。

とはいえ、結城は一安心して、〝安田〟の近代化、経営効率化の手をゆるめるようなことはしなかった。

帝国商業銀行の系列化をはじめ、大正十四年には信託会社の設立、そのほか傘下会社の帝国製麻《せいま》に日本製麻を合併させるなどの処置を講じ、業績をあげていった。

世上は関東大震災から金融恐慌へと進んだ波乱の時勢であったが、その中で安田財閥は体力をつけ、これまでの遅れを取りかえすかのように躍進した。

だが、こうした結城の采配は一面、独裁にみえ、傲岸不遜《ごうがんふそん》とも映る安田財閥大改革＝経営近代化は、とりあえずの傍観をしていた安田一族や古手の番頭たちの、反発を招かずには済まなかったのも事実である。

初代善次郎の三男・善五郎は、先の十一行合同についても、

「こういう派手なことは、紺暖簾《こんのれん》・前垂れがけの伝統を重んずる私ども一族には好ましくない」

として反対であったが、産業財閥の〝浅野〟を金融財閥として〝安田〟が支援したのが裏目に出て、〝浅野〟の保有有価証券の暴落、貸付金の不良債権化などのため、結城が窮地に立たされると、一斉に反結城のクーデターが〝安田〟内部で勃発する。

組織的な反結城運動が相次いで起こり、ついに昭和三年（一九二八）、反対派は世話役の高橋是清に結城の解任をとりつけた。

結城の権限は縮小を余儀なくされ、やがて彼が手塩にかけて育成した調査部は廃止され、銀行の調査課に併合されることとなった。

理事辞任の内意を表明した結城は、高橋の忠告もあり、現職のまま外遊におもむき、昭和四年三月、帰国するとともに正式に保善社理事を辞任し、〝安田〟を去った。

彼の胸奥や、いかばかりであったろう――。

その外遊に同行した竹村吉右衛門は、次のように回想している。

「結城さんのいちばん失意の時代はこの外遊中で、全くどん底の日々であったろう。ノルウェーのフィヨルドを或《あ》る寒い日にドライブしながら、〝ナポレオンが戦いに敗れて退去し

た時は、こんな気持ちであったろう〟と述懐されていたことで分かる」

だが、同じ竹村はのちに、「結城さんという方の存在を絶対に忘れてはいかんぞ」とも述べ、次のようにも回想した。

「あの当時、もし結城さんが下手な妥協をする人で、旧勢力の思うままに動いておったら、その結果、どうなったか。戦争経済を境に旧安田はどこかへ消えていたに違いない」

結城自身はどうであったのだろうか。

「信念のない人生は空虚であり、実にみじめなものだ」

と語る彼は、高等学校時代にはやった禅についてふれ、

「要するに、〝信念の把持《はじ》（しっかりと手にもつ）〟ということだ」

といい、

「一路所信を邁進するにある」

ともいった。

〝安田〟を去って浪人生活に入った結城は、かっての上司であった大蔵大臣・井上準之助の要請で、昭和五年、日本興業銀行の総裁に就任する。また、同十二年、林銑十郎《はやしせんじゅうろう》内閣にあっては大蔵大臣を務めたが、こちらは四ヵ月で総辞職となった。

もっとも同年、日本銀行総裁となり、戦時金融の中心的な担い手として活躍し、戦後は自適な生活をおくったという。昭和二十六年（一九五一）八月一日、この世を去っている。享

年七十四。

三代の安田一は、「結城さんを憶《おも》う」と題する随想の中で次のように述べている。

結城さん御本人の心境は勿論如何ばかりであったろうかと推察されるし、また心残りも多かった事と思う。しかし、その後の結城さんは、安田に対して決して特別の感情を持っておられたような事は全くなく、それどころか、そんなものを超越したもっと大きな気持ちで、逝去《せいきょ》されるまで安田を思い安田を愛しておられた事が、私にはいろいろの機会に、はっきりと判《わか》ったのであって、深い尊敬の念を禁じ得なかったし、また、今《ママ》だに感謝をしているところである。

やはり、一代の名経営者であったことは間違いなさそうだ。

〝三井〟の瓦解を救った風雲児

中上川 彦次郎

剛胆重沈《ごうたんじゅうちん》の若者

まずは、次の一文からはじめよう。

中上川《なかみがわ》（彦次郎）さんはじめ、益田（孝）さん、團《だん》（琢磨）さん、池田（成彬）さん、向井（忠晴）さん。あるいは中上川さんの前に活躍した三野村利左衛門さんと三井を主宰された方は、それぞれいろいろな業績を残されていますが、なんといっても中上川さんが一番でしょう。それをわずか十年間でやられたんだからたいへんな人だったんですね。

私はもし中上川さんがあと二十年、あるいは二十五年生きておられたならば、三井の事業のあり方というのはまったく変わっていたと思います。たとえば戦後の財閥解体後は三井の比重は落ちてきています。往年のおもかげはまったくなくなってしまいました。理由はたんなる財閥解体だけではないんです。ご承知のように戦後の日本は「世界の驚異」といわれるような成長を遂げ、過去十五年間に一割以上の成長を示し、今では自由国家群中、第二の工業国となっています。ところが三井は残念ながら、工業、とくに重工業部門が弱体でした。これが（三井の）地盤低下の大きな原因なんです。だから中上川さんの時代がもう少し長かったらと思うんです。〈中略〉

明治維新を敢行した日本は、徳川三百年の鎖国の手工業的な、あるいは家庭工業的な幼稚な経済状態から、突然欧米先進諸国の進んだ文化・経済にぶつからなければなりませんでした。その難局に明治の官民はみごとに対処しています。一年に二千人もの留学生を送り出し、五百人あまりの技術者を招聘している。それで明治二十年までに近代的な資本主義の基盤ができるんです。

そんな情勢のなかに中上川さんは三井にはいられたわけですが「日本は工業立国でなければならん」という信念をもたれたのは、先見の明があったのですな。そのうえ実行力がありました。

明治二十二年に政府から払下げを受けて三井のものとなっていた「三池炭鉱」と「神山鉱山」をいっしょにしまして「三井鉱山」を設立したのは中上川さんでした。なにしろ「三池炭鉱」は日本一の石炭山で、他の全部の石炭山がつぶれてもここだけは残るといわれているほどです。日本全出炭の十五パーセントをこの山一つでもっているんです。三井はこの「三池炭鉱」の石炭を外国に輸出して物産がもうける一方、この石炭を利用して化学工業に進出し、三井化学とか東洋高圧の発祥母体となっています。つまり、三井工業全体の基礎となったわけですが、この「三井鉱山」を着想、作り上げた中上川さんの慧眼《けいがん》はさすがです。

それから王子製紙、鐘紡、芝浦、北海道炭鉱、また遠く上海にも上海紡績をつくっています。工業方面での三井進出の態勢を整えていたんですね。このように思い切った手で三井の工業化を推進したということは、中上川さんが日本の当時の客観情勢を、おもむく道を十分に洞察していた証明でしょう。

（江戸英雄談・『財界人思想全集』一巻所収）

明治日本にあって、長くオピニオンリーダーをつとめたのは福沢諭吉であった。

現在の大分県中津市に、旧幕時代、豊前中津藩の足軽（十三石二人扶持）の子として生まれた彼は、類稀《たぐいまれ》な語学力をもって成り上がり、幕末、アメリカへ渡る幸運に恵まれた。

それを踏《ふ》まえて、「慶応義塾」という私塾を創り、有為の新知識人・若者の育成を図ると共に、言論界において多くの著作、新聞の刊行などをおこなった。鎖国日本人に開かれた世界を知らしめ、明治の文明開化を独り牽引《けんいん》した感がなくもない。

この偉大な人物に「おえんさん」と彼が生涯、呼びつづけた姉がいた。この姉が嫁《とつ》ぎ、もうけた一人息子こそが、本項の中上川彦次郎であった。

「劣甥がなァ――」

福沢はこの甥を、人前でそう連呼しつつも、内心、常に自慢の種であったという。

のちに、崩壊の危機に直面していた三井銀行を、その大胆不敵な手法、強引な腕力にものをいわせて見事に再建し、併せて時代に取り残されつつあった三井財閥全体を活性化させ、彼を知る人々をして、〝明治実業界の偉才〟〝三井中興の祖〟といわしめた中上川彦次郎――彼はその余りある才覚、恐るべき革命児たる手腕を知られる以前に、著名の人・福沢の甥であることが世間では周知のこととなっていた。

曰《いわ》く、「福沢先生の甥だから……」

この種の嫉《ねた》みを、中上川はどう聞いたであろうか。生涯、何事に拠《よ》らず可否の裁断が迅速果敢であった彼は、「いいでしょう」「いけませんでしょう」と明確に述べた如く、

「福沢先生には感謝しております」

と、きっぱりといい切ったに違いない。

のちのことながら、留学後、中上川はごく近所に住まう福沢の許《もと》をたずねても、訪《おとな》いを入れ、叔父の許可が出るまでは玄関に立ちつくしていたという。彼は公私の別に厳しい人物としても知られることになるが、もし、福沢諭吉を親戚にもつことがなければ、なるほどその人生の出発点はおよそ異なったものとなっていたに相違ない。

明治二年（一八六九）、十六歳で中津から上京した中上川は、叔父の福沢の家から慶応義塾に二ヵ年余を通って学び、一度は中津へ戻って教鞭をとったものの、海外留学の夢に取りつかれ、やはり叔父の援助を得て、明治七年十月より同十年にかけてイギリスに留学する幸運に恵まれた。

中上川の〝洋行〟は、彼の生涯に多大な影響を与えたといってよい。

ロンドンで経済学者のレオン＝ニーレビィに法律・経済・財政・保険・倉庫・統計・貿易などの個人講義を、小泉信吉（のち慶応義塾塾長・小泉信三の父）と共に受けた中上川は、一

方で、

英人は一體《いったい》に怜悧ならず、鈍にして頑なり。自由思想家なく、古風に執着し、宗教を迷信し、島人の性を具へて、国の繁昌には不釣合なるが如し。（中上川彦次郎著「勤書控」）

と冷静に、イギリスの社会事情を観察している。

それでいて他方では、元々、堂々たる体軀に恵まれていたこともあり、帰国後、それまでの〝義塾流〟＝粗服主義を捨て、いわゆる〝ハイカラ〟に宗旨変えしている。着こなしは、英国流に一変した。

また、それまでの謙譲の美徳主義をかなぐり捨てて、

「能《のう》ある鷹は爪を蔵《かく》す、は大間違いである。よろしく能あるものは、その能を顕《あら》わし、進んで天下の事物に爪痕《そうこん》を印せざるべからず」

と人前もはばからず、主張するようになった。

併せて、この洋行中に別途、ヨーロッパに外遊していた井上馨の知遇《ちぐう》を得ることができたのも、その将来には大きかった。否、決定付けたといえなくもない。

当時、海外視察の途路、ロンドンに滞在していた井上は、中上川と小泉を知るに及び、

「こちらでの生活は大変であろう、なんなら政府留学生の扱いにしてやろうか」

と持ちかけた。すると中上川は、

「自分はすでに福沢先生から給費を受けております。今また政府から支給を得れば、二方面に恩義を被るに至りますので、恐れながら辞退させていただきます」

あっさりと断わってしまった。

井上は怒らず、逆に中上川のなかにある剛胆重沈なものに感動したようだ。滞英中に中上川を呼び、英書の講義を受けている。

伊藤博文と並ぶ長州閥の巨頭であり、発言の大きさはこと経済界においては絶大であった井上は、この若者を知るにつけ、その将来を大いに期待したようだ。

帰朝後、中上川は福沢への返礼の意味を込め、慶応義塾で教鞭を執ったが、ほどなく井上の工部卿就任に応じて、工部省高等官七等（井上の秘書官）として採用されることになる。次いで中上川は、通商担当の公信局長に抜擢された（高等官五等）。この時、彼は二十六歳。

さらに、外務省書記官にまで出世した。

だが、好事魔多し。大久保利通の後継を巡り、福沢が岩崎弥太郎と大隈重信と組み、伊藤・井上と対立、あげく大隈が失脚するに及び、中上川は福沢の甥なるがゆえに、外務省を去ることとなった。

半面は細心周密

浪人となった彼は、福沢が主宰する慶応義塾出版社発刊の「民間雑誌」等の基礎固めに活躍することとなる。ほどなく、社名が時事新報社と改称された。

時事新報休刊セズ小生営業上寸暇無之《これなく》ニ付何方ヘモ新年ノ参賀得不仕候此段不悪《あしからず》御諒恕ヲ請フ

芝区三田四丁目七番地　中上川彦次郎

中上川は常に剛胆重沈であったが、その半面、極めて細心周密の人でもあったようだ。新聞を安心して刊行するには、広告こそが重要であると、当時、いずこの新聞社も考えなかった、広告営業に邁進《まいしん》している。その姿には、政府高官となった栄光も挫折もなかった。中上川はあくまで、己れの可能性を信じて疑わなかったようだ。

――明治十六、七年頃のことであるらしい。

「時事新報」が一時、日本橋通三丁目の角に引っ越したことがあった。この時、中上川は両手にあまる糸つきの風船を買い求め、これに「広告するならば日本一の『時事新報』へ」と宣伝ビラを結びつけ、大空へ放ったことがあったという。

すると風船は風に乗り、東京中に飛来して一気に「時事新報」への掲載広告が増えたとか。

この頃、新聞・雑誌は論説だけで売れるものだ、と信じ込まれていた。

だが、刊行数が増えてくると、当然、売り上げに開きが生じ、広告収入の安定している新聞が、最終的には勝利者となったのだが、中上川はこれをロンドン留学中に会得したようだ。

新聞の編集室というものは、元来《がんらい》、乱雑なものが当たり前であり、記者も言葉遣いの乱暴なものが少なくなかった。

しかし、中上川の社長室はいつも整然としており、机の上は一分の狂いもなく、整理整頓がなされ、稟議《りんぎ》の決裁《けっさい》を仰ぐために作った箱はいつも空《から》であったという。溜《た》めるということがなかったからだ。即断即決が常であり、何事につけ、次の日にまわすということを彼はしなかった。

言葉遣いも生涯、中上川は丁寧《ていねい》であり、その動作もつねに英国紳士を模倣した様子がうかがえた。室内へ入るときも、中上川は人が居ようがいまいが、いつも帽子をとり、一礼をしてから入るのが常であった。彼だけをみていると、騒々《そうぞう》しい新聞社のイメージは出てこない。

が、おりしも世間では、〝三菱〟対共同運輸の対決がデッドヒートしていた。

失脚した大隈と並んで、岩崎弥太郎の〝三菱〟を潰すべく、政府の主導権を握った伊藤・井上たちが、〝三井〟と渋沢栄一らをかたらって共同運輸を創り、〝三菱〟にぶつけてきたのである。〝三菱〟の旗色は、やや悪かった。

そうしたなかで中上川は、沼間守一の「東京横浜毎日新聞」や矢野文雄の「郵便報知新聞」と結んで、岩崎弥太郎を擁護する論陣をはり、激しく三井派である田口卯吉の「東京経済雑誌」や自由党の「自由新聞」と論説を展開した。〝政変〟では先の三人組が敗れたが、言論ではあきらかに中上川たちが勝《まさ》った。

〝三菱〟にすれば苦しい戦いの最中であるだけに、中上川の存在に多大な感謝の念を抱いたようだ。そのことがやがて、中上川を次なる舞台、山陽鉄道の社長へと導いていくことになる。

有《あ》らゆる流儀の異なる人を集めて、それを各々異なる方面に働かせる。即ち適材を適所に置くといふことはなかなか困難なことであるが、中上川先生は実に多くの異なつた人物を網羅し、一々その適する所に向つてその才能を発揮せしめたのであつたが、現時の実業界にはチョットかやうな型の人は見当らないやうに思ふ。例へば先生の配下には、議論を上下して、口角沫を飛ばすといふ論客もあれば、非常に才能を有して、事をうまく処理するものもあり、正直一点張りで寧ろ頑固といふやうなもの、自慢癖で身分不相応の希望を抱き、相当の手腕を有するもの等、種々毛色の変つた人々を集めて居つたものだ。

歳中、人の持て余した人、即ち容易に乗りコナせない悍馬といふ評のある人を採用した例は多くある。この銘々異なつて居る人々に対し、各々その所を得て、満足に喜んで働くやうに仕向けられたのは、実に先生の偉大なる人格に負ふものあるは勿論であるが、そのよく異なる人材を巧《たくみ》に使つた所に、成功の秘訣はあると思ふ。是は独り実業家のみならず、古来天下を治めた所の英雄豪傑の士は、よく人材を使ひこなしたものであると謂わなければならぬ。今日先生の如き人傑は、民間に於ては容易に見出すことは出来ないやうである。

（鈴木梅四郎著『伯記資料』所収）

「凡夫に己惚れなきはなし」

「時事新報」を創刊し、多大の成果をあげて同社の社長となった中上川彦次郎は、そうした言論界の成果だけでは満足を得られなかった。

「時事新報」は慶応義塾社中の熊本城なり〈中略〉此城を築いて、此城を守る。城将の面目此上あるべからず。中上川も此城に終始して遺憾なき筈なれども、凡夫に己惚《うぬぼ》れなきはなし。中上川も凡夫の一人として、「時事新報」の一業を成すのみに満足し得ざるの己惚れあり。それが為めに、年中心配の絶え間なき事に御座候。

（本山彦一宛書翰より）

何か男子一生を託すに足る、大きな事業をやりたい。官界は締め出しをくったところであり、残るは商人としての成功だが、資本のない中上川は熟慮の末、外国輸出入貿易を考える。つまり、のちの三井物産の雛型であった。

紆余曲折を経て、中上川は〝三井〟の采配をとることとなるが、このとき徹底して目の仇としたのが三井物産であった。あんなものは三井のすることではない、と公言してはばからなかったが、当の中上川は明治十九年頃、外国貿易を次の、己れの事業と考えていたのである。が、実現しなかった。福沢諭吉の協力を取り付け、友人の甲斐《かい》織衛《おりえ》と組んで、着々と準備を重ねている途中、金銀の相場がにわかに変動し、銀の下落により、金貨で輸入品を仕入れた甲斐は損害を被ってしまう。

これに福沢が怖気をなした。しょせんは言論界のオピニオンリーダーであり、実業家にはなれない福沢の限界が、ここにあったといってよい。中上川は福沢の豹変に足を引っ張られた形で、〝三菱〟の荘田平五郎、豊川良平らを説得、一方で甲斐に関西の雄・藤田伝三郎を口説かせたが、彼らは資金を出してくれるには至らなかった。

海外貿易の夢は頓挫した。だが、〝三菱〟は荘田を通じて、意外な話を中上川へ持ち込んだ。

当時、創業計画の進行中であった山陽鉄道会社に社長として乗り込んでほしい、との勧請であった。神戸—姫路間の鉄道敷設の計画が、政府の意図により下関までの延長を決定した。ところが、鉄道局は東海道の敷設を急いでおり、技師の派遣はできない、と通告してくる始末。技師は外国より招聘するしかなかった。また、〝三菱〟と藤田組がうまくいっておらず、現に一時は社長人事を巡って、〝三菱〟が中上川を慰諭《いゆ》して、

「今回は事ならずして誠に気の毒なりしなれども、尚《こいねがわく》は岩崎弥之助氏へ通じ置きたる次業もあり、後日別に——」（白柳秀湖著『中上川彦次郎傳』）

適当な仕事を必ず探すから、今回のことはなかったことにしてくれ、という局面もあった。

兵庫県知事の内海忠勝が、部下の書記官・村野山人を山陽鉄道の社長に据えようと画策したのが原因であったが、中上川は井上馨外務大臣を動かし、その鶴の一声で形勢を逆転する。

彼の山陽鉄道社長としての赴任は、明治二十年（一八八七）三月のことであった。

——それにしても、難問が山積していた。

中上川はこれらを快刀乱麻を断つ如く、次々と処理していく。

路線調査、敷設工事、停車場（駅）の配置、材料注文、技師職員の採用——創業時の〝至難〟と称された事務を、その年の内にほぼ解決して、敷設認可を申請。翌二十一年一月より敷設を開始し、十一月には兵庫—明石間十マイル（約十六キロメートル）の運転をスタートさせている。

年末には姫路までの延長に成功し、三年後の明治二十四年八月、中上川が山陽鉄道を去るまでに、神戸—尾道間の百三十七マイルの鉄道がほぼ完成をみていた。すさまじい処理能力、実行力といってよい。

しかも、中上川は目先の利益にこだわらず、将来を見越して、可能なかぎりの手を打っていた。

たとえば機関車・貨車などは、いかに高価なものであろうと、完全性の高いものを購入。鉄道の敷地も当初の単線が、やがて複線となることを見越して、広大な用地を買収した。


あだ名は〝百分の一〟


「山陽鉄道を全国模範鉄道たらしめん」

彼は口ぐせのように言ったが、将来、山陽鉄道はわが国東西鉄道を連絡することも、この男は見抜いていたようだ。そのためであろう、〝関西の箱根〟と称せられた船坂山の大難工事においても、

「勾配は百分の一を以てすべし」

と譲らなかった。

技師たちは顔色を変えて抗弁した。なにしろ、政府の鉄道ですら四十分の一の勾配を極度としている。それを百分の一以上の勾配を許さないというのは、素人のいうセリフだ、と。

するど中上川は、激することもなくいった。

「なるほど、君たちのいう勾配は可能であろう、だがそれは牽引力を著しく削ぐことを意味

している。長い目でみれば、実に不経済極まることになるのだ」

彼には五十年、百年先の鉄道が見えていた。その種は何か。丸善の手を経て、あるいは直接、ロンドンから取り寄せた英国の鉄道工事及び経営に関する雑多な洋書群にあった。この時代、中上川より詳しい鉄道経営者は日本にいなかったに違いない。

それだけに技師へはどしどし、自分の意見を述べ、計画の変更を迫った。あくまで自説にこだわる者へは、憐れむような目を向けて、

「貴方の意見は古いようです。ここに英国から取りよせた書物があるから、持っていって読んでごらんなさい」

といった。技師たちは反論を封じられ、その腹癒《はらい》せに中上川を〝百分の一〟または〝ワン・ハンドレッド〟などとあだ名して、密かに溜飲を下げるのみであったという。

鉄橋に欄干を用いず、寝台つきの鉄道には洗面車を備えるなど、中上川が先鞭を付けたものは少なくない。

一方で建築土木工事を請負っていた大倉組土木部の技術部長を、山陽鉄道技師長に招聘し、汽車課には北海道炭鉱鉄道の技師（工学士）を課長として招くなど、能力ある外部人材を募った。こうして即戦力を確保しつつ、他方では慶応義塾出の人材を東京鉄道局へ見習生として二年間送り込み、のちに彼らをして執務法の制定に当たらせている。

この時代の最先端、バキューム＝ブレーキ（真空制動機）を全車に採用したのも、中上川

の決断であった。政府の鉄道ですら、まだまだ装備途上であったものを、彼は安全性第一を考えて高価であることを承知のうえで用いた。

このブレーキを取りつけて数日後、たまたま兵庫駅構内でサン＝チェーン（構内運転）がおこなわれた。そのおり作業員が不注意にも、機関車が迫る線路を横切ろうとしてひかれかかった。機関手はすぐさまブレーキを締めて事無きを得たが、従来のブレーキならば間に合わなかったであろう。当の作業員もひき殺されたと思い込み、人々が駆けつけて水を与えると、

「自分はもはや死んだのだから、そんなにいらってくれるな」

といい、大爆笑になったという。

先述の船坂山の開削工事のおり、作業現場でコレラが発生し、作業員の中には恐怖のあまり逃亡する者も出た。このことを知った中上川は、すぐさま医師を現場に派遣し、工事部屋を別に移すと、仮設の病院を建て、従来の工事部屋を焼き払った。迅速果敢な彼の行動は、工事の納期を最小限の延引で食い止め得た。資材の購入に際して、必ず送られてくるリベイトも中上川は私せず、すべて会社に入金している。

後世から見れば、申し分のない中上川の経営手腕であったが、目先の利益にこだわる関西の出資者＝株主たちは、この途方もない大風呂敷に当惑し、怒り、ついにはその経営の根本方針に干渉するようになった。これには明治二十一、二年の不況も大きく影響していた。

なにしろ九州鉄道は、新設工事を中止するありさま。山陽鉄道も下関までの計画を一時中

止して、備後三原を終着駅とする修正がなされたほどであった。

反中上川派はこの際、全社員の給料を一律一、二割カットして経費節減にあてるべし、と中上川に迫った。さて、この社長はどうしたか。なんと月給五十円以上を取っている高給社員を尽《ことごと》く解雇してしまった。

これにはさすがの、反対派も驚嘆した。

「五十円以上の社員といえば課長、係長のクラスですが、これらをすべて辞めさせて、明日から事務をいったいどうなさるのですか」

詰め寄る反対派に対して、中上川はきっぱりといった。

「彦次郎一人あれば、沢山です」

人々は言葉を失った。

――次のような、エピソードが伝えられている。

山陽鉄道が備中笠岡駅まで開通した祝いに、社の秘書課長のほか、課長クラスの者が数名参加した。そこへ本社から電話が入り、社長からの辞令を渡す段取りがあって、「何時に帰社するか」と問い合わせてきたのである。課長たちは、何の辞令か知るよしもない。寝耳に水であったろう。

「今から帰社しても間に合うまいから、代理で受け取っておいてほしい」

と回答したところ、しばらくして辞令の文書を秘書課から通知してきた。

それによれば、社務改革の都合により「解雇」とあった。辞令には退職金についてまで触れられていたようだ。まさに中上川らしい電光石火であったが、実はこの挿話には欠けているものがあった。それは事前に、中上川がクビにする予定者の再就職先を探していた事実である。それゆえにこそ、クビを言い渡された人々の中で誰一人、不平の声が出なかったのであった。

そこまでしていてなお、中上川はいう。

「心中するのは何でもないが、まずお前が先に死ねというのは随分苦しいものだ」

中上川は部下をクビにして、己れの保身を得ようとは考えなかった。当然であろう。もし、彼が並の経営者ならば、株主の顔色をうかがいつつ、無難に経営に当たればよかったはずだ。斬新な経営を、周囲に反対されながら勇猛果敢に行うことなど、しなかったに違いない。

明治二十四年の秋、中上川は山陽鉄道の社長を辞した。

余談ながら、今日、ごく普通に使っている鉄道用語に「車掌《しゃしょう》」があるが、この名づけ親が中上川彦次郎であることを知る人は少ない。汽車の車内における支配人または管理人のことを「Conductor」といったが、当時の日本の鉄道局はこれを「車長」と訳した。

しかし、山陽鉄道は民間鉄道であり、「車長」は音として「社長」と重なりややこしい。そこで中上川が「車掌」と命名したのだが、これがいつの間にか一般化した。これも彼の置き土産《みやげ》の一つである。

置き土産といえば、中上川が山陽鉄道の社長を去ると、反対派はすぐさま前社長の経営計画を縮小する愚挙に出た。置き土産となるはずだった三万坪の兵庫本社地を、建物の周囲を残して売り払ってしまった。

ところが、日清戦争後に手狭となって、今度は買い戻そうとしたが地価が高騰して、ついに本社を移転しなければならなくなってしまう。

また、中上川が購入した大型機関車五十輌と貨車付属品四百輌分も、「不必要」と判断。損をしてまで鉄道局や日本鉄道公社に売り払い、経費節減を大いに得意顔で語ったものの、日清戦争後にはすべての不足がたたり、貨物の停滞、列車の不円滑を生じ、改めて高価なものを買入れるはめとなる。

逆に鉄路の敷地で、中上川の買うにまかせて手をつけずに置いていた土地は、やがて複線化のおりにものをいった。ことごとく、彼の先見性は的を射ていたのである。

複雑な事情

「凄まじい男だ」

と中上川に舌をまいたのは、〝三井〟の人々であった。

この頃、〝三井〟は瓦解寸前にまで追い詰められていた。

明治維新を挟んで、薩長閥と組むことで、その財力の維持・発展を図ってきた〝三井〟であったが、その保護、癒着《ゆちゃく》の代償として、三井銀行は不良貸付が日増しに増えていたのである。それでも関係をつづけたのは、三井銀行が中央金庫の公金を取り扱う特権をもらっていたからであった。

だが、日本銀行の誕生により、この特権は取り上げられてしまい、加えて、明治二十三年（一八九〇）に会計法が実施されると、三井銀行が全国数十ヵ所の支店を通じ、各府県から中央に送る租税その他の公金取り扱いの利権をも奪われることになる。

そこへ、凶作による物価騰貴が引き金となって明治二十三、四年の大恐慌が襲来した。近代日本が経験した、最初の経済恐慌であったといってよい。全国に失業者があふれ、株価は下落する一方、明治二十三年には第六十銀行が破綻し、ついで三十三銀行も倒産した。

満身創痍の三井銀行に、マスコミ報道が殺到する。

「三井銀行危し」

翌明治二十四年、三井銀行の京都支店において、ついに取り付け騒ぎが始まった。日銀大阪支店より緊急融資を受けて急場をしのいだものの、その影響はすぐさま東京の本店に及んだ。

こうした状況の中で、中上川に〝三井〟再建の白羽の矢が立った。

なぜ、彼なのか。〝三井〟に睨《にら》みをきかせてきた井上馨は、〝三菱〟から日銀総裁（第三代）となった川田小一郎の制御《せいぎょ》に躍起《やっき》となっていた。日銀の干渉を受けず、〝三井〟を独自に再建するために、と〝三菱〟陣営の福沢諭吉の教え子・高橋義雄（別項参照）を採用したが、学究肌の高橋は役不足で、とても「毒をもって毒を制す」ことができなかった。

そこで〝三菱〟の荘田平五郎とも仲がよく、剛腕で決して己れを曲げることのない中上川が、〝三井〟に送り込まれることとなったわけだ。

当然のことながら、井上の〝鶴のひと声〟で決まったとはいえ、〝三井〟の人々は中上川を歓迎していない。

「〝三菱〟のまわしもの」

「地方鉄道の会社さえ、満足に経営できなかった男」

として警戒し、不平・不満を心中に抱いていた。

中上川自身もいけなかった。彼は〝三井〟の首脳陣を、小馬鹿にしていたからだ。しかも、それを言葉に出した。

「みなさん、断髪令が公布されたのはいつのことだったか覚えておられますか?」

神戸からやってくるなり、彼は威風堂々といってのけたものだ。

たしかに、〝三井〟の体質は「概して古い前垂主義」であったといってよい。

お世辞と愛嬌だけが戦術のすべてで、阿諛《あゆ》・追従《ついしょう》こそが至上の武器だと思いこんでいた〝三井〟の人々は、この理事⇒「副長」（総長代理）＝事実上の主宰者が赴任しても、新橋駅まで出迎えようとはしなかった。ところが――。

当行の長い歴史のなかにも、中上川副長の主宰した十年間ほどあざやかな色彩を持つ時期はない。そこにはみなぎる若さと、明確な方針と、強力な実践とが、資本主義の成立という近代日本の誕生期を舞台にして、潑剌《はつらつ》と躍動しているのを見ることができる。

（『三井銀行八十年史』）

中上川の評価は、まもなく一変した。なぜか。彼が三井改革に大鉈《おおなた》を振《ふる》い、みごとに〝三井〟を再建したからである。では、その具体的な手法はどのようなものであったのだろうか。

それらをみる前に、今一つ、触れておかねばならないことがある。前任者・高橋義雄（中上川より七歳年下）の存在である。実は、中上川がこれから手がける三井の改革は、高橋によってすでに準備されていたものでもあった。

〝三井〟の中核をなす三井銀行を再建するためには、まずなによりも不良債権の整理が重要であり、高橋は渋《しぶ》る〝三井〟の役員たちを宥《なだ》め、調査表の作成までは漕《こ》ぎつけていた。が、大恐慌の出現により、高橋のやり方は手緩《てぬる》いと一方では批判が起き、そこに中上川の登場がつづいたわけである。

中上川は不良債権の中でも、政治家や高級官僚がその権力・ポストを笠《かさ》に着て、勝手気儘《きまま》に借りていった金に着目した。これらは合計すると〝三井〟の資本金の二倍にもなり、しかも無利子、無担保、催促無用といった、どうしようもないものであった。

従来、〝三井〟は政府依存、藩閥政治家との癒着《ゆちゃく》をいわば社是としてきたようなところがあった。この巨大な不良債権に、誰も手をつけることができなかったのも無理はない。もし、返済を求めれば、どのような仕打ちをされるか、それを考えただけで誰もが先送りをしていったのだが、経営の要諦は何事も断行するか否か——二者択一でしかなかった。

「私はやる」

決断したとはいえ、中上川は闇雲《やみくも》に、すぐさまこれらの追究をしたのではなかった。返済を求めたくとも、それをやれる行員が内部にはいなかったのである。笛吹けども踊らず、ではどうにもならない。

そこで彼は、慶応義塾出の新人を一気に採用した。津田興二、波多野承五郎、村上定、平賀敏、日比翁助、矢田績、鈴木梅四郎、藤山雷太、武藤山治、池田成彬、藤原銀次郎——云々。

彼らの大半は慶応義塾を出たあと、「時事新報」などのマスコミに在籍したことのある人々であり、政治家・政府高官を相手にしても、怖気《おじけ》づくというところがなかった。

また、中上川は行員の〝役得〟＝不正を一掃すべく、従来の月給を二倍、三倍に引きあげ、それでもなお昔なりの袖の下や付届《つけとどけ》を受け取るものは、仮借《かしゃく》なく首にしていった。

実業界の武士道

〝三井〟入りしてのち、明治三十二年頃に慶応義塾の同窓会に出席した中上川は、「実業界の武士道」と題して講演をしている。その中で彼は、商いは儲けることが目的だが、文明的実業家は従来の卑屈・虚言・権謀・術数を弄するようなことは絶対に排斥し、正義の観念に基き、武士道に拠って成功すべきである、と主張した。

他の人が言えば、建前論《たてまえろん》に聞こえるが、中上川は心底、そう信じて疑わなかった。彼にはこれから先の日本の、あるべき姿が見えていたように思われてならない。〝三井〟の改革は一閥族の利益のためではなかった。財界の心臓ともいうべき〝三井〟が一変すれば、それに関連する、あまたの企業も近代化せざるを得なくなる。中上川は〝三井〟を、人材の発掘・抜擢《ばってき》・養成によって近代企業群へと再生させ、それをもって日本産業全体を変えようと企てていた。

換言すれば、商業資本主義から、工業資本主義への転換である。そのためには断乎、旧《きゅう》弊《へい》を取り除かねばならない。

三井銀行大阪支店長に高橋義雄を配した中上川は、関西における不良債権の処理を断行した。その筆頭は浄土真宗大谷派の総本山、京都の東本願寺であった。西本願寺と共に宗教界を

代表する信徒の多い宗門であったが、高橋は中上川を後盾《うしろだて》に一歩も強硬姿勢を崩すことなく、

「もし返済していただけねば、債権者としての権限を行使するほかはありませぬ。さっそく手続きをして、枳殻邸《きこくてい》（東本願寺別邸）その他、『教行信証』などの文化財を、担保物件とさせていただきます」

と宣言した。当然の如く、東本願寺側は激怒し、

「法難きたる」

「政商三井は東本願寺を乗っ取るつもりだ」

と、中上川を戦国の覇王・織田信長にも譬《たと》えて、徹底した抗戦、大騒動を引き起こした。

が、中上川は顔色一つ変えず、あくまで攻勢を指示。ついに全国の信徒たちが寄付をし、二年掛かりで完済した。

あるいは、長州閥の大物（のち総理大臣）桂太郎の実弟からも、容赦なく取り立てをおこなっている。その人物は札幌の葡萄酒醸造所の社長で、明治二十年に東京で日本麦酒醸造会社を創業したが、その創業資金十五万円が焦《こ》げついていた。一応、兄の青山にある豪邸を担保としていたものの、これまでは野放しの状態に等しかった。

こちらの担当は、藤山雷太であったが、彼は桂太郎に面会して、期限がすぎているにもかかわらず、一銭の返済もなされていないこと、返済の意志がないと判断したことを告げ、証

文通りに邸宅を処分しますので、引越の準備をお願いします、とやった。

この一件、井上馨が間《あいだ》に入り、物言《ものい》いをつけたが、中上川は黙って引き下がったりはしない。「それならば――」と三井物産の常務理事であった馬越恭平を、日本麦酒醸造会社に派遣。再建を一任させ、利益が出たらそれで借金を分納していくことを提案した。ついでに記せば、その後、日本麦酒醸造会社は、サッポロビールとして三井財閥に組み込まれることとなる。

強行な取り立ての一方で、中上川は積極的に不振を託《かこ》つ企業を買収していった。たとえば、田中製作所を〝三井〟の傘下に入れ、芝浦製作所として再生させている（のちの東芝）。

「これからは重工業だ」

中上川は己れの読みにしたがい、工場用地を確保するために、三井地所部と生産を受け持つ三井工業部を新設。系列の鐘淵紡績を神戸へ進出させ、それに関西財界が挙《こぞ》って抵抗すると、三井銀行が貸し付けている関西の群小の銀行への貸し付けを止めてしまった。

財界の大立者・渋沢栄一の抄紙会社が明治二十六年に王子製紙となったが、この会社も株を買い占めて、藤山雷太を専務で送り込み、ついには渋沢本人とその一派を退陣させている。

優良企業の北海道炭鉱鉄道を手に入れ、炭鉱業から船舶部門へも進出。日本製鋼所も創設した。

向かうところ敵なしに見えた中上川であったが、そうした積極経営をマスコミが意図的に曲解し、三井銀行にはすでに融資にまわす金がない、とぶちあげた。これに紡績業界の不振、三井系の鐘紡が三菱銀行から融資を受けた一件などが重なり、預金者たちの取り付け騒ぎが起こった。

マスコミはここぞとばかりに三井家、中上川のスキャンダルをでっちあげ、世論を中上川排斥《はいせき》へ持っていこうとする。

この頃、日々の激務に加え、謂《いわれ》なき中傷に悩まされた中上川は、病床に伏せる日が多くなっていた。三井銀行専務理事として事実上の〝三井〟を主宰していた中上川は、三井物産で業績の上がった益田孝とも相容れなくなり、ついには明治三十四年（一九〇一）十月七日、この世を去った。享年は四十八である。

中上川の最晩年は、失意の中にあったかもしれない。だが、その先見性の確かさは、やがて時代が証言することとなる。わずかに十年で〝三井〟を再生させたこの男を、好敵手たる〝三菱〟の再建者・岩崎弥之助（拙著『日本再建者列伝』参照）は、

「これからという時に……、わしよりも三つも若いというのに、生き急ぎすぎたんじゃな」

言葉少なく、その死を悼み、冥福を祈ったという。

第一生命を躍進させ、東芝を再建した男

■■ 石坂　泰三

ただフラフラッと——

「座右の銘」を問われた時、この人物は次のように答えた。

それほどえらそうなことじゃないがね。「無事是貴人（ぶじ、これ、きにん）」ってのは好きな言葉ですね。「楽哉無一事（たのしきかな一事なし）」というのも同じ意味です。心にわだかまる何事もない。そういうのがたっとい人だ、そういうのが楽しいっていうことだろうね。禅宗の言葉でね。うん、あとで書いてあげよう。

ぼくはね、なんにもできないんですよ。なんにもできない男ですからね。ただフラフラッとやってきただけでね。なにごとでも、決まった通りスッといくこたあ、あんまりありません。〈中略〉ぼくの小学生の時の級友に、尾崎行雄さんの二男《なか》がいてね。行衛という名だったがね。尾崎行雄さんがぼくに「正しきを踏んで怖る勿れ」って字を書いてくれた。頭にしみ込んで残っていますね。ぼくのモットーといえばモットーで……。いま、経済界の人にひとことを、といわれれば、やっぱりこの「正しきを踏んで怖る勿れ」ですね。

（『想う』第一集・中日新聞社編刊より）

先般、パレスホテルで開催された関東電気協会の講演会に、筆者は講師として招かれた。このおり、協会の役員と雑談をする中で、そのうちの一人が東芝の相談役であることを知った。

「あの、唐突ですが、長い社歴をもつ東芝にとって、〝中興の祖〟と呼べるのは、誰だとお考えですか」

不躾《ぶしつけ》に問うた。矍鑠《かくしやく》としたその方は、一瞬、背中をピンとのばすようにして、

「全史なら石坂泰三さん、戦後史にかぎれば土光敏夫さんでしょうかな」

と即答された。ここに出た二人は、なるほど〝再建〟をキーワードにしたとき、かならずあらわれる日本経済界の大立者であったといってよい。

前者は加えて第一生命を業界屈指の保険会社とし、人格識見ともにすぐれた国際人、財界人たることを望まれる第二代経団連の会長をつとめ、万国博覧会の会長をもひきうけた。

後者も石川島播磨重工業の再生を成し遂げ、第四代経団連の会長、臨時行政調査会の会長を歴任した（詳しくは拙著『日本再建者列伝』を参照）。

土光敏夫は、石坂泰三のことを「私の恩人」と呼んだ。否、石坂のことを、明治期における渋沢栄一の役割を、戦後担った人物だ、という人もいる。

そのわりには、石坂はあまり物語られることがない。あまりにもその生涯が、自然体でありすぎたからではないか。

——その履歴は、都市育ちの、秀才型エリートの典型であったといえなくもない。

明治十九年（一八八六）に生まれた石坂泰三は、現在の東京都新宿区の牛込で生まれ、東京で育ち、東京以外に住んだことがなかった。両親はともに地主の家の出で、苦学をしたこともなければ、アルバイトに精を出さねばならない境遇に陥ったこともない。

明治の中葉の子供らしく漢籍の素読をやり、小学校は五年のおり旧制城北中学校（のちの四中）を受験。

「私の一生における落第の唯一の記録」

と石坂本人がいう不合格となったものの、これは学科試験ではなく、体格をはねられたものであった。

人一倍負けん気の強い石坂は、翌年、より難しい一中を受験して、みごと合格している（のちの日比谷高校である）。

当時の日本は〝文明開化〟の反動であろう、蛮カラが流行し、学生のケンカ三昧が多かった。四十人、五十人が一かたまりになって、学生同士が大ゲンカをしたというが、石坂には別世界のことであったようだ。明治三十七年、一中を卒業した彼は、一高の〝独法〟へ入り、特段のエピソードも残さずに、淡々と三年をすごして帝大（東大）に進んだ。

卒業したのが明治四十四年七月である。翌年は明治天皇の崩御の年となった。

この頃、帝大の卒業生は、とりわけ優秀なものは大学に残り、それに次ぐものは官界へ、その次のものが実業界へ進むことが、なかば公然と定められていた。

石坂は大学に残らず、官僚への道を選択している。大学卒業の年に「高等文官試験」に合格しており、その前途は洋々たるものがあった。

卒業が近づいたある日、同期生が校庭に円陣をつくって坐り、クジびきでどこの省へ入るかという遊びをやっていた。石坂もまざってクジを引くと、逓信省が当たった。のちの郵政省である。

官界で重きを置くには、大蔵省か内務省に行くべきであったろうが、彼は、

「鶏口となるも、牛後となるなかれ」

ビリの方でいるのはシャクにさわる、とクジが導いたわけでもなかろうが、逓信省に入省した。

この決定に大きな発言力をもっていたであろうと思われるのが、石坂の帝大時代の恩師・岡野敬次郎（法制局長官も兼任）であったかと思われる。

逓信省では、振替貯金制度を日本にひろめ、ついで簡易保険で主導的な役割を担う下村宏（海南）が、貯金局長をつとめるその下に配属となった。が、ここでも石坂にまつわるエピソードは皆無といってよい。早稲田大学や東洋協会専門学校（のちの拓殖大学）で〝独法〟の講義をしていたぐらいであろうか。わずか四年しかいなかったこともあるが、この人物ほど外側の動きの見え難い人もめずらしい。

評価が低かったということではなかった。現に入省二年半で振替貯金課長となっており、その一年後には高等官七等となっている（大正四年一月には従七位に叙せられている）。

なにより、第一生命の創業者・矢野恒太《つねた》に見込まれた。

「おれのところで人がいるのだが、誰かいないか」

最初に矢野が相談をもちかけたのは、岡野教授であった。そして、

「この男はどうだろうね」

と岡野が手帳か何か、パラパラとめくって出てきたのが石坂の名前であったという。

「ぜひに――」

と矢野からいわれ、石坂はどうしたか。

「ぜひ」と頼まれると、わたしもハタと困った。本当にヤブから棒だし、保険屋なんて、夢にも考えていなかったからね。なにしろ、当時、保険業界の地位は低くて、実際、ある町へ行ったら「物売りと保険屋は入るべからず」なんて立看板があった時代だからねえ。〈中略〉そのうえ妻がいやだというんだ。「わたしはあなたが国の官吏だからお嫁にきたんで、保険屋のところへきたんではありません。だいいち、お宅の御主人はと聞かれて、保険会社ですなんて、きまり悪い」というわけだ。

しかし、矢野さんに「ぜひ」といわれ、〈中略〉むげに断わるわけにもいかない。断わる

のは、どうも義理が悪いと考えた。さりとて喜んでいくという気持には到底なれない。困ってしまった。

（阪口昭著『石坂泰三』日本経済新聞社）

石坂はすでに結婚もしており、妻の父も官吏であった。

実業界に縁のない彼は困惑し、媒酌人の志村源太郎（勧銀総裁）や、義父が秘書官として仕えていた金子堅太郎伯爵に相談に行ったところ、ともにおもしろそうじゃないか、といわれ、

「万一のときには骨を拾ってやるよ」

と志村に言われたこともあり、石坂は、

「それでは——」

と決断した。

理想に燃えたわけでも、堅固たる抱負があったわけではない。

当時、日本の生命保険会社は約四十。第一生命は「業界十二、三位」であったという。

石坂の背を押したものの一つに、矢野が約束した〝洋行〟があった。

この人物はおよそ石坂とは対照的であり、岡山の医学校を出て、当初は日本生命の保険医となり、安田生命に移って、保険学を勉強し、海外に学び、相互組織というものを研究した人物であった。矢野にいわせれば、当時の明治日本の保険業界は、頼母子《たのもし》講《こう》的な類似保険や

前近代的な保険業がまかり通る、どうしようもない世界であったということになる。「一書生の身を以《もつ》て、保険界が投機屋流の手によって害せられ、滔々《とうとう》として腐敗の泥沼に陥らんとするのを極力阻止しようとした」(『第一生命五十五年史』)

ヨーロッパに渡り、保険について実地の研究をとげた矢野は、明治三十一年に農商務省に入って保険課長をつとめ、ここで保険法近代化の礎となる保険業法の作成に心を砕く。

この法律は同三十三年より施行され、その二年後、矢野は自ら、「わが国最初の相互会社」＝第一生命を設立した。

ところが、保険会社に対する世間の認識は、さきほどの石坂の言ではないが、あまりに低かった。業界内に人材が乏しく、矢野は社外重役に財界名士を揃えることには成功したものの、肝心の社内に、たとえば実務をまかせるべき支配人に、これはという人を得られず、困惑していた。支配人の空席を急ぎ埋めること、これが矢野の急務であり、白羽の矢が立った石坂は受諾して転職した。二十九歳であった。

社員は外務員も含め六、七十人の所帯。会社は日本橋の、いまの高島屋のある一画。自宅につけられていた官費による電話はずされ、広い一室をあてがわれていた高等官課長は、いきなり四、五人一緒の小さな部屋に押し込められる。「秘書役」の肩書きはあれど、具体的な仕事をもたない石坂は、ただの一通も手紙を書かず、電話をとったこともなければ、社長の私用を代行することもなかった。

「横着をきわめた」という石坂は、その一方でどうすれば第一生命がよりよくなるのか、生保業が発展するのか、ただそのことばかりを考えていたという。

朝鮮半島への視察を経て、入社の翌年六月、二年間の外遊に出発。ところが第一次世界大戦の影響で、生保事業の本場ドイツへ入国できず、アメリカ・イギリスを経由しての帰国を余儀なくされる。その後、三十三歳で「支配人」となった。

矢野はこの石坂を日本倶楽部にも入会させ、社外重役との折衝《せっしょう》にも起用している。服部時計店の服部金太郎（別項参照）、日本碍子《がいし》グループの森村市左衛門、阪急電鉄の小林一三らは、忌憚《きたん》のない意見で石坂を鍛えたといってよかった。なにかにつけ、全身全霊で人生を走り抜けようとする矢野に対して、石坂はマイペースで足もとを一歩一歩確認して歩くタイプ。

結局、石坂は三十六年間、第一生命にありつづけ、昭和十三年から社長をつとめ、終戦のころには第一生命を業界二位に躍進させている。それも戦争さえなければ、あるいは一位になっていてもおかしくなかった、といわれる破格の業績をあげるにいたった。

矢野氏の理想も、同氏一人では完全に実現することはできなかった。氏の補佐役として氏の理想を十分に発揮させたのは石坂泰三氏である。かつて福沢諭吉は「自分に一つの願いがある。それは、とても実現しうることではないが、もしできたら、自分の仕事はもっと、十倍も二十倍もできるであろう。その願いというのは、自分と同一の人物を、自分の女房役にしてみたいことである」といった。福沢の一場の夢を矢野恒太氏は、石坂氏によって実現した。

（昭和四年十二月二日発行の『財界テレヴィジョン』より）

名投手あるところに必ず名捕手がある。矢野―石坂は鉄ペキのバッテリーである。矢野老は有名な一言居士として知られるが、石坂は老と対照的な多くを語らぬ無言居士である。ことさら自己宣伝をするのでなく、また、外部へ出かけて顔を売ろうとの野心もなく、社外的の折衝は、すべて矢野社長にまかせきり、彼自らは、その長身巨軀をドッシリ、第一生命という大世帯におき、それをぬかりなく切り回して、ビクともさせぬ女房役たるを失わない。

（昭和十年五月二十四日発行の『おもな世相』より）

大躍進の条件

――どんな手品にも、タネはある。

四十二、三社あった日本の生命保険会社の中で、業界十二、三位の、何の変哲もない凡庸な第一生命が、石坂泰三の登場により見事、業界二位に躍進したのにも、当然のことながらタネはあった。これはのちに、彼が辣腕《らつわん》を振るう東芝再建についてもいえることだが、この人物はどうも、見掛けと中身がいささか異なっていた。まず、このことを理解する必要がありそうだ。

「わしの書にしても、非常に照れ屋で、はにかみ屋の性格が出ていると思う。わしを豪放な性格だという人がいるが、それはツケ焼き刃だ。そういう点が、わたしの趣味には出ていると思う。人間は何歳になっても未完の器だ」（石坂泰三著『勇気あることば』読売新聞社）

文中の「ツケ焼き刃」は謙遜しすぎだが、「照れ屋で、はにかみ屋」の彼が、「豪放な性格」に武装するにはまず、何よりも理念、あるいは行動のための原理・原則といったものが必要であった。石坂はこれを大正五年（一九一六）六月の洋行途上、ニューヨークで手に入れたようだ。

「最大なるが故《ゆえ》に最良にあらず、最良なるが故に最大なり」（Not Best Because The Biggest But Biggest Because The Best）

六週間にわたって研修・見学した、当時、世界最大のメトロポリタン生命において、同社の社是を知った時、彼は「これだ」と小さく叫んだという。この社是を第一生命のモットー、己れの指針にしよう、と。そう考えた石坂は帰国後、社長の矢野恒太の了承のもと、漸次《ぜんじ》、積極政策を導入していく。

ここで重要なのは、先に引用した矢野・石坂のパートナーシップであった。

実は第一生命には、明治四十二年（一九〇九）に石坂の入社と同じ経路＝岡野敬次郎（帝大教授）の紹介で、相良常雄が支配人として招かれたことがある。優秀な人材であり、相良は急進政策を採用して、遅れている社業を大いに伸張させようとした。

ところが、矢野は漸進主義者であった。結局、二人のパートナーシップは嚙み合わず、大正三年に相良は辞任。翌年の石坂の入社となった経過があった。

この一件を矢野は反省したであろうし、一方の石坂も当然、知っていたはずだ。社務の大半をまかすといわれても、石坂は適宜《てきぎ》、矢野に己れのおこなおうとする戦術の説明、事前報告を怠らなかった。もちろん、すべてを逐一語ったわけではない。会社に金のない時、石坂は自らの預金をおろしてこれを作り、次の給料日に戻すということもやっている。

彼の活躍を中外商業新報（現・日本経済新聞社）の経済記者、経済部長、編集局長として見守った小汀利得《おばまとしえ》は、経済評論家になってから、次のように述べている。

「彼（石坂）が山一証券の社長太田収を使って、株式を売り、または買う強引さの一面、社債を大量に引き受けておいて、一銭の口銭（百円につき）をもって、何程《なにほど》でも売り応じてゆく確実な日歩稼ぎのあざやかさには、ひそかに感心していたものである」

（阪口昭著『石坂泰三』日本経済新聞社）

第一生命の強味は、創立以来、事業費を収入保険料の十五パーセント前後という、他社の追随を許さない低率に安定させてきたところにあった。これは、

「保険会社の資産というものは、保管を命ぜられた財産である」

との見地に立った矢野の方針であり、まず安全であること、確実であることを目標とした

ことによる。

したがって資産運用において、第一生命は貸し付けよりも有価証券に比重をおいていた。石坂はこの運用の妙に長けていたわけだ。

「第一生命は、相場をやっている」

との他社からの中傷も、石坂の非凡な手腕を畏服してのことであったといってよい。

矢野は石坂のために、もと逓信省の貯金局の係長をしていた稲宮又吉を、入社させるなどの配慮を示している。石坂に十分腕を振るわせるには、腹心の部下が必要だと判断したのである。

大正九年十一月、第一生命の契約高は一億円に達した。業界九位となったのである。この間、五千万円の保有契約を獲得するのに、約十六年を要したことを思うと、残り半分はわずか二年四ヵ月で達成されたことになる。この勢いは、止《とど》まるところを知らなかった。翌大正十年八月末には、ついに第五位に躍進した。この間、事業費率は伸びていない。

では、石坂は具体的にどのような戦術をもちいたのであろうか。理念だけでは、商戦に勝てない。

彼はそれまでの第一生命が、最低保険金額を千円（明治三十七年までは一月五百円）とし、それ以下の契約を取り扱わなかったことを改め、俸給生活者=サラリーマン階層の増加を見込み、その名も「出世保険」を世に出し、新たな契約者を創造した。

ちなみに、この頃、内閣総理大臣の給与は月額で千円であった。

また、それまでの東京中心主義を改め、地方の主要都市への進出を積極的におこない、地方部⇩支部⇩支社というネットワークの構築を、国内外で進めたのも大きかった。

ただし、地方へ進出するということだけならば、無論、他社もおこなっている。ここで注目したいのは、機会あるごとに社長の矢野を正面に立て、地方遊説と各地の名望家とのコミュニケーションを意図的にはかった点であった。

加えて、事務能率を向上させるべく、第一生命は常に機械化を積極的に進めていた。なかでも昭和十二年（一九三七）、当時、専務であった石坂が、アメリカのホレリス式の統計機械（今日のＩＢＭ会計機）を渡米中に知り、即断でこれを第一生命に導入することを決めたのは大きかった。携帯用小型レントゲン器の購入も、営業活動をより迅速化した利器といえよう。

昭和十三年十一月、定時社員総代会において、「取締役会長」をおくことが決議され、役員陣容の人事異動がおこなわれた。会長となった矢野のあとを、石坂が社長に就任。稲宮は副支配人から支配人に昇格した。

ついでながら、当時の第一生命は〝三権分立主義〟をとっており、「支配人」（業務・現業・財務の三部を統轄）、「アクチュアリー」（数理部を統轄）、「医長」（医務部を統轄）が各々の監督部署をしたがえていた。石坂はこれに加えて各課に係制度を新設し、業務運営の一層の円滑化をはかった。定年制度（満五十五歳）も定められ、前後して新社屋も完成する。

このようにみてくると、石坂の躍進は正攻法――本社社屋の新築、社内機構の整備、事務の機械化――であったことが知れよう。しかし、第一生命も、常に順風満帆とはいかなかった。日本軍が満州事変を引き起こした昭和七年のことである。この年、創立後三十年を迎えた第一生命は契約保有高において年末、ついに悲願の十億円を超え、一躍、日本生命に次ぐ全国二位に躍り出た。しかも契約の純増加高では、ついに全生命保険会社の中で第一位となったのである。

この年の総資産額は、一億四千八百万円。そのうち、貸付金は三千九百六十万円であり、有価証券保有額は九千四百万円に達していた。資産一億五千万円に近い会社に成長したことは、取りも直さず第一生命が、日本屈指の企業になったことを意味していたといってよい。

ところが、この記念すべき年に、会計課長の使い込みが発覚した。

矢野と同じ岡山の出身で、少壮二十歳になるかならないかで弁護士試験に合格、しかも独学で。

惚れ込んだ矢野がぜひに、と会社に迎え、大正九年からは会計課長を勤めていたのだが、彼はこの年、会社の保有する株式を担保に〝思惑（相場）〟をはじめ、損失を被《こうむ》ったあげくに、持ち出した株を取り返そうとして、さらなる深間にはまってしまう。

それとは別に、同僚の私財の運営も任されていたのだが、もとよりこちらも使い込んでしまった。

昭和七年九月十四日、石坂の私宅を会計課長の部下が訪れ、ことは露顕した。このとき矢野は、痼疾《こしつ》（持病）の神経痛を治療するため、甲州積翠寺《せきすいじ》に湯治《とうじ》に出かけていて留守であった。石坂は急ぎ稲宮を甲府にむかわせ、矢野に指示をあおいだが、彼は盟友である服部時計店の社主・服部金太郎と相談せよ、とのみ伝えただけ。

稲宮はすぐさま、服部金太郎に相談。とりあえずの金七十万円を借り、これで穴埋めをして、くだんの課長を即日解職とした。

この件は新聞には載らなかったが、石坂にとっては黒星となった。また、人材登用の難しさについても、彼は大いに考えたに違いない。

と、いうのは、矢野には独特な人材登用論があり、もしかしたらこのことが会計課長の使い込みに影を落としていたかもしれない、との懸念がなくもなかったからだ。

一般銀行会社では使用人中から抜擢して重役にする風がある。同業保険会社にもそんな会社が多い。使用人にとっては幸福であり、世間からも美風と見られている。けれどもその実際をよく見ると、必ずしも人材抜擢ではなくて、むしろ老年者が順押しに重役になるように見える。他の事業では使用人優遇として良法に相違ないと思うが、第一生命では使用人は如何に功労があって、かつ如何に長年勤めても、重役にはなれないものと覚悟して貰うように度々話してある。それは他の事業とちがって生命保険業は人的信用が事業の基礎をなすものであるから、あの人達が重役をしているなら決して保険金を払わぬようなことはあるまいという絶対の信用を置かれるような人でなければ、重役たるの資格はないのである。

（矢野恒太記念会編『矢野恒太傳』）

軍国主義にひた走った日本は、昭和八年に国際連盟を脱退。同十二年に「支那事変」＝日中戦争をはじめ、四年後には太平洋戦争へ突入した。後世に、アジア・太平洋戦争と呼称される大戦の末、昭和二十年八月十五日の昭和天皇による「終戦」の詔書放送を受けて終戦（敗戦）となる。

昭和二十二年一月、公職追放令が改正公布され、生命保険会社では明治・帝国・日本・第一・千代田の五社の役員が公職として指定されたが、第一生命ではこれより早く、会長矢野、社長石坂ほか三取締役、監査役の辞任が前年十二月三十一日付でおこなわれていた。

逆境から、あえて火中の栗を拾う

——日本には、昔から「百聞は一見に如かず」という格言があります。いま話題の宇宙飛行士も、それを痛感していることでありましょう。

世界からお集まりの皆さん！　どうか、日本のよいところ、悪いところを、はっきりごらん願いたい。

私は、一八八六年に東京で生まれ、ずーっと東京で育ちました。

そして、日本の発展を自分の目で四分の三世紀の長年月、ハッキリと見てきました。

私の生まれる二十年前、日本は長い封建制度を破って、資本主義制度の国になりました。

十九世紀の末、つまり、私の子供のころの東京の家庭には、電気も水道もラジオもありませんでした。テレビは申すにおよびません。

今日では歌舞伎や相撲以外に見ることのできないチョンマゲ姿が町を往来していました。婦人のなかには歯をおはぐろでそめた人もおりました。

それから七十五年を経たこんにちの日本はどうでありましょう！　リッパな近代国家に成長しています。

この七十五年の日本の歩みは、世界に例を見ないほど、急ピッチの歩みでありました。

官営工場がつくられ、近代産業が開発されました。

そして、近代教育がほどこされました。義務教育の発達は、国民に近代社会をつくる大きな知識をあたえました。

一八六七年から一九四五年（第二次世界大戦終了）までの日本の思想は、天皇を中心とする忠君愛国の思想でありました。

米欧の思想である個人の権利、人格の尊重ということは顧みられませんでした。忠君愛国のもとに、日本は進んだのであります。それは、日本の近代化を急ピッチで進めるために、万事、好調でした。

しかし、その行き過ぎが、敗戦の不幸をみちびいたのであります。

戦争の被害のなかから立ち上がった日本は、すばらしい発展をとげました。こんにちではすべての水準が、戦前をはるかに上回っております。最近八年間の経済成長率は世界一であります。

アメリカも、イギリスも、西ドイツも日本にはおよびません。

この発展は、米欧先進国の援助と幸運と日本人の努力によっているものと思います。

私が子供のころの日本の人口は、約三千万人でありました。昨昭和三十五年十月の国勢調査によりますと、こんにちの日本には九千三百四十一万人の人間がいると報告しています。

こんな大人口をもつ日本は、これからますます発展しなくてはなりません。輸出を振興し設備投資を盛んにし、生産性の向上をはからねばならないのであります。

さて、私は現在の日本人にとって、いちばんたいせつなことは、真の民主主義を理解することだと思います。戦前の日本の思想は、忠君愛国でありました。戦後になって米欧の民主主義がはいってきたのでありますが、日本には、その思想を受け入れるなんの用意もありませんでした。したがって民主主義を自分勝手主義と誤解する人が多いのであります。

経済分野にたずさわる人のなかにも、そんな考えの人がおります。

それは、経済の発展に少なからぬ弊害をもたらしてきました。

世界各国からお集まりの皆さん！　せっかく日本にいらしたのですから、友人として、真の民主主義とは、どういうものかを、日本人に話していただきたい——。

（昭和三十六年五月の国際ロータリー大会における石坂泰三の講演）


昭和二十一年（一九四六）十二月、石坂泰三は自らが躍進させた、第一生命の社長を辞任した。第四代社長には矢野の息子・一郎が就任している。

多くの経営者がGHQの公職追放により、会社を追われていく中にあって、石坂は追放をまぬがれている。だが、日本の敗戦は保険に加入していた人々に、結果として損をさせることになった。自分ひとりだけがのうのうとしていられない。彼らしい潔さを発揮したのだが、それからつづいた二年間の浪人生活は、さしもの石坂をして失意の底に追うものとなる。

もともと、個人の貯蓄を心がけていたわけではない。浪人しても、何とか食ってはいけるだろう程度にしか考えていなかったのが、ここにきて想像を絶する財産税が覆いかぶさってきた。

あげくのはてには、自宅を売るところまで追いつめられる。

長男の意見を入れて、なんとか自宅は残ったものの、銀行には借金が、次には追放の仮指定が待ちかまえていた。これは政府からの追放指定で、三ヵ月以内に異議を申し立てねば有効となり、そのまま追放が発動されるという、とんでもない内容のものであった。

たまたま、戦前に第一生命が石坂の決断で、ＩＢＭのシステムを導入したおり、窓口となった当時のＩＢＭの東京支社長が、連合軍の一員として来日、旧友でもある石坂の窮状を救うこととなる。国策・満州重工業とのかかわりが、石坂の追放指定の理由であった。が、第一生命が資金的な援助はしても、石坂本人は満州重工業の現地に足を運んだこともなければ、同社から給料をもらったこともなかった。

当然、仮指定が解除されてしかるべきだが、彼はこのことを知っても、

「余計なことはするな、放っておけ」

というのみ。見るに見かねた息子や周囲が、異議申し立てをしてそれが通ると、

「ウン、足の裏のメシ粒がとれたようなものだァ」

とだけ、答えたという。

常に泰然《たいぜん》自《じ》若《じゃく》、生まれてはじめて味わう逆境にあっても、この男はスタイルをいっこうに変えはしなかった。

それを見ていたのだろう。ときの帝国（三井）銀行社長・佐藤喜一郎が訪ねてきて、

「〝東芝〟を再建してほしい。石坂さん、あなたを見込んでの話だ。場合によっては、つぶしてくれてもかまわない、やってみてくれぬか」

と口火を切った。

〝東芝〟＝東京芝浦電気は、終戦まで日本一の電機メーカーであった。三井財閥系の企業だと知る人は多いが、この企業の〝祖〟がエジソンまで遡《さかのぼ》れることを知る人は存外、少ない。

明治に入って、〝カラクリ儀右衛門〟こと田中久重が電機製造業に乗り出し、やがて経営権が三井財閥に移った。これが芝浦製作所である。一方、藤岡市助という人が、わが国最初の電球製造会社・白熱舎を創業した。これが東京電気と改称する。二社が昭和十四年（一九三九）に合併して〝東芝〟となったわけだが、実はこの二社に技術と資本の援助を共通しておこなっていたのが、アメリカのGE社（ジェネラル・エレクトリック社）であった。

この会社は前身をたどっていくと、メンロー・パーク――すなわち、トーマス＝エジソンの研究所にいきついた。発明王や名エンジニアを創業者にもつ〝東芝〟は、三井財閥の力もあって発展の一途をたどったが、その反動が終戦とともに襲ってくることとなる。

主力工場の多くが空襲によって破壊され、在外資産はことごとく没収。そのうえ、被害復旧にあてる予定の、政府からの支払が、戦時補償特別税として打ち切られた。

GHQは〝東芝〟を財閥企業に指定。傘下の企業や多数の工場、研究所などを分離した。

そこへ、さらに戦後のインフレーションが重なった。生産原価が販売公定価格を上回るという逆転現象がおこり、〝東芝〟は製品をつくって売れば売るほど赤字を増やすこととなる。

――泣きっ面にハチ、はつづいた。

規模を縮小・整理して、再建を目指す経営陣の前に、戦後、急激に膨張した共産主義者による労働組合の結成、従業員の賃上げ要求から首切り反対、さらには、政治闘争を目指す運動が起き、〝東芝〟はその一大拠点の様相を呈《てい》することとなる。

なにしろ名門企業であるがゆえに、争議の経験をもたなかった経営陣は、労働組合が結成した大争議団と真正面からぶつかることを避け、都内にいくつか設けたアジトを転々と移り隠れる作戦をとった。そうした応対に組合側は怒り、経営者を罵倒し、そして舐《な》めた。東芝本社に乗り込んだ組合員の中には、重役室に押しかけ、スリッパで役員の頭をなぐり、頭にタバコの火を押しつけるといった乱暴をするものもあって、経営者はますます萎縮していく。

石坂に白羽の矢が立ったのは、まさにこの争議がピークを迎えたときであった。

経済界の知人は、ほとんどが反対した。あえて、火中の栗を拾うようなものだ、と。わずかにアラビア石油の山下太郎などが、「おもしろそうじゃないか」という程度であった。

当時の〝東芝〟の社則に、社長は役員を五年以上つとめた者との規定があり、これにも石坂は合致していた。どういうことか。石坂は第一生命が〝東芝〟の株をもっていた関係で、昭和十五年から同二十一年まで〝東芝〟の社外重役をつとめていたのである。無論、経営にタッチしたことはない。

だが、六十三歳の彼は、私で役に立つなら、とこの申し出を受けた。

しい。
あまりに酷《ひど》い現場に、彼は怖気《おじけ》るよりもむしろ怒りをおぼえた。その理由もこの人物ら
そういいながら、石坂は単身、〝東芝〟に乗り込んだ。
「人生には何一つ、無駄というものはない」

「不合理である」

というのだ。

こんなおかしな状態は許せぬ、と腰をすえ、石坂は自ら先頭に立って争議団にぶつかっていった。たとえば、街頭に賃上げ要求のプラカードが立てられているのをみると、

「組合は誰に賃上げ要求をしているのか。会社への要求なら、社の敷地内にプラカードを立てたまえ」

と、一喝をくれる場面もあった。

組合側は勢いにまかせて社長室はもとより、自宅にまで押しかけた。そういう相手に石坂は、ひるまず真正面から対峙《たいじ》する。

「君たちの運動は賃上げ要求、生活改善が目的なのかね。それとも会社をつぶすことが目的なのか。賃上げ要求が目的ならば、会社もできるかぎりのことをしよう。しかし、〝東芝〟は火の車である。そのことは諸君も承知しているはずだ。会社を再建するためには、人員整理はしかたがあるまい。あれもいや、これもいやでは世の中、通りはしないよ」

　このあたりが、この人物の真骨頂であった。

　石坂は武道の達人でも、自らの体力や腕力に自負心をもつタイプでもない。むしろ、暴力からはもっとも遠い存在でありながら、理に合わないことが、心底、嫌なのであった。リベラルといって、この人ほど〝中庸〟を生きた経営者、否、日本人も稀ではあるまいか。

「会社を打倒する政治運動が目的のものは、会社をやめてもらいたい」

　それにしても、と思う。なぜ、石坂はこれほどの難事を踏んばることができたのか。筆者はそこに、この人の〝先見性〟をみる。

〝東芝〟で孤軍奮闘している石坂の許へ、初代国鉄総裁・下山定則《さだのり》の轢死《れきし》事件が飛び込んできた。昭和二十四年七月五日のことであった。他殺か自殺か、いずれの説もあるが、明らかなことはこの事件により、共産主義者における国鉄労働争議は勢いを失い、他の労働組合も世間の目を気にして鎮静化しはじめたことだ。

　筆者は石坂がこの方向性を、事前に読んでいたのではないか、と疑っている。

　直後に、朝鮮動乱が勃発する。その前兆はすでにあったろう。日本を頼りとするアメリカ軍は、輸送路として国鉄も必要であったろうし、〝東芝〟も必要であったはずだ。そうした方向転換＝ＱＨＧが共産主義勢力へ圧力をかけるとの読みを、石坂はもっていたかと思われる。

　だからこそ、それまで秘書が社長室に注意深くかけていたカギをやめさせ、下山事件のあと、石坂は従業員二万六千人のうち、六千人の不要従業員を整理した。

争議は終息する。再出発した〝東芝〟において、彼は「人事刷新」「設備整備」「良品低コスト」の今に通じる三原則を打ち出した。打ち出すだけなら、何処の経営者もするが、石坂の恐るべきは、かならず実行するという強い信念を持っていたことであろう。

再建には当然、金がいる。銀行に借金をするのだが、ここでもこの人物らしい本領を遺憾《いかん》なく発揮した。大胆にして率直。普通の経営者なら、銀行の手前まずい、と思う経営の内幕を、石坂はほとんど暴露に近いほど知らせてしまうのである。

小細工を弄《ろう》さず、会社の弱点をさらけだし、逆に銀行の信用をとりつけることができたのも、この人なればこその離れ技であったといえよう。

——昭和二十六年三月の決算において、〝東芝〟は黒字を計上した。

昭和三十二年十一月、石坂は会長に退き、再び巡《めぐ》ってきた逆境には土光敏夫を招聘《しょうへい》して、〝東芝〟を託した。自らはその後、経団連会長を六期つとめ、大阪万国博覧会の会長、日本工業倶楽部の理事長などをつとめた。

この人物がもった肩書きは、一説に二百三十八。

「財界総理」

いつしかそれが、石坂のニックネームとなった。昭和五十年三月六日、彼は八十九でこの世を去っている。

日本には今、このようなリベラルな経営者がきわめて少ない。

宮崎を日本一の観光県に

岩切　章太郎

生粋の日向人

いつも思うことだが、宮崎県の人は伝統的に、物事に対して積極果敢に挑むということが少ないのではあるまいか。

むしろ逆に消極的、弱気、怠惰と受け取られることの方が多いように思われる。隣接の大分とも、熊本とも、鹿児島とも違っていた。

だがここに、宮崎県人気質を色濃く持ちながら、みごと宮崎県を日本一の観光県に仕立てあげた名経営者がいた。

生粋《きっすい》の日向人《ひゅうがじん》・岩切章太郎《いわきりしょうたろう》である。

明治二十六年（一八九三）五月八日、現在の宮崎市に生まれた岩切は、旧制宮崎中学から第一高等学校を経て、大正九年（一九二〇）に東京帝国大学政治科を卒業し、以来、三年間、大阪の住友総本店の厄介になった。

親父が早く死んだので、宮崎に帰って一生を地方のためにつくそうと考えていたが、三年ぐらいは都会で修業した方がいいと、忠告してくれる人があって、住友本社の入社試験を受けることになった。

入社試験の重役面接の時、「三年ぐらいいたいなど随分虫のいい希望だね。」と聞かれたので「住友さんは組織を通じて、国家のためにつくしていられるそうだが、私は地方を通じて、国家のためにつくしたいので目的は同じだと思う。それで住友さんなら国家のために、一人の青年を三年間養成して下さるかもしれないと思って、お願いに出ました。」若気の至りとはいえ、今考えてもちょっと恥ずかしいようなわがままな発言をした。それでも採用してくれたのだから、住友さんは有りがたいところだったと今でも感激している。

（岩切章太郎著『無尽灯《むじんとう》』）

三年間の「社会勉強」を終え、予定通り里帰りした岩切は、次々と県内の事業の相談をもちこまれ、市民の足としてバス会社をやってくれないか、と県から要請を受け、ついには宮崎市街自動車を設立する（のち合併・買収により昭和十八年、宮崎交通と改称）。

大正十五年のことであり、このとき、岩切は三十三歳であった。

さて、宮崎という地方のために自分は何をすればいいのか――岩切は今でいう、〝地方発信〟を懸命に考えた。

国内の新しい傾向からは決して目をはなさず、新しい仕事か、行き詰まっている仕事で人のやらないものを引きうけたい、日本のモデルとなるものを地方で創りたい、と考えつづけ、ついには一つの結論を得る。

「南国日向」


「宮崎を観光で、日本一にする」

との、破天荒《はてんこう》な企てを思いついたのだ。

しかし、当時の宮崎は明るい太陽の外は、ただ青島《あおしま》をはじめ、ビロー樹の林があるというにすぎない。大分には別府があり、熊本には阿蘇が、鹿児島には桜島がある。

だが、宮崎には〝南国情緒〟があるだけで、具体的な象徴が何一つなかった。

考えあぐねた末、岩切はフェニックスを植えることにした。


日南海岸、堀切峠のフェニックスは、植え足しの一番いい例である。南国的なフェニックスの葉陰を通して眺めた太平洋の美しい景観は、今日でこそ日南海岸の表徴《ひようちよう》のようになっているが、三十年前、小さなフェニックスの苗を植え込んだ時は、誰も見向いてもくれなかった。もうフェニックスが大分大きくなってからのことであるが、ある日、野焼《のやき》の火でフェニックスが燃えていると知らせてくれた人があったので、すぐ社員を飛ばせてみると、一本のフェニックスに火がついている。傍《そば》に消防団の青年が、棒を持って立っているので、なぜ消さぬのかというと、電柱は焼かぬようにと注意されたが、フェニックスのことは聞

かなかったからという。何だ、電柱も大事だが、フェニックスはもっと大事なんだという
と、ああそうですか、といった具合だから、最初は、人にとられ、野火に焼かれて、全く惨《さん》
憺《たん》たる有様だった。(同前)

ときの知事、市長も、岩切に共鳴して花や木を植えた。
少しでも空き地があれば、黙々と彼らはたくさんの種類の花や木を植え、南国日向のイ
メージを具体化していった。そうした地味で根気のいる労働――ある意味、日向人に向いて
いた――は、一つの成果となって表れた。

新婚旅行のメッカとしての、宮崎の誕生であった。
新婚旅行の大半が国内に限定されていた時代、八十パーセントのカップルが九州を選び、
その多くは宮崎県を目指した。
その前の世代が、温泉旅行を新婚旅行のテーマにしていたのに比べ、彼らは自然の中へ回
帰することを旅行のテーマとするようになっていた。
太陽と緑の町――宮崎は神話の国らしいおおらかさを感じさせ、憩《いこ》いと温かみのあるお国
柄は、いつしか日南海岸＝新婚旅行の代名詞、といわれるようになっていく。
岩切は自らの会社の、社内報のタイトルにつけた「無尽灯」について、次のような説明を
している。

私共の心には、それぞれ一本の蝋燭《ろうそく》の火があかあかと燃えている。時にはその大事な光が消えてしまっている時もあるが、あかあかと燃えたった光に近づくとその光が燃え移って、消えた蝋燭の火がまた燃え上がってくるのである。それで私共は自分の蝋燭の火があかあかと燃えているかどうか、と常に反省して、いつもその蝋燭の火の消えぬようにかきたてていかねばならない。

もし、私共が自分の胸の蝋燭の火をあかあかと燃え立たせていれば、かならず私たちに近づくすべての人々の心の蝋燭にすぐ燃え移って、その人の蝋燭の火をあかあかと燃え上がらせるであろう。こうして一人から二人と蝋燭の火を移していけば、たとえ一本の蝋燭の火は小さくとも、千本、万本と一緒に燃え上がっていけば、その火は一村を明るくし一国を明るくすることができる。これが無尽灯というありがたい法門である。（同前）

岩切が始めた、フェニックスをはじめとする花や木を植える事業は、やがて「花いっぱい運動」となって大きく展開された。一つの地味な企ては、ここに名と実をともない、大きな観光収入として、県内へはね返ったのである。

だが、すべてのビジネスに「もうこれでよい」という終わりがないように、その後、観光ナンバーワンの宮崎は、海外旅行という、想定もしていなかった、とんでもない強敵に攻められ、ついには敗れて、新婚カップルを奪われてしまう。

そういえば岩切は生前、こんなことをいっていた。

南国日向。それは今日までの名声であった。その名声を明日も明後日も、いな永遠に栄光輝く南国日向にするかどうかは、私共の心がけと努力一つである。

繰り返していいたい。心を空《むな》しゅうして観光客の声に耳をかたむけよう。〈中略〉そして、南国日向の栄光を永遠に栄光あらしむるために、一層あらゆる努力をつづけようではないか。

（同前）

昭和六十年七月十六日、岩切はこの世を去った。

宮崎県は落ち込んだ観光収入を再び取りかえすべく、起死回生を期して、新しい観光拠点としての「シーガイア」を、平成五年（一九九三）七月にオープンさせた。

だが、その取り組みには岩切のような、まごころの籠った〝基本〟がなかった。平成十三年二月、「シーガイア」は事実上の倒産を告げ、今、新たな資本のもと、再度の挑戦を断行しようとしている。

「シーガイア」のみならず、観光立県をめざすすべての県は、今一度、岩切の考えた原点に、立ち返るべきではあるまいか。

「本業に徹せよ」銀行を再建した経営者

■ 町田　忠治

〝呑気な父さん〟

一枚の肖像画が、衆議院に所蔵されている。

国会議員として永年在職を表彰し、山下新太郎画伯が昭和十六年（一九四一）に描いたものだが、礼服に身を包みながらも、この人物の表情はどこか飄々《ひょうひょう》としていた。

それもそのはず、台頭する軍部、ファシズムに抵抗しつつ、政党内閣を堅持しながら農林大臣や商工大臣をつとめ、大蔵大臣・高橋是清が暗殺された時は、大蔵大臣をも兼任した。昭和十九年、太平洋戦争の最中に東條英機内閣が倒れ、小磯国昭内閣が成立すると国務大臣をもつとめている。

どの局面もおそらく、生命《いのち》懸けであったろうが、国民はその風貌を当時の人気新聞マンガのキャラクターに擬して、

「呑気《のんき》な父さん」

と親しみを込めて、愛称した。

町田忠治である。

彼は稀有な人で、政治家になる以前は銀行マンであった。しかも、一時代を画した銀行経営者として、世に知られていた。

明治維新によって誕生した近代日本は、それ以前、銀行の何たるかを知らず、そもそも銀行業務を皆目、理解していなかった。

近代企業群をもたなかったわれわれ日本人は、維新後、懸命に欧米列強の実物をモデルに詳細を学び、それまで未知であった銀行を、なんとか理解し、自分たちのものとして確立、日本近代産業化の中で発展させようと努力してきた。

この間、銀行員の質の向上がはかられ、業務処理のスピードは飛躍的《ひやくてき》に伸びている。資本力もスタート時とは比べものにならない。

だが、銀行本来の生命線である貸付《かしつけ》業務に関しては、実のところ相手の人物を見て貸すスタート時点の手法が、いつの間にか行き詰まってしまい、それではと担保《たんぽ》を押さえての貸付となり、その行きすぎが再び、対象者の人柄にもどるということを、性懲《しょうこ》りもなく繰り返してきた、といえなくもなかった。

このことは一面、いかに銀行業務——その中心である貸付が、難しいものであるかを物語っていたといえよう。

たとえば、明治・大正期、一世を風靡《ふうび》した山口銀行——この銀行は、豪商山口家の出資によるものであった。

とはいっても、明治の初期、大阪に住友、鴻池《こうのいけ》の両家とならぶ富豪として、山口家があったことを知る人は、今やほとんどいないに違いない。

――山口家では、当主は歴代〝吉郎兵衛〟を称してきた。

幕末の頃、唐反物《からたんもの》（舶来反物）商で成功し、その金力をもって両替商に転業した山口家は、明治維新後、多くの両替商がそうであったように、地元大阪で銀行業を営んだ。

ついで、明治九年（一八七六）八月に「国立銀行条例」が改正されるに及び、山口家は第百四十八国立銀行を設立するにいたる。蛇足ながら、この行名は明治三十一年に山口銀行と改名され、昭和八年（一九三三）になって、第三十四銀行、鴻池銀行との合併をおこない、三和銀行となった（現・UFJ銀行）。

よく誤解されるところだが、明治九年の出発時点における国立銀行というのは、国法によって創立された銀行といった意味合いで、国営や国有のことではない。

あくまで、純粋の民間銀行であった。

名だたる大阪富豪の山口家が経営する第百四十八国立銀行は、その高い信用度によって、業績はめざましく、はじめは新潟の第三十一国立銀行を併合したり、日本生命保険会社、大阪貯蓄銀行などの設立にも参加。大いに躍進・発展したが、明治も中ほどにいたると、俄《にわか》に業績不振が目立つようになった。

直接の原因としては、日清戦争後に戦争景気の揺りかえしが起こり、明治二十九年に経済恐慌が発生し、それ以来、止《とど》まることなく徐々に進行したインフレーション。加えて、明治三十二年までに普通銀行へ移行する措置をとるように、との政府から出された指導のためと伝えられている。

もっとも、それら以外にも、近代的な銀行経営への脱皮が第百四十八国立銀行は遅れ、旧態依然とした経営に、業績が振るわなくなったのが、真の原因であったともいわれている。

いずれにしろ、経営状態の悪化に苦しむ山口家では、度々、行内改革を試みたものの、いずれも弥縫策《びぼうさく》の域を出ず、業績の不振は歯止めがかからないまま、深刻化していった。

至難の銀行再建

「このままでは、やがて立ち行かなくなる」

山口家の当主・山口吉郎兵衛は、明治十六年の生まれで、まだ経営に参画していなかった。富豪山口家の大番頭たる越野嘉助と山口浩郎兵衛の叔父・山口楢三郎は二人で相談し、ついに決断。近代的な経営感覚の持ち主を、外部から経営者に迎える処置を講じた。

三井銀行から大阪北浜銀行に入った岩下清蔵の斡旋もあり山口銀行に改名した翌明治三十二年、山口家が、

「この人物ならば……」

と白羽の矢を立てた人物こそが、町田忠治《まちだちゅうじ》であった。彼は日本銀行に入行した二年目、三十六歳で大阪支店次席、金庫監査役となった逸材であった。

町田は幕末も押し迫った文久三年（一八六三）三月三十日、奥州の秋田に生まれている。三歳のおりに父・長生を失うが、維新後の廃藩置県ののちに、成績優秀により、県の留学生として大学予備門（のちの東京大学）に入学。途中、脚気を患い帰県したこともあったが、明治二十年に、当時の帝国大学法科大学撰科を修了した。

卒業後、政府の法制局に入るが、無味乾燥な官吏の生活が性《しょう》に合わず、一転、「朝野新聞」「郵便報知新聞」などの記者となった。

明治二十六年には欧米諸国への外遊を実行し、帰国後、その体験をいかして苦心惨憺《さんたん》しながら、わが国における本格的な経済雑誌を創刊した。「東洋経済新報」である。

ところが、何を思ったのか一年余りで社長兼編集長のポストを天野為之に譲ると、自身は改めて日本銀行へ入行して、いきなり副支配役、取調役兼株式局勤務におさまったという変わり種であった。明治三十年のことである。

もとより、これほどの転身が可能であったのは、よほどにその人物が優秀であったのだろう。その町田がふいに、日本銀行を辞すのは、後世に伝えられた「日銀騒動」のあおりを受けたからであった。

町田の入行一年後に、不幸にして起きたこの騒動は、〝ウルトラ・ワンマン〟の名を馳せた、三菱出身の日銀総裁・川田小一郎《かわだこいちろう》（「東洋経済新報」の出資者でもあった）が没し、新たに総裁となった岩崎弥之助も、払い下げ問題で、ときの大蔵大臣・松田正久と激突。後任に山本達雄が選任されたことから、騒動は惹《ひ》き起こされた。

山本は安政三年（一八五六）に大分県で生まれ、三菱商業学校を卒業後、三菱会社（のちの日本郵船）に入社。明治二十三年に川田小一郎の日銀総裁就任にともない、日銀入りしている。そして同三十一年に第五代日銀総裁となった。

その山本の独裁的ともいえる指導が、日銀内部の強い反発を招くとともに、多くの秀逸な人材が連袂《れんべい》辞職し、野にくだることへとつながる。

町田が山口銀行へ行くことになったのは、この時、ともに辞めた上司＝日銀大阪支店長の片岡直輝《かたおかなおてる》（のちに大阪瓦斯《ガス》の創立に参画、阪神電鉄など十余の企業に携わる）の推輓《すいばん》があったからだ、とも伝えられている。

蛇足ながら、この時、踏みとどまって山本を補佐したのが高橋是清であった。

人生は有為転変とはいえ、町田には大阪はなじみの薄い都市であった。知らない土地で、気質の違う人々の間に立って、民間銀行の立て直しをやる――云々。

一度は山口家の要請を断わったものの、

「一切をあなたに任せる。思いどおりに経営してもらって結構だ」

とまで、越野嘉助と山口樒三郎に言い切られ、頼られると、さすがの町田も拒むことができず、最終的には山口銀行の総理事を受諾することとなった。

すべては人材

これまで時代の先端を行く事業、国営の銀行業務には携《たずさ》わってきたものの、旧家の個人銀行を任された町田には、正直なところ、立て直しの自信が皆無、持てなかったようだ。なにしろ、明治も後期というのに、山口銀行では前垂れ姿で十五人ばかりの行員が、執務をとっていた。

〝布屋の銀行〟と異名をとる、いまだに両替商的風情の抜けない銀行が、すなわち山口銀行であった。わが国の金融界は、この頃すでに日銀依存の経営から、「預金銀行」としての経営へと脱皮しつつあった。

なぜならば、日銀を頼りとする限り、主要資金源は日銀からとなり、〝鞘取《さやと》り銀行〟の域を抜け出せないからである。

町田は国の内外をみてきた広い視野で、山口銀行のおかれている苦境を、焦燥にも似た思いにかられながら眺めたに相違なかった。

抜本的な改革を急がなければ、銀行の存続はおぼつかない。だが、旧態依然の山口銀行には、そうした大変革は組織・人ともに耐えられそうになかった。

町田は急速な改革を我慢して避け、行内の賛同を得やすい堅実な山口銀行再建策を模索した。

手堅い再建方針――それは人材の新規採用にウエイトが置かれていた。

「これからの銀行は、厳しい試練を迎えることになる。山口銀行はそれに耐えうるよう、土台から堅固にしなければなるまい」

そのためには、まず何よりも、己れの片腕とも頼む人材の獲得・育成からはじめなければならない、と町田は決意した。

半年後、彼が示した経営改革の第一は、行員の質的転換・向上を意図したものとなった。

町田は宣言するように、行内に告げた。

「これからは大学、高商卒業者を採用する」

今日からみれば当然の決断であったが、この頃としては画期的なことであった。

大学卒といえば、官界でなければ就職を渋った時代である。

民間の銀行では、大学出は一人か二人、いるかいないかの頃であった。

それを町田は、がむしゃらに大学出をスカウトし、新規学卒者を採用していく。

当然のことながら、人件費がかさみ、山口銀行の業績は、さらなる悪化の道を辿《たど》る。が、町田はこれに耐えた。何をやるにもまず、人材である。人さえ得られれば、業績は一気に好転するはずだ、との信念を曲げなかった。

一廉《ひとかど》の人物

――やがて、町田の深慮遠謀《しんりょえんぼう》が花開き、実を結ぶときがきた。

町田が丹精込めて採用し、育成した学卒行員たちが、〝鞘取り銀行〟からの脱却を手がけたのである。

日銀に叩頭《こうとう》しないで銀行業務を円滑におこなうには、大量の資金を何《いず》れかから調達してこなければならなかったが、町田は香港上海銀行神戸支店に注目すると、日銀より低金利の外資を導入することに成功した。彼の育てた行員たちが、その実務を担っている。

さらに大阪市を中心にして、古くから信用を得てきた山口家をバックに、多店舗展開を開始した。支店を展開することによって、預金・貸金が増加していったのは衆知の通りである。

また、山口銀行はもともと、中小・零細企業や庶民を対象として貸付業務をしてきたが、新しい行員たちは、とりわけ新興商工業者に関心を示し、これを育成・強化する方向で努力した。

これらの着想は今日でこそ、銀行業務の基本ともいえる経営方針であったが、明治期においては、まがうことなき斬新なアイディアであったといえる。

「銀行を経営するうえで大切なことは、強固な企業基盤とともに、平素から万一に備え、万全の心構えと準備をしておくことだ」

町田は口癖のようにいっていたが、彼にとって大切な企業基盤とは、何よりもまず人材の確保と育成にあったことがうかがえる。

さらにまた、銀行家としての町田の経営理念は、「本業に徹する」ということに尽きた。殊《こと》に、銀行家が他業種の経営に直接、手を染めるのを彼は極端に嫌っている。

また、大阪銀行界の主要人物の一人として、彼は日露戦争のおり、戦費調達＝国庫債券を担当、第一回の一億円をはじめ、しばしばの調達に成功していた。

第一回が済み第二回が出来て第三回の時になりました。その時の思い出としては、第三回の国庫債券を相談して居る会議の席上に、軍艦初瀬八島外何艘やられたと云ふ電報が入ったので桂（太郎・首相）さんが青くなって、非常に国庫債券募集に困難した場面があります。

（昭和十五年十一月十六日「東洋経済新報」）

明治四十一年、山口銀行のオーナー・吉郎兵衛が慶応大学を卒業したのを期に、町田は自らの退任を決断。

吉郎兵衛（二十六歳）をつれて欧州の視察におもむき、自らの後任として三菱銀行の坂野兼通を山口銀行総理事に迎え、明治四十三年、町田は山口銀行を辞した（四十六歳）。

が、その後も町田の育成した人材が活躍し、明治・大正を通じて、山口銀行は飛躍的な発展、伸長を成し遂げる。

町田が総理事となった明治三十二年から、明治末年までの十三年間で、山口銀行は預金高にして十一倍、貸金残高で六・一倍の伸び率を達成。支店も一気に、十店を超えるまでになった。

山口銀行を退いた町田のその後については、すでに冒頭でふれた。政界への転出であった。

戦後、公職追放にあい、病床に伏した町田は、昭和二十一年（一九四六）十一月十二日、その生涯を閉じた。享年八十四。

経済人としても、政治家としても、一廉《ひとかど》の人物であったことは間違いない。

「商政一新」を目指した伝統への挑戦

■ 高橋　義雄

選ばれた男

元来、呉服業は豪商三井家――のちの三井財閥にとっても――伝統的家業であった。

だが、幕末以来の営業不振は甚しく、明治五年（一八七二）には大蔵省のたっての要請により、三井大元方《おおもとかた》（全三井の統合・合議機関）の決定で呉服業は分離されてしまう。

三井銀行が主力となればなるほど、呉服業はお荷物扱いされた。

挙句、「三井とも云はるる者が今日に於《おい》て、呉服小売店を経営し居るのは、少しく時勢後《おく》れだらう、と云ふ議論が持ち上がった」（高橋義雄著『箒のあと』）

栄枯盛衰は世の常とはいえ、まさに隔世の感を覚える。

なにしろ最盛期といわれた享保三年（一七一八）、ときの越後屋呉服店は年間売上高二十六万二千両を記録している。ちょうど、徳川八代将軍吉宗の時代であった。

ちなみに、今日の金額に換算すると約十兆円になる。

かつて平成元年（一九八九）三月に、高島屋百貨店が業界初の一兆円を達成して話題となったことがあったが、越後屋呉服店の巨大さは、この一事をみても明らかであったろう。

越後屋＝三井家はその後、金融業（為替方）を事業主体として、さらに伸びていった。

ところが、幕末維新の動乱期に遭遇し、たび重なる献金や大火によって、呉服店は傾き、社会の大変動に諸大名をはじめとする上得意先の多くを失ってしまう。

明治五年の大蔵省の要請は同時に、金融業を中心とする決意を固めた三井総本家の決定でもあった。

見放された越後屋は、名称を三井の「三」と越後屋の「越」をとり、「三越呉服店」と改めねばならなくなる。

〝三越〟への評価がいかに同グループ内で低かったか、再出発したおりの商標をみると明らかである。伝統の井桁に「三」の字のマークから、丸に「越」の字に改められたのだが、従来これは、手代が暖簾《のれん》分け（独立）を許された場合に使用される、いわば格下の商標であった。

だが、三井の源流・越後屋を業績不振で倒産させるわけにはいかない。明治二十六年、〝三越〟は再び三井グループに復帰し、「合名会社三井呉服店」と改称。商標も取りあえず、昔に戻された。

――実はこの復帰、三井総本家からひとつの条件が呈示されていたのである。

「高橋義雄《たかはしよしお》を理事として迎えいれ、店内改革を一任すること」

いわば、再建責任者を外部――とはいっても三井銀行大阪支店長の要職にあった――から受けいれることで、〝三越〟は辛うじて三井家の、事業の一角に返り咲いたわけだ。総本家から全権を委任された高橋は、ときに三十五歳であった。

文久元年（一八六一）、水戸の下級士族に生まれた高橋は、九歳の頃に水戸城下の家塾で漢文の手ほどきを受けたものの、貧しさゆえに十二歳から正味三年間、呉服荒物小売店の丁稚《でっち》奉公に出されている。

「木刀ながらも腰に一刀を帯して居た身分が、之《これ》を捨て丸腰と為《な》るのは、身を斬らるるよりも情けなく、思ひ出しては落涙した」と高橋本人も後年、回想している。

母の努力で学問の道へ戻り、明治十一年に水戸の中学予備校―茨城中学（第一期生）と進んで、明治十四年に慶応義塾へ入塾。翌年四月に卒業すると、時事新報社（福沢諭吉が創刊した日刊新聞社）に入社している。

ときの社長は、中上川彦次郎であった（別項参照）。記者生活を五年、この間に六冊の著作を出版し、高橋は欧米へ二年間留学して、アメリカのイーストマン商業学校へ通学。この間に彼は、フィラデルフィアでワナメーカー百貨店の視察をおこなっていた。帰国後、『商政一新』を著わし、これが井上馨の目に止まり、山県有朋にも知られ、長州閥の支援を得て三井銀行へ入行することにつながる（七ヵ月遅れて中上川も入行）。高橋は大阪支店長の要職に就く。

この大阪支店長時代、日本の銀行ではじめて女子行員を採用。これが〝三井〟の中で評判になり、「高橋は西洋帰りの新人で、種々の新工風（工夫）を為す男だから」三越呉服店の改革に適任だ、と三井の幹部の意見が一致し、彼は新生「三井呉服店」に赴くこととなる。

彼には、いかなる勝算があったのであろうか。

「日本は明治維新を成し遂げたが、商業組織は封建制そのままで、なんらの変革も準備されていなかった。およそ社会の組織は、各部互いに足並みを揃えてこそ、健全な発達といえるのだ。なるほど、政治は立憲君主制となったが、経済の機構はこの新しい政体にともなってはいない。円満に国家が発展していくには、経済そのものを改革しなければならない」

高橋はそのようにいい、三井呉服店の再建に、いわば国家レベルの、

〝商政一新〟

を目標においた。

単に一呉服店の再興、といった狭量な考え方ではなく、日本の歴史的発展や社会近代化の一環をめざす彼の目標は、当然のごとく旧来の、伝統的な様式・慣習を根底から打ち砕いていった。

――高橋の改革は、まさに電光石火であった。

スタッフ人事を刷新し、組織の骨組みを抜本的に改めた。

それまでの叩きあげの丁稚《でっち》、番頭による運営を否定し、慶応義塾や東京商業学校（のちの東京高等商業学校）の卒業生、洋行帰りの「新知識」を採用している。仕立物検査係、電話係、販売係には女性も採用した。住み込み制度を廃して、朝晩の通勤制へ。年季奉公制度も廃止して給料制を採用。

また、それまで売上高のみに力を入れて経営全体の採算をおろそかにしていたことを反省し、長年の大福帳式の帳簿を、洋式簿記を導入して会計組織の刷新をはかり、職務制度を定めて執務分担を明確にした。今日ではさほど珍しくもないが、支配人（店長）・売場・外交（外商）・仕入れ・倉庫・庶務などの職掌がこのおりに誕生している。

――呉服の、生命線である販売のスタイルも一変した。

〝三越〟の改革というと、高橋に少し遅れて慶応義塾―三井銀行・和歌山支店支配人を経て、副支配人で入店した日比翁助《ひびおうすけ》（高橋より一歳年長）の功績が広く知られているが、彼はのち「株式会社三越呉服店」専務取締役及び取締役会長を歴任した人であった。

高橋というクッションを挟んだことも、日比には幸いしたといえなくはない。高橋はほぼ努力で、新機軸を次々と打ち出していった。

伝統的な「座売り」と呼ばれてきた販売方法（商品を奥にしまっておいて、注文に応じて客に出して見せる売り方）を廃止し、外国式の陳列販売方式を採用した。

二階を陳列場として、ガラス張りのケースを並べ、呉服を見やすいように陳列したため、買物客も非常に便利になり、店員の稼動率も飛躍的にあがった。

こうした抜本的な大改革をすすめる一方、高橋は「客の好みを売る」発想から大きく転換し、いわば「客の好みをつくる」――今日風にいえば、流行を仕掛けるべく商品改良にも着手する、「意匠部」が新設された。有名な画工を雇い入れ、呉服の模様には創意工夫がなされる。斬新なデザインの開発がすすめられた。あわせて、新図案を発表宣伝する手法も研究され、服装界全体の大きな進歩を促すことにもつながった。

とりわけ、元禄柄の流行を創り出した功績は大きい。

矢継ぎ早な高橋の改革は、ことごとく成功をおさめた。

「学者が（高橋のイメージ）飛び込んで、二百年来、其事務に慣れた番頭の仕事を引受けて、さっさと之《これ》を改革して行くと云うのは、何と愉快な事ではないか」

と、福沢諭吉などは大いに喜んでくれた。

が、昔から店内にいる越後屋生え抜きの使用人たちは、当然のことながら高橋の急激な変革にはついていけず、激しいリアクションをひき起こした。

「呉服小売などに、何等の経験もないモダン書生が、突然店内に飛び込んで来て、我々を指図するとは何事ぞやと、心中不服であったのは当然である」（『箒のあと』）

高橋が三井呉服店理事に就任して、三年目の明治三十年のことである。

古い使用人たちが急遽、三井家ゆかりの三囲《みめぐり》神社に籠るという事件が起きた。店員たちは水垢離《みずごり》をとると、学卒新入店員の解雇要求を高橋に突きつけた。

ストライキである。

ようやく、上昇気流にのりつつあった三井呉服店であったが、高橋は店内の〝調和〟を考え、あえてできるかぎりの妥協をした。

だが、店が活況を呈し順風満帆の状況となるや、高橋は右顧左眄《うこさべん》することなく、再び強力な改革を推進する。

〝デパートメントストア宣言〟

室内電話を設置し、キャッシュ・キャリア（売場と会計の間で金銭を送る機械）を導入。商品の配達用には、日本最初の自動車の実用化に踏みきって、人々をあっと驚かせた。パリ万国博覧会への出品、地方の顧客の便宜をはかるための通信販売、呉服切手（商品券）の発行など、今日では一般化されている多くの手法を、高橋は大胆・迅速に採用・実施していった。

ビジネスは常に、〝コロンブスの卵〟である。

後々、考えれば当然のことも、いかに積極果敢に他人より先に実行することができたか。勝敗は一《いつ》に、その決断力にかかっていたといえよう。

明治三十七年、三井呉服店は見事に再建され、三井グループからまったく独立した企業として、株式会社三越呉服店が開業するにいたった。

再び丸に「越」の商標にはなったが、今度はそれを卑しむ人はいなかった。同年の十二月七日、〝三越〟は次のような、新聞一ページにおよぶ広告を出している。

「――当店販売の商品は今後一層その種類を増加し、凡《およ》そ衣服装飾に関する品目は一棟の下にて御用弁じ相成候様設備致し、結局、米国に行なわれるデパートメントストアの一部を実現致すべく候」

のちにいう、〝デパートメントストア宣言〟は、こうして発せられたのであった。

〝三越〟は江戸時代以来の「誠実」「奉仕」「積極」の精神を内包しつつ、このとき、名実ともに呉服店から百貨店への第一歩を踏みだしたのである。

それはまさしく、高橋が目指した〝商政一新〟そのものの完成であったといえるだろう。

日露戦争後、三越呉服店は石鹸・時計・食器・人形・靴などの輸入販売にも力をいれはじめ、一方では児童博覧会の開催や少年音楽隊による店内演奏など、新しいサービスにも着手した。

新館が完成したのが大正三年（一九一四）、同十年にはエレベーター、エスカレーターが設置され、東京の名物となった。

呉服が取れて〝三越〟となったのは昭和三年（一九二八）のこと。

新館の完成時から玄関にいる〝三越のライオン〟は今も来客に親しまれている。

もっとも高橋は、このライオンをみていない。明治三十一年、三井呉服店理事を兼務のまま、三井鉱山理事に任命され、今度は鉱山経営をまかされている。

同三十八年には三越を辞任、三井鉱山会社理事が本務となった。さらに、王子製紙へ派遣され、明治四十四年に五十一歳をもって彼は実業界を去っている。

茶の湯を中心とする趣味三昧の生活を送り、昭和十二年（一九三七）に七十七歳でこの世を去った。

もしかすると彼にとって、本当に楽しかったのは〝三越〟の時代と、趣味に生きた二十七年間だけではなかったろうか。

第三章　新企業立国の理念と未来展望

日本水産事業の最前線に立つ

高碕《たかさき》　達之助《たつのすけ》

日露戦争と缶詰技師

日露戦争が日本人にとって、いかに大きな外戦であったか。どれほど、後世の日本史に影響を与えたか。たとえば、一人の無名の、缶詰の製造技師が辿った生涯をみてみても、その威力のほどは読みとれる。

明治十八年（一八八五）二月七日、現在の大阪府高槻市に、高碕《たかさき》達之助《たつのすけ》は生まれた。家は農家と紺屋を併業していたが、子供九人の家庭は裕福ではあっても、何かと節約を強《し》いられる環境にあった。

前妻の子も含めると、五番目となる達之助は、とにかくいたずら好きで、この頃、全国のどこにでもいたガキ大将のひとりにすぎなかった。

ところが旧制大阪府立第四中学（のちの府立茨木高校）三年のとき、後妻であった母が四十五歳の若さで、ふいにこの世を去ってしまう。同じ年に、兄と妹も他界した。

とりわけ、何一つ報《むく》いることのできなかった母への想いが、達之助を生まれてはじめて猛省させる。もともと、頭脳そのものは悪くなかったようだ。心を入れかえた彼は勉学に励み、卒業時には首席となって、そのまま「水産講習所」に進学した。

水産講習所は当初、水産伝習所といい、大日本水産会が経営する私立学校であったが、明治三十年から農商務省の管轄に移り、官立となった。東京の越中島にあり、達之助が入学した年に新校舎が完成している。

なぜ、彼は水産講習所に入所（入学）したのか。これには浜田真名次という、中学の英語の先生の影響があったようだ。

私の人生の第一歩はこの先生（浜田真名次）の教えから影響を受けてふみだされたともいえるだろう。卒業の際の講議《ママ》で、先生はこういうことをいわれた。

「日本の人口（いま四千万人）は、七十二年目に倍になる。この人口増加に伴う社会問題を解決するためには、日本の植民政策によるか、工業政策による外、生きて行く途《みち》がない（全人口は賄《まかな》い切れないから）、然《しか》るに、植民政策は既《すで》に欧州列強のため、先鞭をつけられて、最《も》早《はや》手遅れである。そして、工業政策も原料が自給出来ないため、恒久政策を建てることは困難である。残された唯一の途は、海洋を対象とする水産業を勃興せしめることである。

幸いに、世界各国の沿岸三哩《マイル》（一マイルは約一・六キロメートル）を除く外は、世界共有の水域であり、かつ、日本民族は生れながらにして、祖先の血を受けて、海洋生活に馴れている。日本人の水産に対する特殊技能は何れの民族も競争が出来ない。ここに日本民族の生きる唯一の途がある。水産業を勃興し、水産製品を世界の大陸国に供給し、その見返りとして、大陸国より農産物を輸入する途が残されているのである。日本にはその水産に関し、世界唯一の専門学校がある。それこそ農商務省所轄の水産講習所である」

（高碕達之助著『満州の終焉』より）

右の浜田の講義の中で、日本の重工業の可能性については、まったく触れられていないことに気がつく。

これが当時の、日本であった。鉄にめぐまれず、技術力の劣った工業後進国の日本では、重工業は発展するか否かではなく、予想外の分野であったのだろう。

いずれにせよ、恩師の講義に感動した達之助は、水産講習所へ入り、「漁撈《ぎよろう》」（水産物をとること）、「製造」、「養殖」の三科のうち、製造科を選んだ。入学してみて彼が驚いたのは、「水産業というものが、如何に非科学的であるか」ということであり、その学問レベルの低さ、幼稚さであった。それはそのまま、日本の水産レベルを語っていた。

しかし、と彼はいう。

「それだけに、そこには広大なる未開の天地が残されているともいえるのであり、これが私に無限の希望を懐《いだ》かしめた」（同右）

と。

入学して一年半が過ぎた明治三十七年二月、日露戦争が勃発した。国家存亡の秋《とき》である。

講習所の学生たちも、まったく学問・実習が手につかず、達之助なども海軍兵学校へ進学しなかったことを心底、後悔したようだ。

そうした中で、陸海軍に供給する缶詰を大量に造ることが急務として伝えられる。

「お国のためになる――」

達之助は駆り出されて、全国に約四十あった缶詰工場へ、技術指導に派遣されることになった。

もっとも、当時の日本の缶詰技術は未熟で、裁断したブリキをハンダ付けし、空缶を造るという手作業をやっているにすぎず、それでも手先の器用な彼は、一日に三百個の空缶を造った。これは一般の三倍の量であったという。

ところが、軍民一体となって戦った日露戦争は、二年ほどで終結。「東洋水産」（三重県）、「日本罐詰会社」（愛知県）、「大日本水産」（長崎と富山県）など大手をはじめ、零細はいうまでもなく、戦争によって膨張した缶詰産業は、戦争が終わったために存続が難しくなる。

軍用から民間用へ、それも輸出品目として――達之助は水産講習所を卒業すると、「東洋水産」（資本金五十万円）に技師として迎えられた。「東洋水産」ではなんとか、いわしの缶詰を製造することにより、生き残りを賭けたが、どうもうまくいかない。

――これには、前段があった。

日露戦争とときを同じくして、アメリカのセントルイスにおいて万国博覧会が開催された。この博覧会に、水産講習所の教授・伊谷以知二郎《いたにいちじろう》が出張し、併せてアメリカの缶詰業界を視察して帰国。しきりに、今後の日本の缶詰業界のあり方について、次のような力説をおこなった。

「米国缶詰業の盛大なる模様、将来米国の缶詰消費は年々増加し、自国製品では不足を来たすであろうこと、現に、欧州のビスケー湾において漁獲される鰮《いわし》は、フランス及びスペインにおいて、オリーブ油漬にし、これを缶詰として、夥《おびただ》しく米国に輸入されていること、日本においては鰮がただ肥料とされているのは愚、さらに戦時に勃興した軍用缶詰工場を、輸出缶詰工場に転用すべきである」（同上）

この伊谷の主張に、日本の缶詰業界は刺激され、一様に輸出用缶詰製造会社への転換をはかったのだが、これがさっぱりうまくいかなかった。

なぜ、うまくいかなかったのか。いわしは短期間に一遍で大量にとれるものの、貯蔵がきかず、かといっていわし漁のときの人数を、そのまま缶詰工場に雇えば、とんでもない人件費になってしまう。つまり、設備と原料のバランスがとれなかったわけだ。

達之助は漁船に簡単な設備を設け、ある程度、貯蔵のできるような半製品を船中で作る方法も考案したが、日本の水産技術ではこれを成功に導くことができなかった。

缶詰の製造コストが難しいのに加えて、日露戦争に勝った日本は国全体が浮かれていた。たとえば、輸出品——缶詰のブリキのみならず、何のパッケージにでも、「東郷元帥」「万歳」「三笠艦」「日の丸」などを描いて出荷した。

国をあげて日本中が高揚していたのだが、輸入先のアメリカでは皆目、売れなかった。日露戦争中、日本にきわめて同情的であった仲裁国のアメリカは、戦後、アジア人の分際で大きな顔をしはじめた極東の小国・日本に、露骨な嫌悪感を抱くようになっていたからだ。すでに、排日運動も起きていた。

アメリカへの輸出でなんとか劣勢を盛り返そうとした缶詰業界は、他方、いわしやカツオ、ブリなどの缶詰を、日本の海軍へ納品しながら食いつないだが、日本製品であることを表示したことが致命傷となり、アメリカへの輸出は失敗。各缶詰会社は、いずこも負債が嵩《かさ》むばかりとなった。

そうしたおり、反米感情に転換したメキシコ――正確には、メキシコのローワーカリフォルニア全沿岸に漁業権をもつメキシコ人アウレリオ＝サンドバール――から、日本へ水産技術者を雇いたい、との申し出があった。

試行錯誤の日々

なんとか現状を打破せねば……、と日々思い悩んでいた達之助は、缶詰の専門技師として三ヵ年の契約で海を渡る決意をする。明治四十四年十二月のことであった。

今一つ、達之助には日本を離れたい個人事情もあった。

原因は日露戦争――実は渡海の直前、彼は日露戦争の講和条約に反対して、大衆が引き起こした焼き打ち事件に、自ら積極的に参加していた。デモの最前列にあって、なんと半蔵門の前にあった交番をひっくり返し、一番最初に検挙され、三日間、豚箱《ぶたばこ》へ放り込まれていたのである。

「日本にいても――」

との思いが強かったのは、無理もない。

しかし、考えてみれば無鉄砲な志願であった。達之助は語学がさっぱりできない。水産技術も、後進国日本のものである。そんな男が、知るべのないアメリカ、メキシコへ一人放り出されたに等しい。

そのせいであろう。最初に赴任したカリフォルニア州南端のサンディエゴの小さな工場では、言葉が通じなかったことから馬鹿にされ、サーディン（オリーブ油漬にした小鰯）の缶詰を作ってみせて、ようやく一人前に認めてもらい、給料が一気に倍にはねあがったこともあった。

メキシコのローワーカリフォルニア半島、太平洋海岸の北はエンセナダより南は半島の南端サンルーカスまで。湾内はサンルーカスよりコロラド河口ラボルサにいたる範囲を、達之助は往来しては鮪《まぐろ》・鮑《あわび》・えび・牡蠣《かき》・タートルなどの缶詰を製造し、ときにアメリカへ出向いては最新の技術を学び、これをメキシコに戻って応用、おかげで業績は大いにあがった。

仕事は順調ではあったが、この間、彼はスパイの嫌疑をかけられたりしている。アメリカの反日感情は一層、深刻なものとなっていた。日露戦争に大勝した日本人が、次にはアメリカを討つべく、海軍基地を造りにメキシコ、アメリカの国境にやって来た、などというデマが実《まこと》しやかに新聞に報じられたのである。閉口した達之助は、来日時に面識があり、メキシコへ赴いてからも水産調査で協力関係にあった、スタンフォード大学の総長で、水産学者のダビッド＝スター＝ジョルダン博士に泣きついた。そして、同大学出身のハーバード＝フーヴァーを紹介してもらう。この人物はのちに、アメリカ合衆国大統領となっている。

フーヴァーは明治三十三年頃、中国の鉱山で働いた経験があった。そのおり彼は、義和団《ぎわだん》事件（排外事件）に巻き込まれ、天津から日本へと逃げたことがある。

この間、日本人に大いに助けられ、神戸から横浜まで日本船に乗ったおりには、日本人船長が自分の船室をあけてくれる好意を示してくれたことなどもあって、大いに達之助に同情してくれた。

その骨折りで窮地を脱した達之助は、このおりフーヴァーから経営者のあるべき姿、事業経営の理想を学んだ。このあたりから彼は、一技師の目線を脱して、経営者の眼をもつようになる。

——フーヴァーは、四つのことを達之助に教えた。

第一は、事業の目的は、人類の将来を幸福ならしめるものでなければならないということである。

第二は、事業は営利を目的とすべきではない。自分が働いて、奉仕の精神を発揮するということが、モダン・マーチャント・スピリットだと、フーヴァーはいった。

第三は、競争に対する心構え。現状維持は、世の中が進歩しているから退歩となる。自分がどんなに勉強しているか、本当に批評をしてくれるのは競争者以外にはいない、との考え方である。

第四は、事業の主体は従業員でなければならない。だから、株主は従業員と消費者と出資者でなければならないということ。

そうこうするうちに、大正二年（一九一三）、メキシコにおいて反米政策に反対する革命が起こり、達之助の仕事は事実上、遂行不可能となった。

しかたなく、アメリカへ入国した彼は、ここで製缶業と缶詰業は分けなければならない、との「東洋水産」失敗の解決策をつかむ。

都合五年間、アメリカ大陸にあった達之助は、アメリカ最大最有力の製缶機を携《たずさ》え、一度、日本へ引き揚げ、翌月にはカムチャツカへ渡っている。

日露戦争に勝利した日本が、北洋の漁業権を手にしたことにより、カムチャツカで鮭の缶詰を造ってほしい、との依頼が舞い込んだからだ。

しばらくして、達之助は日本へ戻った。大正五年（一九一六）のことであり、彼はまだ三十二歳である。風来坊のようなわが子の生活に、父が日本での結婚、定住をきびしく望み、ここで達之助は出資を募って「東洋製罐会社」（資本金五十万円）を設立するにいたった。自らは支配人に就任。大正六年のことで、以後、二十年間、元日以外は休んだことがないという、がむしゃらな生活が始まった。

会社設立の過程で、小林一三の知遇も受け、大阪に工場を作った達之助は、アメリカから大型機械を買い入れ、缶の大量生産を開始する。

かつてフーヴァーから学んだ教えを、彼は独自に解釈し、利益は、第一に機械の償却に充てた。年々機械は新しくなるから、新しい機械を買うための準備でもある。

償却の後、一般の会社がやるだけの配当をする。また従業員にはできるだけの給料を払う。製品はできるだけ安く売る。

つまり、償却した残りの金を三つに分け、三分の一は従業員へ、三分の一は株主へ、三分の一は消費者に還元するという原則を忠実に実行したわけだ。

同様に、フーヴァーが提唱していた商品の単一化、標準化に缶詰をあてはめ、一ポンド缶と称するものに二百七十種類あったものを、徐々に統一していった。

海外の販売ルートも徐々に開け、缶詰は鮭・蟹、暑い南では台湾のパイナップル、日本国内では鮪《まぐろ》・鰮《いわし》・ミカン・青豌豆《あおえんどう》、朝鮮半島では鰮・鯖《さば》などが勃興。一ヵ年五千万ドルに達する、日本の重要輸出商品に育った。事業は成功し、各地に工場も新設される。達之助は二ヵ年に一度の割でアメリカを訪問、半年は向こうで暮らし、合弁先や最新機械の購入交渉などにあたった。

そして、缶の原料であるブリキの自給を目指し、昭和九年（一九三四）には「東洋鋼板」も創設した（のち「東洋機械」も設立）。

ところが、それ以前の昭和六年、日本が満州事変をひきおこしたことにより、日本を取りまく国際環境が急激に悪化しはじめた。そして、同十二年に日華事変が起きる。

満州へ

満州はもともと、中国本土から孤立していたといってよい。否、世界中から忘れられた土地の一つであったともいえる。

それがイギリスの植民地政策により、営口の開港、北寧鉄道の建設がスタート。これに呼応《こおう》するようにロシアが資本を投下し、東清鉄道を興した。独自の歴史と伝統をもちながら、資本主義の洗礼を受けたことのなかった満州は、この二ヵ国のために、むりやり国際社会に引きずり出されたといっても過言ではなかった。

イギリス・ロシアの行動を注意深くみていたのが、満州に最も近く、東洋で唯一、近代国家を成立させた日本であった。

日清・日露の両戦役を勝利した日本は、ロシアの強権を挫《くじ》いたことで、一気に満州進出の機会をつかんだ。幸い第一次世界大戦の圏外にあり、無傷で一躍、富国強兵への道を歩んだ日本は、密集する人口の捌《は》け口として、また食糧供給の基地としても、重工業資源の供給地として、満州を重要視するようになっていく。

ここで忘れてはならないのが、世界経済のブロック化であろう。

二十世紀初頭の〝正義〟は、二十一世紀の〝正義〟とはなりにくい。

良し悪しではなく、アメリカとロシアに巨大な経済圏が成立しており、ヨーロッパには欧州連合が、イギリスは本国に加えて世界中に持つ植民地を組み込んだ経済圏を形成していた。日本はこうした世界情勢を受けて、満州・朝鮮半島を加えた経済圏――すなわち自給自足のできる経済圏――をなんとしても築かねば生き残れない、との強迫観念にとらわれてしまった。

一方、満州は不幸にして、国家としての統一意思をもたず、そこに住まう人々への国家的考慮を欠き、豊富な資源を開発して、積極的な経済の向上をはかろうとする意志ももっていなかった。

――そこへ、日本がつけ込んだ。

達之助はのちに、述懐している。

今にして考えれば、日本が純粋に産業的立場において、中国の主権を飽く迄《まで》尊重し、中国の善意の了解を得、両者協力して、この宝庫の開発に進んでいたならば、そこには輝かしい未来が約束されていたに違いない。しかるに、日本は中国の同意を得ることなく、武力による強圧侵入を敢《あえ》てした。こゝに取返しのつかない過ちがあった。

古来、経済的提携に相手方の意向を尊重せず、善意の同意を得ずして、武力を用い、或いは金力を用いて、自己の主張を強要した場合は、たとえ一時的に成功をみても、結局いずれの時にか必ず敗れる。自己の主張を武力を以《もっ》て通した者はその武力をもって、金力を以て無理したものは、その金力を以て敗れること必常である。

今にして思えば、日本が武力を以て侵入した満州から、再び武力を以て追放されたのは、まさにこの道を歩んだ者の当然の報いともいうべきものであった。

（『満州の終焉』）

「満州国」という傀儡《かいらい》政権を樹立した日本は、その主動力となった軍部の力を押さえることができず、〝王道楽土〟〝万民協和〟の美名のもと、満州開発を軍主導から民間へ取りかえすことができなかった。

軍部に指導された日本は、対米英感情の悪化もあり、日本の産業は漸次、軍需産業へと切りかわっていった。

日露戦争を遂行した指導者たちが、一様に恐れていた事態――周辺近隣の国々を敵にまわす――に陥ってしまったのである。

達之助にとって何よりの急務は、入手困難となった「鉄力」（ブリキ）を手に入れることであった。ブリキが手に入らねば、缶詰は造れない。

日華事変と同じ年に、満州国政府と日産コンツェルンを率いる鮎川義介の共同出資により、「満州重工業開発」という特殊会社が設立された。鮎川はその総裁に就任。その四年後、乞われて達之助は同社の副総裁を受諾することになる。

これには、筆舌に尽くし難いプロセスがあった。

当初、「満州重工業開発」が設立されたおり、満州国政府はその事業の一切を、鮎川に一任する、との約定を交わしていた。

そうでなければ、鮎川は自らが手塩にかけて育成した「日本産業会社」を、そのまま満州へ移駐し、その資本と信用、専門技術者をことごとく満州へつぎ込むような冒険はしなかったであろう。

彼は満州に、アメリカの資本と技術を導入し、スケールの大きな大陸的総合工業を建設しようと考えていた。

ところが軍は軍で、政府は政府として、種々、鮎川の経営に干渉をしてくる。一任など、どこへやら。一方でアメリカを誘う方法論は、国際情勢の悪化と正比例して見込み自体が立たなくなってしまった。

「ハーゲンベックの猛獣使いは右手に笞《むち》を持ち、左手には角砂糖をかくして猛獣に向う。彼は右手の笞を鳴らして猛獣を操るが、もし猛獣達が怒ると、そっと左手にかくした角砂糖で、彼等をあやすことを忘れない。満州の軍部は仲々あばれるが、彼等はあばれるのが商売だ。要するに彼等は猛獣なのだ。だから、彼等に対するには、ハーゲンベックのやり方で行けばよい。ところが、俺には右手の笞も、左手の角砂糖も与えられなかった。これではどうにもならんではないか」

鮎川はそのように語っている（『満州の終焉』）。

結果として「満州重工業開発」は、資本をいくらつぎ込んでも生産性のあがらない、とんでもないコンツェルンになってしまった。

「このままでは、日産コンツェルンは死滅する――」

鮎川は自分にかわって、この難局での経営立て直しに手腕を発揮できる〝人物〟を、心底、求めていた。

「高碕達之助さんなら、あるいは……」

そう推薦したのが、国司浩助であった。

この人物は養父を失ってから、鮎川家で義介と兄弟のように暮らした人で、実は水産講習所の達之助の一年後輩にあたった。イギリスのトロール船に乗り込み、地中海で漁業に従事してのち、田村汽船漁業部を設立して、その主任となった（のちの日本水産である）。それ以前、鮎川は一度、達之助に「東洋製罐会社」を日産コンツェルンの中に入れないか、と誘ったことがあった。

いうことを聞かない銀行の厄介にならず、産業を発展させていくには、巨大な持ち株会社をつくって大衆資本を動員すべきだ、とする鮎川に、達之助は、

「そのわからぬバンカーを二十年かかって、やっとくどきふせ、今はこちらのいう通り、話を聞くようにさせた。私としては、今はその必要がないから……」（『満州の終焉』）

最初は断ったものの、満州にある〝鋼材〟に魅了され、日本が戦争に勝つためにも鉄を造らねばならず、ついには達之助も引き受けることになるのだが、その取っ掛かりとなった「満州飛行機製造会社」は、多額の資本を投入したわりには利益率の低い、〝満業〟の代表的な乱脈会社であった。

何億もの大金を費やしながら、一年間で約一千万円ほどの生産しかあがっていないのである（東京における標準価格米十キログラムが、小売で四円前後の時世である）。

達之助は義憤を覚えた。すべては日本人の国税が、まわりまわって投入されているのだ。鮎川と相談した彼は、名目だけの理事を次々と解任し、ドイツのユンカー社と技術提携し、再建にその手腕を発揮した。

しかし、達之助には「東洋製罐会社」をはじめ三社の経営がある。

助言の人と「犬と猫と猿」の話

はたしてどうしたものか、彼はある人物を訪問した。

私は幣原喜重郎《しではらきじゅうろう》氏に会ってみることにした。当時、氏は反軍的思想の故《ゆえ》を以《もっ》て、軍部にいれられず、失意の生活を送っていた。大阪の北河内郡門真村の出身で、私には同郷の先輩に当るこの幣原氏を、私の友人で代議士をしていた勝田永吉氏に伴われてたずねた。

私は卒直にたずねた。「軍の満州におけるやり方については、私には感心出来ぬ点が多々あるが、種々の関係から、満州に行かねばならぬ状況になりつゝある。果して行くべきだろうか、或《ある》いは断然拒否すべきであろうか、御意見をうけたまわりたい。」

その時、氏はこういう話をされた。「自分は学校を出ると、すぐ外交界に入ったが、当時世界では白色人種が絶対的な勢力を持っていた。その中に有色人種が入って行くことは並大抵のことではない。そして、彼等の中に伍してゆける有色人種の国としては、たゞ今のところ、独り日本があるだけだ。しかしそれも、世界に乗り出すにおいて、正義をモットーとせず、力による侵略という方法をとるならば、ひとたまりもなくおしつぶされてしまうだろう。東洋における唯一つの独立国を立派なものとしてゆくためには、正義にかなった行動が唯一つのものである。自分は如何なる時でも、その行動が正義に反する時には反対し、何もやらないというのが方針であった。現在の日本の行き方は、私のみる限りでは、決して正義にかなったものではない。けれども、これは人の見方だ。見方によっては、今日は日本の力が伸びる時代だと考えられないことはない。私自身は今でも反対であることに変りはないが、これから伸びようとする若い人は、やってみたらよいでしょう。」

そういう話であった。次いで小林一三氏にも話をした。小林氏は是非やれということであった。さらに私は、当時日本製鉄の会長であった平《ひら》生《お》釟三郎《はちさぶろう》氏にも相談してみた。「日本の鉄鋼業はいま世界から圧迫され、孤立の状態にある。現在マレーから仕入れている鉱石も、いつとぎれてしまうかわからない。こういう状況にあっては、満州の鉄をどうにかしなければ方法がない。」というのがその意見であった。

（『満州の終焉』）

ついに、達之助は副総裁を受諾した。昭和十六年三月のことで、彼はこのとき五十七歳（数え）になっていた。

だが、企業の体をなしていない「満州工業開発」のグループ会社は、いずこも方針が定まらず、軍部・官僚の干渉を受け、さらには現地の人々との不和をもって、事実上、開店休業の企業が大半であった。

鉄鋼――たとえば、〝満業〟傘下の「昭和製鋼所」なども、加えて人事上の抗争もあり、会社は殺伐《さつばつ》としていた。

立て直しに出向いた達之助は「会長」となって、責任者の「理事長」を更迭。新しい人物を厳選して、会社へ乗り込んだ。

「一体、缶詰屋が来て、何ができるというのか」

従業員たちの尖《とが》った目が達之助をむかえた。このとき彼は、

「今日は面白い話をしたいと思う」

と切り出し、次のような挨拶をおこなった。


満州に来る前のことだが、私の一番下の娘が、学校の帰りに小さな犬の子を拾って来た。その時、私はこれで一つの動物実験をしてやろうと思いたった。それはこの犬の子と猫とを一緒に育て、みようという計画である。早速、生れて一月ばかりの黒猫をもらって来て、一緒においてみた。

猫は物すごい形相をして怒り、犬をやたらにひっかく。ところが、犬の方は未だ恐しさということを知らぬためか、だまってひっか、れたま、にしている。これでは犬が殺されてしまうかなと思ったが、とも角、一晩この二匹を同じ処に寝かせてみることにした。

ところが、翌朝になってみると、丁度春先であって、まだ寒かった、めに、この二匹がだきあって寝ている。そして目をさますと、もうすっかり仲良しになっているのだ。以来二匹

は一緒に飯を食うし、犬の方は親と間違えてか、猫の乳をさかんにさがすという程になった。

そこで今度は、この中に猿を入れてやろうと考え、猿の子を一匹動物園からもらって来て、そこへつれて行った。すると、猫は物すごく怒り、猿は猿でひっかく、犬はほえる、大変な喧嘩である。それではというので、猿と犬を先ず一緒にすることにし、例によって一晩一緒に寝かせてみた。すると翌朝には、もうすっかり仲良くなっており、猿は犬の蚤をとっている。

犬と猿が仲良くなると、猫も安心したとみえて、これも仲間に入ってくる。こうして三匹ともすっかり仲良しになってしまった。食物をやると、いっしょに食べる。そして面白いことには、犬、猫は魚を食うけれども、猿は食わぬ。ところが、それが段々慣れてくると食うようになる。また、蜜柑は初め猿だけが食べていたが、しまいには、猿が蜜柑を食べて、その袋を棄てると、それには猿のつばがついているので、他の二匹がそれをなめたりしているうちに、とうとう三匹とも食べるようになってしまった。

たゞ、うまいものをやると、三匹は取り合いの喧嘩を始める。魚をやると、犬はウーウーうなっているが、そのすきに猫は魚をくわえて行ってしまい、陰にかくれて食っている。一方、猿の方はというと、この魚を両手と両足にもって、その両頬がふくれるほど口にほおばって、一番沢山食べる。犬はワン〱とほえている。私は大急ぎでこれをつれて帰ったが、こゝで考えてみると一番利口なのは猿であり、仲々ずるいのが猫である。そして結局、犬が一番馬鹿だということである。

また、こんなことがあった。隣の家には、セパードがいたが、このセパードと喧嘩すると必ず家の犬は負ける。ところが、三匹でかゝって行くと、犬はワン〳〵、猫はギャア〳〵、猿はキャッ〳〵というわけで、これは大抵勝ってしまう。

私はこういう話をした。「満州の現状をみると、どうも犬、猫、猿が互《たがい》に対立しているようだ。人を守る犬は軍であり、猫は官吏、そして諸君は猿である。この三匹が喧嘩をしていたのでは、どうしたっておさまりがつかぬ。ところが、今の話のような次第で、この三匹は仲良くしようと思えば、なれないことはないはずだ。

私は鉄のことは知らないが、三匹を仲良しにすることは出来ると思う。要するに、私はカタライザー（触媒の役目を果たす人）になればいゝ。羊羹《ようかん》を作る時には、砂糖とあづきがいるけれども、それだけでは作れない。そこには寒天というカタライザーがなければならぬ。そして、この寒天はそれ自身では味を持っていない。それが加わることによって、砂糖とあづきの本来の味を発揮させるだけである。

私はこのカタライザーになろうと思う。私は無色だ。たゞ諸君の持っている夫々《それぞれ》の持味を、十二分に発揮出来るようにしたい。これまで自由経済下で、思う存分仕事をやって来た私だが、統制経済下の満州で、自分の余生を捧げたいと思う。」（『満州の終焉』）

――「昭和製鋼所」の空気は、一変した。

昭和十七年十二月、鮎川にかわって達之助が「満州重工業開発」の総裁をまかされると、投下資本に対する生産比率はあがっていく。

終戦を挟んでの活躍

昭和十六年の二十九パーセントを底として、翌年には三十八パーセント、同十八年には四十パーセントと向上していき、当初、目安とした五十パーセントもどうにか達成できそうなところまで引っぱった。

が、日本の敗戦へのスピードがこれを上回ってしまう。

鮎川から総裁を引き受けて、しばらくしてからのこと。満鉄総裁の小日山直登《こひやまなおと》（のち初代運輸相）と達之助は、満州国最高のポスト、国務総理をつとめていた張景恵の自邸に招かれた。

このとき張は、七十三、四歳。

日増しに劣勢となる日本軍を憂いて、

「重慶にいる蔣介石と会ってはどうですか」

と切り出した達之助に、張はもう遅い、と一言。

「──もう三年早かったならば、あるいはということも考えられたが、もはやここまできては天命を待つ以外にはありますまい」

彼は浮き足立つ満人の官吏を押え、最後まで結束を乱さず、きわめて高いリーダーシップを発揮した人物であった。その張が戦後、秘書官であった松本益雄に、

「日本の軍人は戦争を知らない。戦争は取引である以上、百パーセント勝ってはいけない。日本は両三度戦争をやめる好機があったのだが、それを逸してしまった。まことに遺憾なことだ」

と語ったという。

日露戦争が六十、七十パーセントの勝利で、政治の妥協によって終息をみたことを思えば、張の言は説得力をもっていた。だが、なまじに戦勝気分をあおった日本はその後、百パーセントの〝完勝〟を目指して暴走してしまった。

──その好例が、関東軍であろう。

大正八年(一九一九)四月に誕生したこの軍は、日露戦争時の満州軍の後輩の一つでありながら、とんでもない飛躍・脱線をしてしまった。

もとは関東都督府隷下の駐劄《ちゆうさつ》一個師団と独立守備隊をもって、関東州の防衛と南満州の鉄道線路の保護がその任務であったはず。それがいつしか、「大日本帝国の生命線」と拡大解釈されるようになり、新興ソ連を仮想敵国として作戦計画を立案するようになってしまう。

表向き「関東軍特別演習」（略して〝関特演〟）と称し、満州方面の武力戦備を押しすすめ、いつしか独立した軍隊として、日本政府の言うことも聞かなくなってしまった。

だが、太平洋戦争が始まり、昭和十八年に入って戦局が悪化すると、関東軍は〝精鋭〟二十個師団を引き抜かれて南方戦線へ。

それを見定めたごとく、翌年七月、八月にはソ連軍の国境侵犯があったが、関東軍は対戦するどころか、見て見ぬふり、腫物にさわるような態度をとりつづけた。

そのソ連軍が昭和二十年四月六日、一方的に日ソ中立条約の廃棄を通告。八月に入るや怒濤のような勢いで、満州に攻め込んできた。ところが、「大日本帝国の生命線」は民間の日本人を見殺しにして、真っ先に逃げてしまう。

満州国の首都・新京は大混乱となった。

なんとか民間の日本人を守ろうと、懸命に軍部との交渉にあたった達之助は、連日の疲労から、ついには人事不省に陥り、嗜眠性《しみんせい》脳炎を併発して、意識不明の重体に陥ってしまう。

再び彼が意識を取り戻したとき、昭和天皇の玉音放送は終わっており、すでに満州国も「満州工業開発」も夢幻の如くに消え去っていた。

満州の地はめまぐるしい。

ソ連が撤退すると、つづいて中国共産党軍が、さらには内戦で国民政府軍が逆転すると、蔣介石政府の人々が乗り込んできた。

満州日本人救済総会の会長を押しつけられた達之助は、終戦から二年中国にあって、懸命に日本人の引き揚げ交渉にあたった。

もとより、己れのことなど構っていられる状況ではなかったようだ。

そうした中で、達之助に日本への三ヵ月出張が命ぜられる。帰国した彼は、東京に進駐していた連合国軍総司令部（GHQ）から、再び中国へ戻る必要はない、といわれ、そのまま日本に留まることになったが、日本は焦土と化していた。

まず、「東洋製罐会社」の相談役に就任。その再建に着手する。

アメリカの企業と提携して、どうにか再生の道をつけたかと思うと、公職追放の指定が待っていた。

無職となって日々、無聊《ぶりよう》を託《かこ》っていた達之助のもとへ、戦前、鮎川の補佐役をつとめていた白洲次郎が訪ねてきた。彼は戦後、吉田茂の側近となっており、その白洲の推薦により、達之助は「電源開発会社」の初代総裁を押しつけられることとなる。昭和二十七年のことであった。

「通産省は経営、人事に干渉せず、必要な資金は十分に出す。また嫌になったらいつやめてもよろしい」

との一札を、ときの通産大臣・高橋龍太郎に書かせての、就任となった。

達之助はこのおり、電源開発会社の女子職員がもらっている、一番安い月給五千円を総裁報酬と自ら定めた。コーヒー一杯が三十円、しる粉が六十円、パーマネントが三百八十七円の頃のこと。

このあたり、満州副総裁・総裁の頃と変わらない。彼を突き動かして来たのは常に、私利私欲ではなかった。止《や》むに止まれぬ、〝公〟への奉仕精神とでもいうべきか。

それにしても缶詰技師から水産、製缶、飛行機、鉄鋼と数々の産業経営を担ったとはいえ、達之助は電気事業に関しては、ずぶの素人にすぎなかった。彼の決意のほどは、どうであったのだろうか。

日本全体の再建には、何よりも電気が必要である、との認識はあったようだ。

加えて、それにはダムを作らねばならなかったが、日本の遅れた技術力では、なかなか工期がはかどらないことも、達之助は理解していた。

そのとき、私は日本が米国に敗けたのは日本の土木技術が遅れていたからだと考えた。というのは米国の土木技術をもって羽田飛行場を整理しているのをみて驚いたからだ。また山を一つとってしまわなければ飛行機が飛べなかったトラック島を、彼らはわずか二週間か三週間で山を崩して爆撃機を飛ばせるようにした。土建業者の仕事はいかにして人間を安く上手に使うかということであるのにかかわらず、日本の土木事業はやたらに人間を使った方がいいというのだ。そこでこの点大いに考えてみようということで電源開発会社を引き受け、二十七年十一月に一番立派に進んでいるといわれる木曾川の丸山ダムをみに行った。なかなかの大工事で、アリのように人がたくさんいる。ロープウェーで物を運搬し、トラックとシャベルでやっているが、トラックとシャベルの数がマッチしてないから半分くらいしか仕事をしていない。これで進んでいるというのなら大いに考えなければならぬと思った。

（『私の履歴書』）

三年でダムを建設せよ

そこで達之助は、先進国アメリカのダム建設の仕方を実地に見ようと思い立ち、技術者をつれて現地へ飛んだ。

私は二十七年十一月に米国へ赴いたが、米国の土木事業のやり方はわが国とまったく違う。だいいちロープなどは使っていない。全部舗装した立派な道をつくって、その上で十トンくらいのダンプトラックが土を動かしている。そのやり方は実に立派だった。そこで私は「日本で佐久間というところにこういう形式のダムをやりたいのだが、これと似た設計のダムはどこだ」と聞いたら、カリフォルニア州にあるパインフラットという大きさからいっても高さからいっても一番だというダムに案内された。このダムは実に雄大で堂々たるものだ。ところがこれだけの大きなダム工事に人がいるかいないか分からない、機械が動いているだけだ、このとき私は「これだ、これだ」と思った。（同上）

達之助はアメリカ土建業界屈指のアトキンソン社ガイ＝F＝アトキンソン社長（八十二歳）に尋ねた。

「この機械をそっくり、佐久間ダムへ持っていっても使えるかね」

相手は余裕のある笑みを浮かべながら、

「十分使える。これらを使えば、三年でダムは完成するよ」

と答えた。

「では、これらを一そろい売るとしたら、幾らで売る」

と問うと、

「一千万ドルだな」

と即答が返ってきた。

「技術者は何人ぐらい必要か？」

「百人もあれば足りるが、うち五十人から七十人は、こちらから連れていかねばならないだろう。ただし、それは機械とは別に費用を見てもらうことになるがね」

達之助は頭の中で、瞬時に計算した。この時の一千万ドルは、円に直して三十六億円。ただし、東京の丸ビルが一坪あたり月額千六百四十円の家賃、銀座「三愛」付近の一坪が百万円前後の時代である。

一見、高いように思えるが、一年間の電力収入は約四十億円ある。五年かかる工期が三年で済むなら、差し引き安い買物となる。機械の価格は、その後の商談でさらに七百万ドル、すなわち二十五億二千万円までまけさせることに成功した。実に、安い買い物である。

アメリカの技術と技師を、まるごと買い取るようにして天龍川中流の佐久間ダムの建設に着手した達之助は、専門家が不可能だという工期＝三年を目標にかかげた。

「総裁は素人だし、天龍川の恐ろしさをしらない。ダム建設は不可能、とまでいわれてきた難所だ。いくらアメリカの機械を使っても、三年やそこらでできるわけがない」

土木担当の理事は不愉快そうにいい、その行為自体を狂気の沙汰とまでいい切った。

だが、達之助の〝読み〟は外れず、佐久間ダムは予定通りに完成した。このときの手法がのちに、奥只見や黒部などの大型ダム建設に生きることとなる。

昭和二十九年八月、彼は完成を見届けずに総裁を退任していた。ときの政権政党である自由党からの、圧力に抵抗した結果であった。

巨大ダム工事は、利権の巣窟であったといってよい。指名業者にはじまり、鉄やセメントなどの資材メーカーの選定まで、ことごとくの発注権限を達之助が握っていた。当然のごとく自由党は、党利党略のために発注先について口出しをした。

しかし、自ら給料らしいものも貰わず、あくまで日本再建のためのみに、懸命となってきた達之助には、それが許せない。あくまで抵抗した。大臣が一札とられていることもあり、自由党は不正の口利きを強要することもできず、献金を求めても総裁はそれに応じなかった。完成の目処《めど》がつき、達之助にすれば頃はよし、とみてとったのだろう。

ところがその四ヵ月後、肝心の吉田内閣が崩壊してしまった。

この頃、達之助は吉田に頼まれてブラジル四百年祭に出席。南米への移民の視察、アメリカからの外資導入の可能性などを探り、日本へ戻ってみれば吉田は退陣。第一次鳩山内閣が誕生していた。新総理となった鳩山一郎を訪ねた達之助は、

「政党が変わろうとも、対米折衝、外交方針は一本でなければなりませんぞ」

と忠告をした。すると鳩山は、

「それではぜひ、君がやってくれ」

と切り返し、達之助は第一次鳩山内閣において経済審議（企画）庁長官をつとめることになる。その後、手をつけたばかりの仕事を続行する必要性から、国会議員の選挙に大阪第三区から打って出て、最高点で当選。そのくせ選挙費用は、法定額を下回っていたという。

その後、鳩山一次、二次、三次内閣で経済企画庁長官をつとめ、この間、経済六ヵ年計画を立案し、国家経済の基本計画をつくった。

これらはまさに、満州国での苦しく、にがい経験に拠るといっても過言ではなかったろう。

昭和三十三年六月、第二次岸内閣では通商産業大臣をつとめたが、国土再建をはたした日

本政府には、またぞろ満州国における縄張り争いが再燃。

「率直にいって苦痛だった」（高碕達之助著『わが道を行く』）

大臣就任後、三度目、四度目の衆議院議員当選を果たし、その四ヵ月後に彼はこの世を去った。

「もう十年は生きねばならない」

日露戦争の勝利と時を同じくして成人し、勃興する日本とともに二十代、三十代をすごした達之助は、軍国主義へ暴走する日本を四十代、五十代で体験した。

戦後、焦土と化した日本の再建に尽くした彼の感慨は、いかなるものであったのだろうか。

ここに三つの挿話を述べて、本稿を擱筆《かくひつ》したい。

「電源開発会社」の初代総裁となった達之助のもとへ、御母衣《みぼろ》ダムの建設のおり、白鉢巻をした地元住民たちが、大挙、押しかけてきた。こういう時、達之助は決して逃げたりはしない。これまでの人生がそうであったように、誠意をもって応対した。

そのことが通じたのであろう、ダム建設阻止同盟の解散式をやるから、ぜひ出席してほしい、との依頼が舞い込む。

こころよく引き受けた達之助は、やがてダムの底に沈む寺の庭に、見事な桜の老木を発見する。聞けば、日本屈指の大木だというではないか。

「なんとか、ダムの上へ移植できないものか」

彼は本気で、一本四十数トンある大木の移動を考え、ついに実行に移す。

「荘川桜」

と名づけられたこの桜木のほとりには、佐々木信綱の詠んだ歌碑が建てられた。その碑文は、達之助の書いたものである。

すすみゆく御代のしるしとうもれても　荘白川の名をとこしへに
碑といえば、北海の果てのノサップ（納沙布）岬に高碕顕彰碑が建てられていることを、昨今、どのぐらいの日本人が知っているだろうか。昭和三十九年十月二十日に除幕式がおこなわれたが、この挿話こそが「高碕達之助」の真骨頂であったかもしれない。

ノサップ沿岸で暮らす現地の人々は、指呼《しこ》の間《かん》である貝殻島やオドケ島の周辺で、コンブ採取を唯一の生業として長年、生活してきた。

ところが戦後、貝殻島の周辺はソ連の領海だとの主張がおこり、漁民は領海すれすれまで出漁してはコンブを採ったが、ついには採りつくしてしまった。ほんの少し、目前の海には良質のコンブが手つかずで放置されている。領民たちは生活のため、背に腹はかえられず、ソ連船の監視の目をくぐっては出漁したが、ときおり発見された。領海侵犯である。貧弱な漁船は逃げるものの、船足が違う。結局は逃げ遅れて監視船に拿捕《だほ》され、その場から連行されていく。

戦後、何千人、何百隻の日本人と漁船が拿捕されたが、なかには夏休みのアルバイトで参加した中学生なども含まれていた。

戦後十数年——日本政府も幾度か交渉はしたものの埒《らち》が明かず、この懸案が達之助のもとへ持ち込まれた。彼は日本の水産業者の団体「大日本水産会」の会長でもあった。

現地を訪れた達之助は、男泣きしたという。

「これは政治や経済の問題ではない。それ以前の問題だ」

彼は自らの、辛酸《しんさん》を舐めた体験を思い出していた。外国で抑留生活を送るというのは、想像を絶するものがある。裁判における弁護はいうに及ばず、生命《いのち》の保証すらない。一方で留守家族の焦燥は、いかばかりであろうか。

また、日本の水産を支える零細の漁民——彼らの幸福なくして、なんの水産日本なのか、とも絶叫したという。

東京へ戻った達之助は、主治医を訪ね、

「もう十年は生きねばならない仕事ができた。先生の力であと十年、生かしてください」

と頼み込んだ。主治医は面喰《めんくら》いつつも、

「煙草を止めなさい。そうすれば十年は保証します」

愛煙家であった達之助は、その日からぷっつりと煙草を止めた。

そして本腰を入れ、ソ連要人との交渉に再度、臨んだ。

交渉はくり返された。ときに卓を叩いて、その気魄《きはく》がついにはソ連を動かす。コンブ採取協定がついにまとまった。昭和三十八年六月十日のことである。

同月十九日、貝殻島へ向けて二百八十一隻の日本漁船が出漁した。

高碕達之助が逝去したのは、それから八ヵ月後のことになる。昭和三十九年二月二十四日、七十九年の波乱に富んだ人生は閉じられた。

〝日ソ〟と並んで、彼が生命《いのち》を賭けた〝日中〟国交回復への交渉——周恩来首相へ、旧満州国政府の要人で、いまだ抑留されていた人々の釈放を直接訴え、他方で経済＝貿易拡大から日中国交を近づけようとの、彼独自の交渉——が多忙をきわめ、その死期を早めたとの説もある。

いずれにせよ、国家や組織に頼ることなく、自分一人の足で立ち、明治—大正—昭和を精一杯生きた日本人がいたのである。

苦境を切り開くパイオニア精神

■

井植　歳男

学歴なき実力者

〝経営の神様〟といわれた松下幸之助には、戦前・戦中を通じて、影のように寄り添い、己れの分身のごとくに〝松下〟の事業全般に精通した、実に優れた義弟がいた。

幸之助の妻・むめのの実弟・井植歳男《いうえとしお》である。

筆者はふと、思う。

もし、井植が戦後、GHQの公職追放によって去ることがなく、松下電器にありつづけたならば、松下幸之助はその引退の時期を、誤らなくてすんだのではあるまいか、と。

〝松下〟と同様に、神話化されて語り継がれる〝ホンダ〟の本田宗一郎には、経営全般を委ねることのできた藤沢武夫という名補佐役、否、絶妙のパートナーがいた。

もし、この人物が自らも引退することで、本田を経営の第一線から引かすことができなければ、あるいは〝ホンダ〟も〝松下〟と同じように、時勢の流れと合わなくなった創業者の言葉や哲学に振りまわされ、さらなる発展の機会を失い、衰亡への道を、無為の歳月の中に過ごしたかもしれない。

昨今の、〝松下〟の目覚しい復活を想うとき、筆者は改めて井植歳男の存在価値を、別角度からも思い知った。

――この人物は、淡路島の生まれである。

家は代々の自作農であったが、父は同郷で幕末に活躍した高田屋嘉兵衛に影響されたのか、千石船の船主として、貿易に従事していた。

「進取の気性に富む、剛直な人」（井植歳男著『私の履歴書』）であったという。

明治三十五年（一九〇二）十二月二十八日に井植は生まれたが、すでに上には四人の姉がいた（松下幸之助夫人となるのは、次姉である）。のちに祐郎、薫の弟二人がつづく。

父は腹膜炎で呆気《あっけ》なく他界したものの、それなりの資産をもち、しっかりものの母をいただく井植の家は、歳男の進学に困ることはなかった。が、当の本人が上級学校に行きたがらず、親戚の船に乗り込んでしまった。大正六年（一九一七）二月のことである。

しばらく、石灰石を運ぶ船の見習いをやり、「どんな苦しみもしんぼうさえすれば克服することができるという強い信念」（同右）を体得した彼は、ほどなく電灯会社につとめていた義兄の幸之助が自立するのに従って、ソケット作りに参加した。

だが、最初の品物はさっぱり売れなかった。他の参加者が抜けていく中で、井植はとどまり、がんばり通した。扇風機の碍板《がいはん》の注文が入って、なんとか窮地を脱した幸之助は、「松下電器製作所」を発足させる。

井植は改めて、こちらにも入所。かたわら製図や設計の夜学に通いながら、義兄を支えることとなる。

ものを造るという作業から、やがて造ったものを販売する営業へと、彼は己れの領域を広げながら、十代ではやくも単身、東京へ乗り込んでいく。

これは井植のみならずで、創業者の研究をしていてつくづく思うことだが、世の中で最も役に立たない人材は、高学歴をもちながら真に実力のない人である。

逆に、世の中で一番恐ろしいのは、学歴のない、真の実力者であろう。

なぜか。前者は優秀であるがゆえに、己れの限界線を何かにつけて事前に引いてしまう。

ここまではできるが、これ以上は無理だ、というように。

ところが後者は、生き残るために越えねばならないとなると、歯をくいしばり、一見不可能にみえるような事物でも、懸命にやり抜くことで越える工夫をするものだ。

幸之助も井植も、後者の代表といってよかったろう。より詳細にみれば、体の比較的弱かった幸之助は、己れの分身として、より井植を恃《たの》むところが少なくなかった。

〝松下〟の事業は、順調に隆盛の一途をたどったが、ここで興味深いのは、井植が己れのがんばりに、決して満点をつけなかったところである。

自らの、さらなる可能性を〝他流試合〟で試そうとしたところに、補佐役のみでは終われない、創業者共通の躍動する血潮を感じるのは、はたして筆者だけであろうか。

ときに井植は、二十一歳（満十九歳）であった。

一年後には、徴兵検査が待っている。そこで彼は一年間のひまを幸之助にもらい、見知らぬ小石川のソケット工場に、飛び込みで職工として就職。その中で頭角《とうかく》を現して、熟練工なみの高収入をもらいつつ、部品の改良、販売＝総代理店契約などを次々と決める大成果をあげた。

が、甲種合格の彼は軍隊へ。その直前に関東大震災にも遭遇している。

焼け野原に唖然とした井植は一度、大阪に戻ったが……。

しばらくして私は再び上京した。復興にかかった東京はものすごい物価高で、電気器具も震災前の三、四割高にはね上がっていたが、それでも飛ぶように売れていた。

東京はそのころ、二十日締め切りの五日勘定だったから、八月分と九月分の売り掛け金は未回収であった。しかし私は、このときこそ大阪商人の誠意の見せどころと考え、おとくい先には、次のようにふれてまわった。「売り掛け金は半分に割り引きますから、現金で払って下さい。そのかわり、新しい品物は全部前替《ぜんがい》で届けましょう」つまり、これから売る分も震災前と同値にすると言ったのである。これが非常に喜ばれ、品物は大阪からいくらとり寄せても足りないほどであった。また、関西の商売がすっかり見直され、それ以後の仕事をずいぶんやりやすくしたと思う。何事によらず、人が困っているときこそ、当面の利害をこえて相手に便宜をはかっていくことが、あとあとに大きな信用となり、利益となって返ってくるのではあるまいか。実際、集金に寄らない店まで、私には全額を支払ってくれたりしたの

（井植歳男著『私の履歴書』）

であった。

軍隊でも持ち前のバイタリティーを発揮、模範兵となった井植は、除隊後、結婚し（一度目の妻は急逝）、株式会社となった〝松下〟の専務に就任した。ラジオ、乾電池の事業をまかされ、系列九社の社長や副社長などを兼務。いずれにも、多大な成功をおさめている。

日本はすでに軍国主義の台頭により、ほどなく中国大陸へ、さらには太平洋戦争へと突入した。その終戦近くには、木製の船を八工程に分ける流れ作業で、井植は大量生産を可能にしたこともあった。

いついかなるときでも、およそ失意とは無縁におもわれる彼だが、実はその経営者としての真価は、戦後、唐突に問われることとなる。

再出発、そして苦境

GHQが進駐してきて、〝松下〟を財閥指定とした。そのため、軍需会社の生産責任者は公職追放となった。幹部が総退任する中で、一人だけ残ってもよい、とのGHQの指導により、井植は去り、幸之助が残った。

もっとも、その後で追放は解除となっているから、戻る気があれば井植は、〝松下〟へ帰ることはできたのだが……。

終戦時点で、三百五十万円（当時の貨幣価値）の借金が残っていた井植（四十四歳）は、「いなかへ帰って釣りでもやりますよ」（同右）

というわけにはいかなかった。なにしろ、都知事の年俸が五千三百五十円の時代、彼の借金は決して小さなものではなかったからだ。

銀行から「借金をカタに」さらなる借金をし、私財を処分して百二十万円の資金を用意した彼は、進駐軍への電気スタンドをまずはこしらえ、ついで自転車用発電ランプの製造・販売に着手する。

昭和二十二年一月、「三洋電機製作所」が設立された。太平洋、大西洋、インド洋という、三つの海につながる国々——つまりは、全世界を相手に商売をするぞ、との意気込みからの命名であった。

〝松下〟から、かつての部下たち＝〝七人の侍〟が馳せ参じてくれ、井植は声たからかに出発の誓いを述べた。

われわれの前途は大きい。ここで製造する発電ランプは、近い将来、二百万個は売れる。いや世界人口二十七億人、うち自転車常用者は約十億人、その方々の半分に、われわれの発電ランプを使ってもらおう。

（『三洋電機三十年の歩み』）

また、次のようにも語っていた。

いま国民は、タケノコ生活を続けているが、それは脱ぐべきものを持っているからできるのだ。われわれは何もない。これから着ることだけを考え、あくまで前向きに進みたい。そして、どこよりもりっぱな品質、性能を備えた大衆価格のものをこしらえ、われわれの手によって国土を再建しよう。

（『私の履歴書』）

電力不足や物資・材料の不足などを逞しく、解決していった井植たちであったが、待望の試作が完成し、少しずつ注文が入りはじめたその初端《しょっぱな》、商品の発電ランプをさわっていた彼は、アッと声をのんだ。

アーム軸（自転車の車体へ取り付ける軸）が音もなく折れてしまったのだ。あわてて調べてみると、半分以上が軸座の地金の材質が不適当のうえ、カシメが不十分であることが知れた。

売り出したばかりの、新商品の半分以上が不良品であった。それは企業にとって致命的といってよい。回収すれば約一万個、これは一ヵ月半の生産数に匹敵した。

加えて、その修理は新製品をつくるよりもはるかに複雑であり、大幅な生産ラインの減少を招くことになる。

さて、どうするか。どこよりもすぐれた製品をつくることによって、自らの存在価値を世に問おうとした井植であった。資金繰りは度外視しても、やらねばならない。

事前に決まっていた秋田への出張の車中、ありあわせの包装紙に、彼は部下の所長にあてて走り書きをしている。子細に善後措置を指示したあとで、「二伸」として、井植は次のように述べた。

今回の件に関しては、前途ある我々《われわれ》の将来に対し、一つの刺激であり、ジサ（示唆《しさ》）を与へられたるものにて、将来の発展には寧《むし》ろ幸《さいわい》と考へ居り候間、従業員諸君も意気ソソー（沮《そ》喪《そう》）せず、元気に努力する様御指導為し下度候。

本人も認める悪筆ながら、この文面をみた〝七人の侍〟たちは、ある者は泣き、ある者はファイトを燃やし、なかには用意していた辞表を破り捨てた者もいたという。

回収と修理が開始された。

ところが、である。

その数日後の夜、主力工場が漏電による出火で灰燼《かいじん》に帰してしまう。

創業間もない〝三洋〟にとっては、まさにダブルパンチといってよかった。

井植の本領が、この時、発揮された。すぐさま工場再建のための、材木を木組みして送ってもらうように、と業者へ電話を入れ、一ヵ月の突貫工事で見事、これを再建した。

経営者の真価、不屈の闘魂は、逆境・苦境の中にあって、はじめて実証されるもののようだ。

昨今の、平成の経営者は、昭和の経営者より打たれ弱いといわれるのも、このあたりに要因があるように思われるのだが。

次代を担う新商品の開発

井植はベルトコンベアによる組み立て流れ作業を、かつての木製造船の経験からはやくも昭和二十三年四月には導入していた。治工具の整備充実にも力を入れ、同年、全国発電ランプ性能コンクール（十七社）では優勝を遂げている。

ついでながら十七社のうち十二社が、その後、きびしい競争の中で消えていったという。

当初、発電ランプの販売は〝松下〟にゆだねられていた。井植は独自の販売網作りも率先垂範、自らが指揮している。

市場調査を丹念にやり、当時、取り扱っていた電気器具店ではなく、自転車屋で扱ってもらえるように戦略を練ったのが大当たりとなった。
次いで行った、発電ランプ用の豆電球の生産では、GHQを相手に初の輸出も実現している。

あとにも先にも、あんなに喜んだ井植歳男氏を見たことがない。ガタッとドアを蹴破るように飛び込んでくるや、一気にまくしたてるのだ。「オイッ、後藤君、ワシらのつくった発電ランプが海を渡るぞッ。とうとうやったぞ。ワシらのつくった発電ランプを外国が買いに来よったんやぞ」あとは何もいえない。私にも言葉がない。井植氏も私も、顔をクシャクシャにして泣いた。大の男が二人抱きあって、オイオイ泣いた。

（〝七人の侍〟の一人、のち副社長となる後藤清一著『叱り叱られの記』）

その後、〝三洋〟は井植の末弟・薫が新たに参加したことにより、「三洋電機株式会社」（資本金二千万円）となって、ラジオへの進出を企てる。ニッケルの不足が原因で、主力の発電ランプ製造が危うい目に遭いかけた井植は、事業を安定させるためにも、新たに難しいラジオの製造に社運を賭けた。
この頃、ラジオは素人の組み立てが主流であり、三割という高率の物品税が課せられたラジオをあつかう家庭電機メーカーは少なかった（全国生産の四割）。

これでは国技館の大相撲が、草相撲に負かされているようなものだ。草相撲の製品では輸出もできないから、国の経済に役立つどころではない。（『私の履歴書』）

井植は一万円以上したメーカー製造のラジオを、一万円以下で売ることを、まず、念頭に置いた。では、コストダウンを実現するにはどうすればいいか。常識化していた木製のキャビネットを、他の材料にできないものか。

井植は考えた。ちょうどプラスチックが脚光を浴びており、積水化学の協力を得て、真空管などの熱に変形せず、木製と音質のかわらないものが試行錯誤の結果、ついに開発され、価格は八千九百五十円となった。

小型化したラジオで電機業界に参入した〝三洋〟は、次のターゲットを洗濯機にしぼった。

井植は回想する。

「一人一日のせんたく量を百匁《もんめ》（一匁は尺貫法の重さで、一貫の千分の一。三・七五グラムのこと）とすると、五人家族で一ヵ月十五貫、三年で五百四十貫だ。これは動物園の象一頭分の目方である。こんなものをだまってごしごしやっている日本の奥さんは、たいへんな重労働をしているわけである」

先発の外国製品を徹底的に分析し、アメリカ系の攪拌《かくはん》式とイギリスのフーバー型（噴流式）

の甲乙を研究して、独自の工夫を凝らした結果、ついに昭和二十八年八月、国産第一号の噴流式洗濯機が誕生、発売となった。

テストケースとして、まず大阪の販売店を厳選。おためし期間をもうけて、消費者に実際に使ってもらう。すると五軒に三軒は、

「このまま置いといて下さい」

と正式に購入したという。

〝三洋〟はとにかく、宣伝に力を入れた。なかでもエポックメーキングは、女優の木暮実千代を起用した、「サンヨー夫人」の宣伝であったろう。全国の消費者から圧倒的な支持を得た。

おかげで、洗濯機は大成功となり、「洗濯機のサンヨー」と呼ばれるようになり、これに〝三種の神器〟時代がつづいた。

テレビや冷蔵庫、扇風機など、次々と新しい製造品目がラインナップに加わっていった。

〝三洋〟は大きく成長を遂げる。

無論、その過程ではトランジスタラジオの開発物語や労働組合の誕生、株式公開など、井植を待ち構える難問はあとをたたなかった。

だが、〝三洋〟はカラーテレビの大衆化に先鞭をつけるなど、井植のパイオニア精神を遺憾なく発揮していく。

昭和四十三年(一九六八)会長に就任した井植歳男は、その翌年七月十六日にこの世を去った。

名補佐役にして偉大な創業者でもあった、この稀有な経営者は、今日なお、多くの後輩経営者に慕われている。こういうタイプの人も、今は少なくなってしまった。

東急王国を築いた電鉄王

五島　慶太

あるは人脈のみ

もしも、大正四年（一九一五）五月、日本経済界の大御所・渋沢栄一が、ルーズベルト前大統領と第二十八代ウィルソン大統領を表敬訪問することがなく、また、サンフランシスコで開催中の「パナマ運河開通記念万国博覧会」を参観することがなければ、あるいはのちに〝東急王国〟を一代で築き、世上〝強盗慶太〟とその経営手腕を畏服された、五島慶太《ごとうけいた》は世に出ることがなかったかもしれない（渋沢に関しては、拙著『日本創業者列伝』を参照）。

〝風吹けば桶屋が儲かる式〟ではあったが……。

遠因は、この外遊に出発する以前から、渋沢が日本で増えつづける都市の人口集中に、かぎりない懸念を抱いていたことにはじまった。

「人間は自然なしでは生きていけないものだ。その人間と自然との交渉が稀薄になっている。近年、大都市から郊外へ移り住む人々が出はじめたのも、経済上の理由は無論あろうが、主として都市の、緑のない生活に耐えきれなくなったからではないか」

さすがに渋沢は、〝日本〟の現状をよく見ていた。

だが、ではどうするか、となると、さしもの彼にも名案が浮かばなかった。ところが外遊に出て、大陸横断列車の窓からふと外を見ると、緑に囲まれた都市がいくつも見えた。

聞けば、パリやロンドンにも「田園都市」はあるという。

「これだ――」

とひらめいた渋沢は、帰国するとさっそくこの思いつきを形にしようとする。

合本主義――多くの人々の出資による経営――を主張してきた渋沢は、〝時計王〟の服部金太郎（別項参照）、第一生命の創業者・矢野恒太《つねた》（別項「石坂泰三」参照）らに出資を仰ぎ、大正七年に「田園都市会社」をスタートさせた。

田園調布から多摩川畔一帯、洗足池周辺のあわせて約四十五万坪を買収、住宅地として造成したものの、交通機関の不備のため、一般にはこの一帯は別荘地か退役軍人の住むところ、と思い込まれてしまう。

「急ぎ、交通機関を通さねばならぬ」

渋沢に鉄道導入をたのまれた矢野恒太は、「荏原電気鉄道」の株を買い、大株主となったものの、畑違いもはなはだしい。困惑して社の役員・和田豊治に相談したところ、

「それなら小林一三《いちぞう》氏が適任でしょう」

との答えを得た。

小林は宝塚や箕面《みのお》を開発し、ここへ阪急電鉄を通して成功し、関西私鉄界の大立者として、当時、〝今太閤《いまたいこう》〟と呼ばれていた。

が、とにかくこの人物は忙しい。

顧問をひきうけてはくれたものの、月一回の重役会議に出席するのが精一杯。それでも席上、いろいろなアイディアを出すのだが、次に東京へ来てみると、何一つ実行に移されていない。実行力のある識見・手腕・人格を兼ねそなえた人物がいないのが、最大の理由であった。

「しかるべき人間はいないか――」

と、人物をあれこれ思い浮かべた中に、官僚出身で「武蔵電気鉄道」(武蔵電鉄)の常務をしていた五島慶太の名前があがった。

五島に会った矢野は、ただ一言、

「小林君のいう通りに、やってみてくれないか」

といった。筆者はあえていう。この五島慶太という人物には、小林一三にみられた独創性が皆目ない。事実、矢野のいうまま小林の助言通りに経営をおこない、その指導よろしきをもって成功した、といい切っても過言ではなかったろう。

ただ、逆にいえば、この才覚に乏しい人物が成功した要因は、一《いっ》にその人脈にあったという点は重要かもしれない。

立身出世と型破り

五島は、本姓を「小林」といった。

明治十五年（一八八二）四月十八日、信州上田にほど近い山村――長野県小県郡青木村に農業を営む家の二男として生まれている。

父は千戸余りの村では、一番の資産家であり、兄はのちに村長や県会議員になっているから、決して貧乏な家庭ではなかったようだ。

その証左に小学校を卒業した五島は、上田中学校（松本中学の支校）へ進み、四年、五年は本校の松本中学へ、下宿しながら通っている。

父母ともに学問はなかったが、篤実な人であったようだ。向学心旺盛な五島を、懸命に支援している。

五島は一度授業を受けると、すべて頭に入ったようで、あらためて復習する必要のない、すぐれた記憶力をもっていたという。

一度、東京の高等商業学校（現・一橋大学）を受験したが、英語で失敗。代用教員をつとめながら翌年、東京高等師範学校（現・筑波大学）を受験し、今度は見事、合格している。

在校中、五島にとってなにより勉強になったのは、校長・嘉納治五郎の週一回おこなわれた、倫理の講義であったという。いうまでもなく、この校長は講道館柔道の創始者である（詳しくは拙著『日本創始者列伝』を参照）。

――ほんとうの柔道からきた体験というか、奥義というか、なんでも「なあに」……という精神、「なあにこれしきのこと」とか、「なあにくそ」という精神を、くり返しくり返し説《と》ききかした。はじめは変なことだと思っていたが、嘉納先生が柔道のかっこうで太い腕っぷしを出してどっかりと構え「人間には、なあに……という精神が一ばん必要だ。どんなことにぶちあたっても、なあに、これくらいのこと、というように始終考えろ。すべてものごとを大きく考え、おく《ママ》病に思いこんだならば、必ずおじけを生じてふるえてしまって成功しない。どんなものごとでも小さく考えて、なあにくそ、という精神で全力を出して体あたりでいけ。この精神が最もだいじだ」——と。こういった講義を一ヵ年きかされ、心にしっかり刻みつけられた。高等師範在学中、英語とか歴史とか物理とかいろいろと教わったが、そんな事は今ではどこに残っているかわからない。ただ、はっきり頭の中に残っているのは嘉納先生の「なあに」だけだ。

（和田進著『東急グループ』より）

　高等師範学校を平穏無事に卒業した五島は、一度は三重県四日市市の商業学校に英語教師として赴任したものの、職場になじめず、改めて東京帝大を目指した。一年後、教諭をやめて上京し、その年の九月に帝大の政治学科（専科）へ。十月に第一高等学校の卒業試験を受けた。これは東京帝大の入学資格に、高等学校の卒業者でなければならない、との一項があったためで、これに合格して、五島は直ちに法科大学の本科へ転じている。

ときに二十四歳。普通にいけば大学を卒業する年齢で、彼は学生となった。

当初、教諭時代に貯めた金を学資に使っていたのだが、ほどなく底をついてしまう。

「なあに」を五島は、嘉納にぶつけた。

その紹介で東京帝大の名誉教授・富井政章の子息・周の家庭教師の口にありついた。富井はフランス育ちの学者で、民法の起草者として知られ、男爵・貴族院の勅選議員でもあった。非常な人格者であったという。

しかし翌年、周が仙台の第二高等学校に無事合格すると、五島は用済みとなった。

次に家庭教師に入ったのが、伯爵・加藤高明の家。西園寺公望《きんもち》内閣で外務大臣をつとめた人物で、性格は傲岸不遜に尽きた。五島はその子息・厚太郎を教え、破格の好遇を受ける。

このほか、加藤の妻が岩崎弥太郎の娘であったことから、〝三菱〟の重鎮・豊川良平にも知遇を得られたようだ。

豊川は五島に、戦国武将・山中鹿之助が「不惜身命《ふしやくしんみよう》」を旗じるしとして戦場に出たことを例に、

「男たるもの捨て身の勇気をもってやれば、いかなることでも成功せざることなし」

といって聞かせたとか。

このことに五島が心底、思いいたるのは、まだ先のことではあったが……。

同じ頃、彼はスマイルズの『自助論』を中村正直の訳で一生懸命読んだという。

「天は自ら助くるものを助く」

五島の生涯の座右の銘となった。

官界から在野へ

明治四十四年（一九一一）七月、東京帝国大学法科大学政治科を卒業した五島は、加藤高明の助言で農商務省へ入った。

この年の十一月に、官界における出世の必須である「高等文官試験」に合格している。二十九歳。

東大の同窓生には、重光葵《まもる》（外交官・政治家）・芦田均《ひとし》（外交官・政治家）・正力松太郎《しょうりき》（政治家・読売新聞社七代社長）・木村篤太郎《とくたろう》（法務総裁・初代保安庁長官）・石坂泰三（矢野の次の第一生命社長・二代経団連会長＝別項参照）らがいた。

翌四十五年二月、わが国初の工学博士・古市公威《ふるいちきみたけ》（東大工学部の前身、帝大工科大初代学長）の仲人で、同じ工学博士の久米民之助の長女・五島万千代と結婚。このとき、小林から五島に姓がかわった。この五島は久米の母方の姓で、廃絶していたのをぜひに、と再興させられたものだという。

官僚となってほどなく、福島へ局長のおともで五島が出張したことがあった。

このとき、県側は二人曳きと一人曳きの人力車を用意して駅への出迎えにのぞんだのだが、風貌ただならぬ五島をみて、県の役人はこちらを局長と思い込み、二人曳きの人力車に乗せ、本物の方を一人曳きの小さな方へ乗せてしまった。

五島はよほど、このことがうれしかったようだ。周囲に吹聴してまわったが、農商務省では緊縮政策から出世が遅れると判断。再び加藤に泣きついた彼は、今度は「鉄道院」へ転じている。

以来八年間で五島は、高等官五等の総務課長となったが、この人物に官僚としての確固たる志があったようには思えない。

ただ生意気な人物であったことは、間違いないようで、上の人事にちょっかいを出したり、それに成功しながら自分の「総務課長心得」が気に食わぬ、といつも「心得」の二字の上に認印を押して、省の次長に「心得」を取らせたりと、なるほど官僚の型にははまりにくいタイプであったようだ。

のちに、五島はいう。

――そもそも官吏というものは、人生の最も盛んな期間を役所の中で一生懸命に働いて、ようやく完成の域に達するころには、もはや従来の仕事から離れてしまわなければならない。若いころから自分の心にかなった事業を興してこれを育て上げ、年老いてその成果を楽しむことのできる実業界に比較すれば、いかにもつまらないものだ。これが十年近い官吏生活を経験した私の結論であった。（五島慶太著『私の履歴書』）

こうした五島を野《や》へ放ったのは、「武蔵電鉄」の経営に参画することになった郷《ごう》誠之助（男爵）であった。

この会社は明治四十三年に創立され、日比谷―横浜平沼橋までの免許を得ていたものの、資金が集まらず鉄道建設は立往生していた。

「鉄道に詳しい男がほしいのだが……」

ときの鉄道院の次官・石丸重美に郷が相談したとき、出てきたのが五島の名前であった。

「おもしろい」

ひとつ返事で郷は、五島を「武蔵電鉄」の常務に招聘《しょうへい》した。

五島は「武蔵電鉄」に就職するのではなく、経営に参加するのだと、五万円を投じて電鉄の株を買ったうえで乗り込んだが、同社の事業資金の枯渇は深刻で、役員報酬は無論のこと、日々の雇傭社員への支払にも事欠くありさまであった。

この惨状から五島を救ったのが、「田園都市会社」の電鉄敷設であったといってよい。「田園都市会社」から電鉄部門を分離し、「荏原電鉄」（のちの目黒蒲田電鉄）が創立。五島は専務となった。

このおり、細かい知恵を彼に授けたのが小林一三である。

「まず、田園都市会社のもっている土地四十五万坪を売り、その金で東京—横浜間の武蔵電鉄をやればいいではないか」

運転手に車掌、すべての従業員を集めても四十五人という小さな電鉄会社が、大正十二年（一九二三）三月、目黒—丸子多摩川の複線開通に漕ぎつけた。

そこへ、未曾有の関東大震災が勃発する。

この大震災を契機として、都市の人々は郊外に移り住むようになった。

加えて、東京高工（現・東京工業大学）が大岡山へ移って来た（のちに日本医科大学、青山師範、法政大学、日本女子医専、慶応義塾大学なども移ってくる）。

失意から攻勢へ

一方、武蔵電鉄はこの絶好のチャンスに、路線が敷かれていなかったことからますます経営困難となる。

五島はこれを買収し、社名を「東京横浜電鉄」と改め、自らは専務に就任した。

さて、これからと拳《こぶし》を入れた時に、世界恐慌がやって来る。

――昭和四年から八年に至る財界不況に遭遇するにおよんで、ふたたび私はほとんど自殺を考えるに至るほどの苦しさを経験せざるを得なかった。

目蒲電鉄はさほどのこともなかったが、東横電鉄の経営は容易ならぬものがあった。東横電鉄は地方鉄道補助法により政府から年額三十万円の補助金をもらっておったが、営業の実績はどうしても一年に四十五万円以上の赤字が出る。補助金で補っても年額十五万円位の不足を来たすのである。

その補助金の額すら全国第一位で、補助金の予算の大半をうばってしまうので、他の小鉄道会社から苦情が出て非常に困難した。

時には社員の給料にも困惑し、十万円の借金をするため、渋沢秀雄と保険会社に軒並み頭を下げてまわったことも覚えている。

そこでやむなく、大鳥神社、大橋間の乗合自動車を東横乗合株式会社に十万円で売り、あるいはまた駅構内自動車の駐車権を東横タクシー株式会社に約十万円で譲渡するという苦肉の策を講じて、辛うじて五分の配当を続けてきたのであるが、実に惨澹たる苦心をしたことであった。

今にして思えば、すべて耐久力の問題であって、私どもの経験した再度の不景気時代に、ずいぶん多くの富豪が倒産しておる。私の書生時代に富豪といわれた人々は、殆《ほとん》どことごとく没落してしまったといってよい程であった。東横電鉄の如きもこの間を苦心して持ちこたえて来たればこそ、今日の盛大をみることが出来たのである。（和田進著『東急グループ』）

五島は辛くも生命《いのち》をながらえながら、懸命に出口を探しつづけた。

社内に予算制度を導入。沿線に学校を誘致、自動車事業の兼営も工夫している。

――事業の経営哲学を申し上げますと、その第一は、予算即決主義であります。これは、私が交通事業に関係して以来、終始、今日まで変わらない方針であり、その年度の始めにおいて予算を作成して必ずこれを実行し、年度末において予算即決算とするよう努力することであります。

このために毎月、毎日、予算を決算とするよう、監督しなければなりません。その監督方法は、毎月予算決算会議を開いて、決算が予算におよばない時はどうしてもこれに達するように努力させ、また、翌月それを補充して取戻すように努力させなければなりません。また、経営困難なる難事業を再建しようとする時には、私は毎日朝八時半までに、その前日の収入日報を私の手許まで提出させ、その収入が予算におよばない日は、翌日には必ず取戻すよう努力させております。

東横電鉄も当初は決算が予算におよびませんでしたので、駅長、車掌、運転士等に、定期券の販売を斡旋勧誘させたこともありました。また、沿線に人口を増加させるために、耕地整理、区画整理を会社自らが実施し、住宅地を造成し、それに補助をなし、道路に敷く砂利等はむろんこれを寄付し、沿線を住宅地と化することを第一にし、観光、遊覧は第二とし、固定して住む住民の増加を計ってまいりました。(同右)

こうして危機を凌《しの》いだ五島は、京浜・小田急・京王を相次いで合併し、〝大東急〟を形成。ついには、日本の電鉄王となった。

〝強盗慶太〟の最期

この間、〝強盗慶太〟と呼ばれた本領を発揮し、世にいう三大乗っ取りにも挑んでいる。地下鉄と百貨店の三越、白木屋——三件のうち、三越以外の乗っ取りは成功している。ほかに東映(東横映画会社)の再建も、五島の成功譚として評価が高い。

多くの企業を乗っ取り、また一方で再建した五島は、戦争末期、運輸通信大臣もつとめている。そのため、公職追放の憂き目をみたが、戦後、見事に財界へ返り咲いた。

最近よく人から、あなたにも昔はご婦人とのロマンスぐらいはあったでしょう、と聞かれるのだが、正真正銘私にはロマンスなどというものはない。もし私にロマンスがあったとしたら、女に惚れていたとしたら、今日の私はあり得なかったろうと思う。事業に対する野心がロマンスを征服してしまったというか、惚れたの、はれたのということを考える余裕もなかったのである。

大体私などの相手にするのは玄人《くろうと》であるが、玄人の女に惚れられるのはロマンスグレーにならなければだめだ。なぜかというと、女の欲しいのは金だし、金に惚れるのだから、四十、五十くらいのロマンスグレーになって、女への支払能力が出て来なければ惚れられるものではない。

私など、もう年をとって最近は肉体的にもすっかり衰えてしまったので、惚れられてみてもはじまらないが、しかし若い女と馬鹿話をしていると、仕事の話や世間の苦労からまぬかれて頭の中が「空」になってくる。そうすると夜熟睡できるので、またあすへの活力が出てくるのである。これが私の健康法である。三昧《ざんまい》ということが、女でも、碁、将棋、スポーツなんでもよい。三昧になる——すなわち「空」になるということが必要である。

（五島慶太著『私の履歴書』）

昭和三十四年（一九五九）八月十四日に、この一代の経営者はこの世を去っている。

その死に際しては、

「おれに今、二十年の歳月を与えて呉れるものがあったら、全財産（概算百億円）を引換えにしてもよいと思っている」

といったとか、あるいは、

「おれは死にたくない。まだまだやらねばならぬ仕事がある。その仕事のために寿命がほしい」

と号泣したとも伝えられている。

五島が他界したとき、東大の同窓であり、矢野恒太の下でも働いていた石坂泰三は、次のように語った。

五島君は、極楽行きか、地獄行きか、判定の難しいところだが……、とにかく、一面、人の面倒はよくみる人でした。いろいろいわれているが、立派なものでしたよ。まあ、小林（一三）さんと五島君を〝清盛〟に例えてみると、小林さんはヨロイの上に衣を着ていたが、五島君は、向う鉢巻きでヨロイを着ていたね。今日の渋谷駅付近を見ると、全く昔の渋谷からは想像もつかない変化――発展ぶりです。これは五島君の努力の結晶で、彼はここに不滅の記念塔を築いたというべきでしょう。

確かにユニークな生涯であり、再び世に出にくい経営者といえるかもしれない。享年は七十七であった。

一介の工員から「マツダ」を創業

■

松田　重次郎

「鉄が鉄を削っとる」

明治八年（一八七五）八月、広島県安芸郡仁保島（現・広島市南区仁保）に一人の男の子が生まれた。名を松田重次郎という。

十二番目の末っ子であったところから、「十二郎」と名づけられたのが、役所の戸籍係のミスで、「重次郎」になったとも伝えられている。

父の和吉はイカ釣り船を操業し、かたわら、小魚などを仕入れて小売りや加工をする、といった仲買人でもあった。貧乏人の子沢山で、松田家の家計はかなり苦しかったようだ。それでも、父の存命中はまだよかった。重次郎が満三歳のとき、父はコレラにかかって急逝してしまい、一家はたちまち極貧の生活を強いられる。

今日からは信じがたいことだが、重次郎は小学校にもほとんど通うことなく兄たちと漁に出る毎日を送った。明治五年の学制発布後、明治国家は全国に小学校をつくることに精を出したが、貧しい家庭の彼にはその恩恵は与えられていない。

勉強がしたくともできず、日々の生活も限られた環境のなかでの繰り返しだったが、その極めて狭い視野のなかで、重次郎は村の鍛冶屋に興味をもち、松田家の口べらしのためもあって、郷里を離れ、大阪の場末にあった鍛冶屋「藤孫」に奉公にあがった。明治二十一年の夏のことである。

十二歳の少年が見た大阪は、活況を呈していた。

この頃、大阪のみならず、わが国全体の経済が向上しており、ようやく外国との貿易も盛んになり、企業熱も勃興して、多くの業種の会社が続々と設立され、株式も投機ブームに沸いていた。

そうした経済状況下で、機械工業界の伸展もめざましかったものの、わが国の産業力は脆《ぜい》弱《じゃく》であり、いまだ発展の途上であった。

軍艦がそうであったように、一般の工作機械なども、ほとんどが欧米先進国からの輸入に頼っていた。鍛冶屋は炉火（いろりの火）とふいごと鉄床《かなとこ》にハンマーだけの、昔ながらの手作業であった。

それだけに、あるとき重次郎は、車輪にベルトをかけて手で回す、いわゆる〝ふりまわし〟の旋盤やボール盤をそなえた鉄工所を見て、カルチャーショックに陥ってしまう。

「鉄が鉄を削っとる」

重次郎は、いつの日か腕利きの立派な職工となって、すばらしい機械を自身の手で製作することを夢想した。

そのためにも、今のままじゃいけない。このままでは、時代にとり残される——日々体験学習の中で、重次郎は向上心を燃やし、意を決して、神戸に出た。

当時の神戸は、日本の最先端をいく工業・科学の都市として輝いていたようだ。だが、つとめた二、三の鍛冶屋には、いっこうに新しい技術が導入されておらず、また、なかには新式の機械をもっているところがあっても、新入りの重次郎には触れさせてもくれなかった。この頃は何処も、秘密主義を採っていたからだ。

このままでは、どうしようもない。

「とにかく、大きな鉄工所へ入らねば……」

十八歳の重次郎が着眼したのが、呉《くれ》海軍工廠《こうしょう》であった。なるほど、ここは当時の日本において屈指の技術を集積していた〝大きな鉄工所〟といってよかったろう。

海軍工廠などを渡り歩く

なにしろ明治維新このかた、新政府は何事によらず、事業を一旦は官営とし、それが軌道に乗ると順次、民間へ払い下げる方式を採用してきた。

一方、重要なものは手放さず、官営のまま運営している。

たとえば、海軍工廠や陸軍工廠、各地の特別な造船所など。

当然のごとく、国家の軍需工業の設備、技術面での投資は、民間とは比べものにならなかった。それだけに、海軍工廠等で働くことを希望する職工は多く、採用されるためには、実技の課題——一定時間に、パスを製作させた——をこなさねばならなかった。

パスには正確さ、使いよさが要求された。

重次郎は叩き上げの実力をいかんなく発揮して、見事に合格。それどころか、あまりに出来ばえがよかったので、日給三十八銭でとくに採用された。職工見習いの日給が十七、八銭の時代。もり・かけそばが一銭、ビールが十五銭のころのことである。

明治日本の国家工場である工廠は、なるほど格段の設備、機械技術をもっていた。が、一面、重次郎は時代にめぐまれなかったといえるかも。

明治二十六年といえば、日清戦争の前年である。工廠は開戦をにらんで殺気だっていて、とても新入りの重次郎の面倒まで、細々《こまごま》と見てはくれない。

最新の技術を身につける目的で入った彼は、約一年で見切りをつけてしまう。つぎには大阪砲兵工廠へ。今度は陸軍である。重次郎はここで、職工頭の東屋恒吉にのぞまれ、その養女をめとって養子に入った。

——多少は、運が向いてきたのかもしれない。

重次郎は恒吉の後援を得て、東屋鉄工所を大阪の旧天満町筋に、十代の終わりにして創業した。一時は五十名もの職工を雇用し、事業は拡大につぐ拡大を遂げたが、日清戦争後の不況が到来すると、二十歳の素人経営者は、あっけなく工場の閉鎖に追い込まれてしまう。一夜にして重次郎は、経営者からもとの一職工に逆戻りしてしまった。

もはや失うものがなくなった彼は、技術・技能を磨くべく、長崎の三菱造船所、佐世保海軍工廠、さらにはかつて勤めた呉、大阪の工廠にも流れていった。

この間、重次郎の脳裏には、持ち前の研究熱心さと器用さを武器に、日進月歩の新しい機械技術をいかにして身につけるか――それしかなかった。

時代は日露風雲急を告げ、ついに開戦。日本は必死の決戦を大国ロシアに挑みつづけた。そのしわ寄せが工廠にも及び、無茶な工期、不可能に近い注文となって重次郎たちを責めつづけた。

だが、その苦境が逆に、彼らの職工としての技量を鍛え、わずか数年の間に、飛躍的向上を遂げさせる。

なかでも伍長から組長へ、職工としての地位を向上させた重次郎は、それだけに戦時下における仕事一本槍の生活を送ってしまう。

挙句、その生活が彼をして、養家の「東屋」を去らせることにつながり、いつしか旧姓の「松田」へ戻ることにもつながってしまった。

しかし、家には幼い長男の恒次（のちの東洋工業社長）、次男の宗弥（マツダモータースの創業者）が残り、これまでのように、自由気ままに風の吹かれるまま各地を流れていく、というわけにもいかなくなった。

子育ての負担に加え、一方の工廠では、大学出の少壮技手との対立が、熟練工の重次郎を疲れさせていた。つぎにあげたのは、重次郎の自伝『東洋工業と松田重次郎』で述べられている、呉海軍工廠での上司（技手）との葛藤の一部である。

学校出でないと技手にはなれないので、ともすると威張り散らした。この村上（技手）は意地が悪く、ことに私に対してつらくあたった。こっちは学問がなくとも、経験がある。腕がある。技手なんかに、ひげをとるもんかと思っているのだが、（先方の）役が上なのでかなわない。しかも村上は、故意に片っ端から、私の意見にけちをつける。それが理に合っていることなら承服するのだが、理を非に曲げて、単に反対のための反対をするのである。

と同時に、職工生活十五年に及ぶ重次郎のキャリアと実力は、同輩の妬みを買っていたようだ。日露戦争後の、好景気も背中を押した。

会社を乗っ取られるはめに

「もう一度、独立してやってみるか」

このころになると、「機械国産化こそ――」といった、己れの抱負も他人《ひと》に語れるまでになっていた。

人間、幾つになっても再挑戦はできるものだ。否、「初心忘るべからず」というべきか。

日本文化史上、第一級の天才と称された世阿弥元清は、『風姿花伝』の中でいっている。

「初心《しょしん》不レ可レ忘《わするべからず》、時々、初心不レ可レ忘、老後、初心不レ可レ忘」

世阿弥はこれを、己れの芸道について述べたが、六百五十年を超えても、今日なお人生一般に当てはまる言葉として、われわれに鮮明なひびきをもって迫るものがある。

重次郎の生涯もその一つであった、といえそうだ。

明治三十九年、重次郎は大阪の郊外に農家の納屋と牛小屋を借り、「松田製作所」を創業する。同郷の大下嘉一から借用した、百円が元手であった。

東京府知事の年俸が三千六百円の時代における百円である。決して小さな額ではない。七十円で中古の旋盤を購入すると、残金をはたいて、ふいごや鉄床などの鍛冶道具をそろえた。まだ、職工を雇うまでにはいたらなかったので、小学生の息子・恒次がふいごを吹いて、父の仕事を手伝っている。

手にした技術では誰にも負けない、との自負はあったものの、外見はどうみても、みすぼらしい小さな、町の鉄工所でしかない。しかも、世間はほどなく日露戦争後の不景気に突入していた。

おいそれと仕事の注文など、廻ってくる道理もなかった。それでいて、何をするにも開発費だけは嵩《かさ》張《ば》っていく。

「松田製作所」の経営は、墜落すれすれの低空飛行をつづけ、二年後には借金の総額が千円を超えてしまう。

この状況がもう数年つづいていれば、あるいはのちの〝マツダ〟はなかったかもしれない。明治四十一年、ようやく、日本が不況からの脱却に成功し、やや、まとまった注文が「松田製作所」にも舞い込むようになる。

——その端緒は、些細なことであった。

重次郎の工場の近所に、大阪市役所に勤務する青年が住んでいた。あるとき、その青年が重次郎との世間話のついでに、市で輸入している水道機器＝水道用計器に不良品の多いことを愚痴ったのである。

「その補修を、手がけたらどないです……」

ほとんど思いつきの、青年の言葉に重次郎は飛びついた。水道用計器など、彼の手にかかればわずかな修理で不良品がすぐさま使用可能となった。

仕事はいつの時代も、実績が第一である。

大阪市がまず、その確かな重次郎の腕を認めた。市役所の直接発注をうけて、「松田製作所」は設備を一新、職工も見習いを数人雇用できるまでになった。

こうなると運勢は、ふたたび上昇しはじめる。水道機器の検査場に出入りをするうちに、重次郎は、ポンプの製造を自身でもやってみようと思い立った。機械類の少ない時代である。

ポンプは重要な役目をはたす機器で、その用途もきわめて広汎であった。

最初に開発にかかった井戸の揚水用小型ポンプは、苦心の末、製品化に成功した。「松田ポンプ」は専売特許となり、注文が殺到する。大ヒットであった。

これには明治四十年代前半の、旱魃《かんばつ》という天災も大きく作用していた。ポンプは市内から地方へと広がっていく。

また、大阪・天満での大火災にも、「松田式ポンプ」の優秀さが実証された付録もあった。

やがて、資金の提供者も現われ、「松田式喞筒《ポンプ》合資会社」が設立される。

今度こそは、と勢い込んだ重次郎であったが、会社を株式会社組織に改めるにあたって、その手続きの不備から、なんと自らの会社を共同経営者に乗っ取られるはめとなってしまった。

またしても、元の木阿弥《もくあみ》――振り出しである。

さて、重次郎はどのように巻き返しをはかったのだろうか。

工場火災で再起不能に

『老子』に、「禍《わざわ》いは福の倚《よ》る所、福は禍いの伏《ふく》する所なり」という言葉がある。禍いがあると、その陰には幸せが寄り添っていて、幸せの裏には禍いが隠れている、というのだ。つまり〝禍福はあざなえる縄のごときもの〟というわけである。

福を幸運、禍いを不運と置き換えてもいい。そういえば『淮南子《えなんじ》』にも、禍いがくるのも福がくるのも、同じ門からだ、という教えがあった。

たしかに生来の〝強運〟の持ち主といわれる人は、存在する。半面、何をやっても今ひとつといった〝運にめぐまれぬ人〟もいよう。

しかし、客観的にみて、生涯すべてが幸運だったとか、逆に、不運の連続であった、などということがあり得るのであろうか。

わが国の優良企業の創業者・再建者たちをみても、若い頃から、運・不運が一定していたような成功者は、ついぞ見かけたことがない。むしろ、生涯の大半は禍い（不運）につきまとわれていたような人の方が、はるかに成功者に多かったような気がする。

ただ、彼らに共通する偉大さは、いかなる局面に遭遇しようとも、つねに〝禍福〟は同居するものであると悟っていたところにあった。開き直りの良さといってもよい。

それゆえに、禍いに足もとを掬《すく》われても、わずかでも福の到来が兆《きざ》せば、決してその好機を見逃さなかった。

会社を乗っ取られ、ふたたび振り出しにもどった松田重次郎も同断である。

「仕方がない。人生は七転び八起きや」

自分には、日露戦争で日本軍を支えた技術がある――重次郎は明治が大正と改まったこともあって、心機一転、友人五人から五百円の出資――慶応や早稲田といった私大の授業料が年間約五十円の頃である――を仰ぎ、大阪の上福島に「松田製作所」を再開した。外国産の機械類を購入し、機械ポンプの製作をはじめたのである。

一人だけのアイディアでは、限界もあろう。重次郎は自身の創意工夫だけにたよらず、設計専門の技師をまねいて、ついに「大正型松田ポンプ」を完成させた。

石油発動機を使用したこのポンプは、各地の工場や水道事業などで重宝がられ、本格生産を開始するころには販売網も整備されて、拠点の京阪神地区はいうにおよばず、遠く四国から東北にまで販路は伸張していった。

大正四年（一九一五）に「株式会社松田製作所」へ改組したが、これは第一次世界大戦の勃発で、ロシア政府から砲弾の信管四百万個を受注したことによる（金額にして千六百四十万円となった）。昨日の敵は、今日の友である。

この商いで莫大な利益を得た松田製作所は、資本金を十五万円から五百万円に増資。時代を反映して、社名を「日本兵器製造株式会社」と改めた。今度こそは、と重次郎は内心、己れの成功を確信していたに違いない。

事業内容を兵器全般の製作に拡大した重次郎は、さらなる設備拡張を考え、郷里の仁保村に新工場の建設を計画した。工場敷地五十万坪の購入契約も、スムーズにまとまっている。

ところが、役員の中から中傷まじりの非難がでた。

「松田は故郷に錦《にしき》を飾ろうとして、あのような工場をつくったのだ」

結局、重次郎は己れの企業家としての〝信〟をつらぬくため、日本兵器製造と袂をわかち、ひとり郷里へもどった。ときに、四十二歳。

七転び八起き

重次郎は三たび「株式会社松田製作所」を設立する。ところが、この会社は翌七年（一九一八）四月、日本製鋼所から事業提携の話がもちこまれ、技術力、開発を最優先した重次郎がこの申し入れを容れたことで、社名を「株式会社広島製作所」と変更。日本製鋼所の傘下におさまってしまう。

重次郎はしばらく、常務取締役を務めたものの、どうにも経営のやり方が納得できない。また、機械製作への尽きせぬ情熱も燻《くすぶ》りつづけていた。

大正八年十一月、安定した生活をすて、ついにこの会社から身をひく。

翌九年一月三十日、四度目の挑戦を試みた重次郎は、広島市内に「東洋コルク工業株式会社」を設立。会社は翌年の夏、新製品・炭化コルクの成功によって海軍の軍需品に指定され、軌道に乗り、事業は拡張していった。

「今度こそは……」

重次郎も張り切った。

が、大正十二年（一九二三）九月、日本中を震撼させた関東大震災により、海軍関係をはじめとする得意先を焼失。加えて二年後には、自社の工場が火災に遭遇し、事業規模の拡大しつつあるなかで、重次郎は再起不能に近い挫折を味わうこととなる。

さしもの重次郎も、たびかさなる蹉跌《さてつ》や失敗に気力も失せ、一時は、ブラジルへの渡航移民すら真剣に考えた。しかし、負債が完済できず、逃避行をするにしても渡航自体が許されぬ惨状にあった。

ここで私は考えた。自分自身を検討してみた。あの、大阪へ奉公に出てから、この窮地に追い込まれた今日までを、静かに反省してみた。〈中略〉

そこで自分を反省してみると、今までの私は、仕事を愛し、仕事そのもので生きてきた。しかるにいつの間にか、仕事するおもしろさよりも、金儲けをするおもしろさのほうに傾いていた。〈中略〉

仕事が第一で、金は第二、第三であった。それが、広島に帰ってきてからは、多くの会社に関係して、金儲けが目的となった。これでは金を失うのは当然である。私は仕事をするようにできている人間である。それが天命にそむいたのだ。こんどの火災でもとの裸一貫になったのは、天が私を罰したのだ。私は出直そう。魚の頭の、うまいところに食いつくのではなく、しっぽからまた食いあげていこう。

（『東洋工業と松田重次郎』）

このとき、重次郎は齢五十を数えていた。しかも、懸命の力をふりしぼって再起しようとした時期は、昭和金融恐慌の真っ只中であった。

社名を「東洋工業」と改称、再建に全力を傾注した重次郎は、昭和二年（一九二七）、小さいながらも機械工場を建設するまでに漕ぎつけた。ここで当時、〝六呎もの〟と称された旋盤を製作し、昭和五年には「自動三輪車」の製造をスタートさせる。

重次郎にとっては少年時代から夢にみた、機械国産化の集大成でもあった。

関東大震災の後、自動車は徐々にではあったが普及しつつあった。しかし、国産自動車はきわめて少なく、ほとんどが輸入自動車であったといってよい。

それでも、全国の三分の二を占める東京で、自動車の台数は大正十三年（一九二四）で二千百台、昭和三年には一万台に達するであろうといわれていた。

――予想通りである。

昭和七年には、一万五千台の自動車が走るといった有様になった。

重次郎が「自動三輪車」に着眼したのは、右のような普及度から、しばらくは低廉な自動車が、より普及しやすいと考えたからだ。これも一つの戦術眼であったろう。

昭和六年、「東洋工業」は〝三輪自動車〟の製作を開始。この年に商標をマツダ（MAZDA）としたのであった。

以後の〝マツダ〟については、多くを語る必要もあるまい。

重次郎が基礎を築いたマツダは、大きく世界に羽ばたき、紆余曲折はあったものの、今日にその伝統をよく伝えている。
晩年、重次郎は自身の半生を振り返って、つぎのように述べている。

私のたどった道は、まったく荊棘《いばら》に閉ざされた道であり、荒礫《こうれき》に阻まれた道であった。困難と苦節の道であった。私はそれをただ、真っ直ぐにすすんで行った。あえぎ、くらみ、傷ついたが、どこまでもすすんで行った。そうさせたのは「信」の一字である。私は自分を信ずるとともに人を信じた。人を信ずるとともに天を信じた。私の一生は、いわば信の一生なのである。私に語るべきものがあるとすれば、こうした信の私自身なのである。――ここに私の感謝がある。
（自伝『工場生活七十年』）

昭和二十六年、重次郎は「東洋工業」の社長を退くと、翌年の三月、七十七歳でこの世を去った。技術一筋に生き、機械製作に執念を燃やしつづけた男の、とてつもなく長い現役の終焉であった。

苦難を克服した発明家

■

早川　徳次《とくじ》

一歳十一ヵ月で養子に出される

この間も、スウェーデンの記者がアメリカから飛んで来て、日本は戦争に負けたのに、なぜこんなに立派に復興したのか、ときくんだね。私はこう答えた。お蔭さまで戦争に負けましたから、と。戦争には負けたがそれに挫けずみんな一生懸命働いたからですと。〈中略〉どんなに苦しくても、事業というものは投げ出したり、お手上げしてはダメだ。お手上げすれば一時気が楽になったように思うけれど、それはマイナス的要因をそのままにしておくことだから、結局回復がむずかしくなる。困難は仕合せの基礎づくりということを私はよく言うけれども、苦しみなんてものはうんと味わって、それを企業の基礎づくりの杭《くい》としなければいけない。挫けて放り出してしまえば、もう灰になるより仕様がない。

（日本実業出版社編『現代トップ経営者の事業哲学』）

右は、「たゆまざる努力こそ経営の王道」と題した、早川徳次の言葉だが、この人が口にすると、そこには真理が見えてくるから不思議だ。

明治二十六年（一八九三）、東京に生まれた早川徳次は、生来、不幸の星を背負っていたのではないか、と思えるほど悲惨な、人生のスタートを切っていた。

東京・日本橋で縫製業を営む家に、二男一女の末っ子として生まれながら、父母が相次いで病床の人となるに及び、徳次は満一歳と十一ヵ月で養子にやられてしまう。おそらく、父や母の面影は皆無であったに違いない。

しかも、この養家は極貧で、まもなく養母がいなくなり継母が来ると、徳次は虐待されて三度の食事すら満足に食べさせてもらえなくなる。小学校も二年で中途退学させられ、夜遅くまで、マッチ箱を貼る内職が徳次の日課となった。

この徳次を憐れんでくれたのは、近所に住む人々で、なかでも目の不自由な老婦人は、九歳の徳次を錺屋《かざりや》（金属細工）の店へ、住み込み小僧として働けるよう、口をきいてくれた。仕事は朝の暗いうちから始まり、夜業になることも多く、休日は月に一度で他は盆と正月だけの生活であったが、養家にいるよりは遥かにましであった。

徳次は十七歳までの七年七ヵ月の年季を勤め、お礼奉公として二年、前後十余年をこの店で働いている。この間、徳次の稼いだ金はことごとく、養継母が来ては無断で受け取って帰った。

徳次は幾度となく挫けそうになったが、周囲の人々に支えられてどうにか一人前の錺職人となる。

もともと、手先は器用であったようだ。誰もが思いもつかないものを作った。屑《くず》の板金を利用した小物入れ、カンテラの灯を入れるブリキの灯籠《とうろう》などである。

画期的な発明

この頃の一番の発明といえば、穴を開けることなく自由に長さが調整でき、ベルトを固定させる新案のバックルであったろう。

外国の活動写真（映画）を見て考えついた、と後に徳次は回想している。このバックルは「徳尾錠《とくびじょう》」と名付けられ、知り合いの特許弁理士を通じて、実用新案を出願した。ときに明治四十五年のことである。

「徳尾錠」は大正元年（一九一二）に許可がおり、直ぐさま三十三グロス（四千七百五十二個）の大量注文となって量産が実現した。

これが一つの端緒となり、徳次は親方からも独立を勧められ、本所松井町（現・墨田区千歳二丁目）に借家を求め、金属加工の仕事場を開いた。

初めは「徳尾錠」と親方が回してくれる水道自在器（水道のネジ）、洋傘の金具などの下請けが業務のすべてであった。が、次いで、雑貨の外交販売の傍ら金属文具を扱っていた兄・政治のアドバイスもあって、万年筆の付属金具であるグリップや金軸の製作にも着手している。

徳次は時間を忘れて働いたという。仕事場の効率化にも工夫をこらして、当時の町工場ではほとんど見ることのなかった一馬力のモーターを入手。それなりの、設備投資も行っている。

業績は順調に伸び、大正三年には妻も迎えた。そんなある日のこと。文具メーカーと親しくなった徳次は、それまでは高級玩具の一種としてしか見られていなかった〝繰出鉛筆《くりだしえんぴつ》〟の、実用に向けての改良を思いついた。

最初、金具を組み合わせでなく、一枚板の真鍮《しんちゅう》で作ることを考えた。真鍮を三段にしぼって先端を細く絞り、これに溝を迂回させて掘った。独自の考案であって、内心ひそかに誇ったところだった。軸をセルロイドからニッケル製のものに改め、ここに繰出鉛筆は完成をみたのである。当初はスクリュペンシル、またはプロペリングペンシルという名だった。

（早川徳次著『私の履歴書』）

軸を回すと、細い芯が滑らかに出てくる。「徳尾錠」と同様に、好みの長さでしっかりとまる仕組みになっていた。画期的な発明といっていい。

徳次は兄とともに、早川兄弟商会金属文具製造所を設立。月産十グロス、一個五銭の売価を決定した。いよいよ売り込みである。

ところが、この独創的なメカニズムは、「和服に合わない」とか、「金属だから冬は冷たいだろう」と、問屋にいろいろ難癖をつけられる。

そうしたところに、横浜の商館から、海外販路が有望だとの報とともに、多量の注文が舞い込む。皮肉なもので、これが引き金となって国内の取り引きが活発化した。他の仕事を中断し、夜を徹して製作するが、どうしても追いつかない状態となった。

商品名は、関西総代理店の店主が、「エバー・レディ・シャープペンシル」と名付けてくれたが、その後、これを縮めて「シャープペンシル」と称した。

関東大震災で妻子を失う

大正八年、四十四坪の工場・事務所を新築、初めて流れ作業方式を採用。四年後には工場三百坪、従業員は二百人となった。だが、徳次の得意の絶頂は、突如、木端微塵《こっぱみじん》となる。関東大震災が、徳次の手にしたすべてを奪ったのである。

妻と二人の男の子を一度に失い、工場も全焼した。涙の乾く間もなく、運転資金として借りていた金の即時返済を迫られ、ついに万策尽きた徳次は、相手先にシャープペンシルの五十に近い特許、実用新案権と機械一式を譲渡。自身は大阪へ都落ちすることになった。

年が明けた大正十三年、徳次を慕ってかつての従業員が数名、大阪にやってきた。ここでようやく、徳次の心の整理もできたようだ。

現在のシャープ本社の所在地・大阪市阿倍野区長池町（当時は東成郡田辺町）に借家を得て、早川金属工業研究所が開設された。ペンシルが製作できぬため、万年筆の付属金具やクリップの新型製作を開始、年末には従業員を三十人に増員するまでになった。

経営者というのは、いつでもゼロから一人立ちできるんだという根強い自信を持っていなければダメです。　（前出『現代トップ経営者の事業哲学』）

そして再起二年目、徳次はアメリカから輸入されたばかりの鉱石ラジオに巡り合う。日本では翌年に、ラジオ局の開設が予定されていた。早速、ラジオを分解し、研究することから始める。が、ラジオの原理や電気の知識など、何一つ知るはずもない。

長年の熟練した金属細工の腕だけを頼りに、徳次は名称も知らぬ部品をそっくり真似て、小型の鉱石ラジオを作り上げてしまう。これがシャープラジオ受信機の第一号となり、早川電機（現・シャープ）のラジオ製作の先駆けとなった。

「シャープ」と銘打ったのは、シャープペンシルに因んだのと、ラジオの感度をうまく象徴していると思われたからだという。

その後、第二次世界大戦を挟んで、徳次は幾度となく苦境に立たされた。しかし、徳次は持ち前の発明家精神で、その都度、逆境を克服する新製品を開発・普及させていった。

景気というのは、やはり自分で回復させねば、景気は自分でつくるんだもの。私なんか不景気になれば喜んでますよ（笑）。なぜかというと、不景気のときこそ経営の引き締めるチャンスだからだ。そうして、そういう不景気のときに実績を上げた人こそ経験という何《なに》にもまさる大きな資本をつかむことになる。好景気のときの経験なんてクソにもならんし、かりにいい経験をしたとしても決して身につくものではない。（同上）

五つの蓄積

国産第一号のテレビ、わが国最初の量産による電子レンジ、太陽電池の量産化。そして、昭和三十九年（一九六四）には、世界をリードするトランジスタ式電卓も実現した。

徳次はのちに、〝五つの蓄積〟ということをしきりに口にしている。

資本の蓄積、信用の蓄積、取引先の蓄積、奉仕の蓄積、人の蓄積——この〝五つの蓄積〟さえなされていれば、いつ、どのような時代が来ても、企業はビクともしない、とも。

相手に信用をなくさせるようなやり方をしていて、企業の伸びる道理がない。食うだけ食って、どこかへ逃げて行ってしまう食い逃げのようなわけには、企業経営というものは

いかない。経営者は、事業の永久の清栄こそこころがけるべきものなんだから。（同上）

そうしたことと関連して、徳次は事業の他に福祉事業にも絶大な関心と支援を傾注した。幼い頃、目の不自由な婦人によって救われた、かつての苦難に対する感謝がそうさせたのであろう。

「今にして私は人間の運命、天賦、天の配剤といったものをしみじみと考えるのである」と語った徳次は、昭和四十九年、満八十歳を祝う会の席上、次のようにも述懐している。

「人生八十年を振り返り、つくづく幸せに思うのは、よき社員、よき取引先、よき友人と心の繋がりを持ってこられたことだ。よき繋がりは苦しいときの支えになり、あるときはチャンスをもたらしてくれる。よき繋がりを築くために、誠の心を片時も忘れてはならないと思う」

昭和五十五年六月二十四日、一代の発明家にして偉大な経営者は、満八十六歳をもってその生涯を閉じた。

ライバル打倒の精神を貫いた新聞人

■■ 奥村　信太郎

あらゆる面での立ち遅れ

——昨年の、新聞購読者獲得競り合いの話ではない。

かつて、日本の新聞界に君臨していた朝日新聞に正々堂々、真正面から打倒を宣言して四十年間、戦いを挑みつづけた男の物語である。

明治三十四年（一九〇一）、その男は中途採用の新聞記者からスタートして、昭和二十年（一九四五）に毎日新聞社の社長の座をGHQに追われるまで、名物記者・名社長と呼ばれつづけていた。名を奥村信太郎という。

「近代日本における新聞のレイアウト、新聞編集の今日的なあらゆるフォームのオリジナルを作りあげ、それまでの政論新聞、もしくはセンセーショナルな黄色紙にかわって、硬軟の均衡を得て、しかも海外事情にふれて、読者と親しく対話と融合のできる紙面を育成して、大毎日（大阪毎日）を全国的に飛躍発展させた大先覚記者——」

と、後輩で自身、毎日新聞社の社長となった本田親男《ちかお》は述べている（『本田親男論談』）。

「朝日」と「毎日」の争闘は、ふり返れば明治三十年、原敬が社長に迎えられるにおよんでスタートしたといってよい。それまでの無難で身の丈にあった新聞作りを捨て、一転、果敢な積極政策に転じた「毎日」は、先行する「朝日」を激しく追うようになった。

原はロンドンに外人通信員をおくとともに、ニューヨーク、ウィーン、ペトログラードなどからも特電を送らせる国際的な情報ネットワークを強化。一方で学界一流の大学教授を客員に招き、記事の質的向上をはかるなどの手を尽くして、政治・外交面を強化。その一方で、俳優や義太夫の人気投票、興行記事にまで工夫を凝らして、「毎日」の発行部数を一挙に三倍にふやすことに成功した。

しかし、「朝日」の王座は揺るがなかった。なぜか。「朝日」には「毎日」をしのぐ、伝統があったからだ。

大阪朝日の創刊は、明治十二年（一八七九）一月に遡《さかのぼ》る。大阪毎日が日本立憲政党新聞をひきついで発足したのは、同二十一年（一八八八）十一月。「朝日」はすでにその頃、全国一の発行部数を誇り、「毎日」はその三分の一程度でしかなかった。

スタートを出遅れているのに加えて、経営戦略――なかでもシェア拡大の戦術でも、「朝日」が先んじていた。

明治二十一年七月、他紙を買収して首都・東京への進出を果たし、東京朝日を創刊。「毎日」が首都進出をにらんで電報新聞を買収して毎日電報を出したのは、同三十九年の十二月。さらに東京日日を併合したのは、同四十四年二月にいたってからのことである。

伝統・シェア＝発行部数の差――「毎日」は、あらゆる面で「朝日」に立ち遅れていたといっていい。

とくに新聞草創期の十年の差は、容易に埋めえるものではなかったろう。先行した「朝日」は、すでに多くの読者の信頼を勝ちとっていた。併せて、一読者になると、容易に他紙に変更しない日本人の保守的な気質といったものもあった。

この一見、挽回不可能と思える「毎日」の劣勢に、今でいう、ヒューマン・インタレスト（human interest）を新しい武器として立ち上がったのが奥村信太郎であった。

つまり、新聞の購読者が関心をもつであろう内容を、すべての紙面におりこむことを、彼は考えたのだ。

今ではまさに、新聞のプリンシプル（原理・原則）といえなくもないが、明治時代の新聞づくりにとっては、冒頭の本田がいうごとく、それらは画期的なものであった。

紙面一新

「読者と親しく対話と融合のできる紙面」——たとえば、スポーツの紙面である。

それまでの野球についていえば、スコアの経過だけが報道されていた。奥村はそれを試合の進行にともなう両チームの作戦、攻守の戦術に焦点をあて、客観的視点から書くことを指示した。それこそが、読者の本当に読みたいところなのだ、というわけである。

そのため、運動部記者には署名を義務づけている。

野球の流行はまさに、この時期からであった。明治年間、早稲田大学がシカゴ大学を招き、大阪で日米野球試合を挙行して以来、「毎日」は野球の草分けとして「朝日」を部分的にリードしてきた実績があった。

明治八年（一八七五）、東京に生まれた奥村は、同二十九年に慶応の文科を出たが、同大出身者が多くを占める「時事新報」には入らず、博文館に入社。巌谷小波《さざなみ》の下で『少年世界』の編集に携わり、文芸評論などを書いていた。そして、広島日報の創刊に主筆として参加したりしたが、のちにときの慶応義塾の塾長・鎌田栄吉の薦めで大阪毎日に入った。最初は外国通信部に勤務したが、日露戦争時に特派員として抜擢されるなどして、随分と活躍している。

後年の手記によると、

「大阪朝日と大阪毎日とは宿命的に相対立していたのだが、朝日は遥かに先登《せんとう》に立っていたために、それに追随しようとする努力は勿論、彼に倍加したであろう。〈中略〉今に見ろとばかり、わたくしの競争意識は更《さら》に熾烈となったことを覚えている。蓋《けだ》し朝日はまだそれほど我を軽んじていたのだった」

奥村は大阪毎日の社会部長を明治四十五年から大正九年（一九二〇）まで務めたが、ここでもいくつかのエピソードを残している。

記者たちが取材を終えて社にひきあげてきても、おりから新しい事件でも発生していようものなら、奥村は「あっち」と出口を指さした。それ以外なにもいわない。記者がまごついたり、「何ですか」と問い返そうものなら、「もう、いい」と他の記者に現場へ向かわせた。

奥村は迅速果敢さこそ、「朝日」に勝てる原動力だとの信念から、部員の原稿が気に入らなければ、一人で全文を書き直した。しかも社会面の全面を書き直すのに、約一時間という超スピードであった。

それがまた、名文（簡潔・平易・達意・要点網羅）であったから、部員は奥村を深く畏敬した。

その一方で、金使いの荒い記者が、銀行から借金をしたときには、その手形の裏書を奥村はしてもいる。借金をなかなか返せない部下は、手形の書き替えのたびに奥村の部屋を訪ねる。すると彼は何も聞かず、何もいわず、判をポンと机の上に放り出した。

大正十五年、取締役に昇進。大阪本社編集総務、印刷局長兼務、東京支店編集主幹、大阪本社営業局長などを経て、昭和八年専務、そして同十二年十二月、社長となった。

――編集総務をつとめていた頃にも、挿話を残していた。

前出の本田親男が、神戸支局へ配属され、英文毎日の記者と一悶着起こしたことがあった。柔道初段を自称し、大阪本社の偉いさんの名前を常に出しては笠に着ていた英文毎日の記者を、支局の簡単なビール・パーティーのおり、本田が頭にきて突き飛ばした。

ところが運悪く、新聞掛けの釘で相手は後頭部を打ち、少々の出血。逆上した彼は、近くの相生橋警察に駆け込んで本田を訴えた。

最高幹部の一人は、

「乱暴を働いた本田はクビにしろ」

といったが、奥村は逆に、

「新聞記者同士がビールを飲んで、ちょっと喧嘩してけがをしたくらいで、警察に駆け込んで同僚を訴えるようなやつは、記者の風上にもおけない。むしろ訴えた英文毎日の方をクビにする方がよろしかろう」

と弁護し、本田は危うくクビを免れたという。

追撃戦の結末

役員になっても、筋金入りの記者魂はかわらなかった。

奥村の日課はあくまで営業局、編集局業務を第一とし、午前九時半に出社すると、この二局をまわり、編集局中央デスクに姿を現わす。早版の刷り出しの出来具合が悪いと、新聞をたたきつけ、気に入ったときは静かに卓上において役員室へ入った。

この彼を社長に頂いて、「毎日」は「朝日」への急追撃をさらにエスカレートさせる。新企画で攻め、記事の斬新さで攻め、編集、印刷、販売——全社一丸となって火のでるように戦った。

おりから日本はアジア・太平洋戦争に突入。

戦争が激しくなるにつれ、新聞用紙の配給は日毎に心細くなっていく。

つまり、減頁につぐ減頁になるわけだ。

にもかかわらず軍部は、在阪新聞社の代表を呼び、飛行機献納運動の献納者名簿を連日の紙面にかならず載せるように、との強い要請をおこなった。

軍部のいうままに「朝日」が掲載したのに比べ、「毎日」は大切なスペースをそんなことにさけるか、と奥村の命令で談判をおこない、ついに献納者名簿の掲載取りやめを勝ちとっている。

しかし、戦争中ということは多くの制約を課してくるものであり、あと一息と思われても、「毎日」はなかなか「朝日」をぬくことができない。

ようやく戦争は終わった。

よし、これから一気に——と奥村は内心、さらなる闘志を燃やしたが、しかし……。

昭和二十二年八月、GHQのパージにより、奥村は毎日新聞を追われることになる。

「朝日の打倒、終《つい》に成らず」

社長の座を去るとき、奥村はそう結んだ。

けれども奥村が心底、敗れたと思っていたかどうか。

「ある時は凱歌をあげ、ある時は一敗地に塗《まみ》れる。わたくしは平和の闘いに生きてきた。わたくし達の前には、いつも大きな目標があった。絶えずこれと取っ組んで行き、血みどろとなって相搏《あいう》つ間に、其処《そこ》に新しい生命の力が泉のように湧いて出る。それがわたくしを創造させ、寸時も撓《たわ》めざらしめた」

奥村は、「朝日」あればこそ「毎日」の躍進はあった、と手記でいい、相撲にたとえるならば、勝負つかずの引分けだともいっている。

その理由は、次のようなものであった。

――途中からして朝日が毎日のやり方を真似てきたからだといえよう。最初の朝日は保守陣営に立て籠って何等積極的方針に出てなかったから、気鋭の毎日はぐんぐん攻めていって、その三分の二の領域まで食い込むことが出来た。若《も》し朝日がいつまでもこの調子だったら、毎日がこれを覆すこと、さして難事でなかったろう。ところが明治三十八、九年頃〈中略〉俄然性格を変えて来た。経営方針を積極的に改め各種計画を創始し、今まで手を触れなかったスポーツにまで乗り出し毎日のお株を取ろうとした。この時が恐らく朝日の再生期であったろう。〈中略〉若し朝日にこの革命がなかりせば、彼は次第に凡化して終《つい》に毎日の脚下に伏したであろう。

それにしても、なんという激しい闘魂であったろうか。

「毎日」とのあらゆる連絡を断たれ、社への出入りも厳禁されて、退職手当その他の給与も一切まかりならない、とのGHQの姿勢はしばらくつづいた。

私生活では元来、金銭に淡泊であった奥村には、貯えとてほとんどなく、衣食に困窮したにもかかわらず、そんなことより彼は「毎日」の前途を心配しつづけたという。

昭和二十六年三月、大阪大学付属病院でこの一代のジャーナリストは、七十六歳でこの世を去った。

彼の存在は、リーダーの良否がいかに組織において重大なテーマであるか、それを改めて認識させてくれたことに、尽きるのではあるまいか。

第四章　創業者魂は不滅

日露戦争を境に野村證券、野村銀行（現・りそな銀行）を創業

■ 野村　徳七

よくできた父と〝あかんたれ〟の子

人間が己れの信念を貫こうとするのは、ときに刃物の上を素足で踏み渡るようなものかもしれない。白刃を上にして、刀剣を幾振りも並べてみる。その上をゆっくりと、精神を集中して、体の平衡を保ちつつ歩くかぎり、足の裏に刃がざくりとくることはない。

だが、歩行に少しでもためらいが生じ、動きに斑《むら》が出ると、〝刃を引く〟という作用が生じて、深々と足を切り裂いてしまうことにつながる。

かたときも神経の休まらない、常時戦場にいる心構え――この緊張感を持ちつづけるだけでも、尋常なことではあるまい。しかも、その人物が大阪弁でいう〝あかんたれ〟であった場合、その行為は奇跡的ですらあった。

ここでいう〝あかんたれ〟とは、明治十一年（一八七八）八月七日、両替商を営む野村徳七（初代・もと徳松）の次男（長男卯一郎が三歳で夭折《ようせつ》したため、事実上、嗣男）として、大阪城を間近に仰《あお》ぎ見る、松屋町筋農人町《のうにんちょう》（現・大阪市中央区）に生まれた信之助のことである（上に、姉きく子がいた）。

なにをやっても中途半端、挙句に事業で大失敗を連発。そのつど、父に尻ぬぐいをしてもらうという、どうしようもない〝あかんたれ〟であったが、日露戦争を境に人変わりしたごとく、企業立国日本の一翼を担う人物＝二代・野村徳七となった。

もし、この信之助に堅実でまじめな父と、良妻ながら厳しい烈母の多幾《たき》、しっかり者の三歳年下の弟・実三郎がついていなければ、天下の野村證券も野村銀行（のち大和銀行・現在のりそな銀行）も誕生しなかったに違いない。

父・初代徳七は、大阪では名の知られた両替商・大坂屋弥兵衛両替店（略して〝大弥《だいや》〟）に長年奉公し、丁稚《でっち》―手代とつとめ、ついには番頭までになった苦労人であった。

彼が鏨《たがね》（鉄板を切ったりするのに使う鋼鉄製の鑿《のみ》）をふるうと、顧客の注文どおり、三匁《もんめ》なら三匁、五匁なら五匁というように、金銀の塊＝地金が量目を測らなくとも、過不足なく定量で切れたという。

また、客の持ち込む古金銀を手にし、または口にふくむと、それが徳川の新二分金か、芸州の銀貨か、薩摩のものか、たちどころに言い当てた。その目利きは、名人芸であったといってよい。

そのため、のちの明治十四年に徳七は、日本銀行大阪支店の鑑定役を委嘱されることになる。

ついでながら、両替商には江戸時代、本両替・南両替・銭《ぜに》両替の三種があった。

このうち本両替は、幕府の御用をつとめる大店《おおだな》で、最大のものが三井・住友であり、大坂に限れば鴻池・天王寺屋・平野屋などがこれに該当した。幕府や大名への金貸しもおこなっている。次が「南両替」——大名貸しもおこなったが、こちらは商人金融が主流。

そして、最小規模のものを「銭両替」といった。手数料をとって金・銀貨と銅・鉄銭など、各種の銭の両替を商いとしていた。

初代徳七は「南両替」の大坂屋弥兵衛両替店につとめていたが、明治の御世となると維新を生き残った両替商の多くも、激しく動く時代の趨勢《すうせい》の中、消えていく運命《さだめ》が待っていたようだ。

明治四年、主人が死去し、二年後には大坂屋そのものが破綻してしまう。

徳七は六歳年長の多幾という女中を妻にめとり、独立して「野村両替店」をはじめた。

「銭両替」ではあったが、堅実な経営をまじめにコツコツおこない、ささやかな口銭（手数料・一円を売る場合五銭、買う場合三銭）をためる徳七の店は、規模がかえって小さかったがゆえに、それなりの繁盛をつづけた。

〝あかんたれ〟の信之助は、物心ついたころから父の仕事を手伝い、両替車に重い銅貨＝縄さしの一厘銭を載せて、それを押す手助けをしていたという。

ところが汎愛《はんあい》小学校から大阪市立商業学校（途中で高等商業学校へ改まる）へ進んだ彼は、堺の大浜でおこなわれた魚の市の見物に出かけ、ひと晩中、浜風に吹かれたのが原因で、肺炎にかかってしまう。明治二十八年八月のこと。

これが原因で進級に失敗、ここで信之助は商いの世界に転進した。

彼の姉・きく子が株式仲買人の八代祐太郎と結婚していたこと、それ以前から父が金禄《きんろく》公債を売買していたことなどから、信之助は自ら株を扱いたいと思うようになっていた。

——一面、信之助は時代の子でもあった。

彼の生まれた同じ年に、東京と大阪に株式取引所が開設されている。

当初は株式会社が未発達であったことから、株式取引はなく、公債のみの取引がおこなわれていた。信之助の父・徳七は、両替商ではあったが、士族の廃絶にともない、政府が大量の公債を発行して士族に交付したことから、この換金を求め、貧窮生活をしていた旧士族が、公債を両替商に持ち込むようになって、これを店頭で取り扱うようになった。

ちなみに、明治二十二年の時点で、日本の会社企業数は四千六十七社。公称資本金は一億八千五百六十一万五千円、払込資本金は九千八十二万一千円、株主数は二十二万四千六百九人であった。

他方、株式会社の増加とともに、株式取引所の公債取引は漸減《ぜんげん》し、これにならうように両替商も株を扱うようになる。投機的な清算取引は取引所に集中し、現物取引は上場銘柄でも場外で現物商が扱うようになった。取引所の仲買人は、投機的な自己売買と少数の投機的な顧客からの委託売買を中軸としていたため、浮き沈みがことのほか激しかった。

一方の現物商は、着実に収益をあげることができ、実は初代徳七も明治十二年に仲買人の資格をとり、一度はこれを開業したのだが、その投機取引が彼の性格と合わなかったのだろう。翌年四月に廃業し、もっぱら現物の取引のみをおこなっていた。

「金は使うべきものにあらず、増やすものなり」

「大いに儲けるというよりも、まず、うしろへさがらぬことを考えて進んでいきたい」

などといっていた、徳七らしい判断であったかも。

無理もない。証券業者は当時、株屋、相場師と呼ばれ、博奕《ばくち》打ちと同種にみなされる傾向が強かった。それゆえだろう、父は徹底して息子の進路に反対した。

結局、義兄のもと＝「八代祐太郎商店」へ見習の修業に出ることで父と子は折り合った。

信之助は住み込みで、昼は北浜の取引所に通って相場の記録をとり、株式の売買の作法を学び、夜は簿記学校に通っている。

日清戦争後の日本経済と〝愚兄賢弟〟

時代は日清戦争後の好況、「戦勝相場」で〝株成金〟がもてはやされていた。これには少し説明がいる。

日清戦争に勝利したとはいえ、次に対ロシア戦を想定していた日本の政府は、清国から得た賠償金に加えて、三度の増税と内外債の発行を決断した。登録税や営業税の新設、酒造税や地租の増徴、煙草専売制の開始などがこの時期におこなわれている。

この過程で、日本銀行は積極的貸出方針を打ち出し、金利も引き下げたため、戦後好況と本格的な企業勃興が全国的に始まった。

明治天皇は財政整理、外債非募集による財政基盤の確立をのぞみ、明治二十八年三月の、松方正義の大蔵大臣就任を喜んだが、松方の打ち出した軍備拡張、産業育成、財政基盤確立の三本柱＝「健全財政積極主義」は、ついにときの伊藤内閣の入れるところとはならなかった。

なぜならば、松方は軍事費不足分を全額賠償金で補塡し、軍事公債一億円を一気に償還することを具体策の中に盛り込んでいたからだ。

軍事公債を早期に償却することで財政負担をしばし軽減し、その間に産業育成策として運輸通信事業を興す公債の発行環境を整えようとしたのだが、松方はこの積極主義が認められずに辞任。後任の渡辺国武は、膨大にふくれる軍備と産業界育成を前面に打ち出し、ブレーキとなる財政基盤の整備確立という課題を犠牲にした。

軍事予算は三億一千三百二十四万円に膨張。そのため不足分を償却すべき軍事公債一億円の追加発行をおこなうことになり、運輸通信事業の公債一億円も含め、政府はここで財政基盤の整備確立不可能な状況に陥ってしまう。

そのため、明治三十一年には恐慌が起き、政府も「緊縮財政」に方向転換を余儀なくされた。貿易の入超が金融逼迫と金利上昇を引き起こし、内債価格の下落は公債の発行を不可能としてしまった。短期的に景気は回復するが、明治三十三年には再度の恐慌を迎える。

一方で日本は、「金本位制」の導入を決断した。

国内でこれ以上の公債が望めないとなれば、欧米先進国を頼らざるを得ないが、そのためには先進国にならって金本位制を採用することが不可欠だと政府は判断したわけだ。

しかし、当時の国際情勢からすれば、金本位制を採用しても、必ずしも経済的に日本が有利になるとは限らず、財界を代表する渋沢栄一などは終始一貫して、金本位制導入に反対し、銀本位制維持を主張している。

「我邦《わがくに》現行貨幣制度ハ経済上常ニ其利益ヲ享《う》クルコト多シ」

現行の銀本位は、金本位の先進国への輸出に有利に働いており、同時に輸入防壁ともなっていると主張した。

結局、金本位制は導入されたが、実際には銀本位国の清国への紡績輸出に打撃は受けたものの、原料輸入ではメリットを生じ、渋沢が懸念するほどの悪影響は出なかった。

が、正貨の準備不足は辞《いな》めず、そのため政府・日銀は正貨準備の維持を優先し、民間への貸出しの制限を強化した。結果として世間は、日露戦争まで長期の不況がつづくことになる。

いわば基礎工事のできていない丸太のつり橋を、暴風の中、手探りで渡るようなものだ。うまくいけば向こう岸へ着けるかもしれないが、あやまれば橋から谷底へ転落しても決しておかしくはなかった。

信之助はこうした不安定なつり橋を渡るべく、最初の一歩を踏み出した。

後年から検証すれば、まだ日清戦争後の好景気がつづいていた頃にあたる。

「手張りで小遣い銭を稼げぬようでは、一人前の株屋とはいえぬ」

といった風潮が世間には広がっており、気のみ焦る信之助は、姉夫婦が岡山に出かけた留守の間に、擦《す》れっからしの番頭にそそのかされたこともあって、店の金庫にあった公債五百円を流用し、証拠金に充《あ》てて相場を張ってしまう。

が、思惑《おもわく》は外れて失敗。

五百円という大金を磨《す》ってしまった。うな重が三十銭、白米の標準価格が十キログラムで一円十二銭、巡査の初任給が九円、小学校の教員の初任給が十円で好待遇といわれた時代の五百円である。当然、弁済しなければならないが、二十歳前の信之助にそのような大金のあろうはずもない。結局、父が尻ぬぐいをした。

こうなっては、いくら義兄の店とはいえ居づらい。仲買人の資格がなかったこともあり、父の店に戻って、現物のブローカーと定期取引の取次（手数料）を主な仕事とすることになった。

当時の株屋は、和服に角帯姿が定番であったが、信之助はシャツ（あるいは裾の長い上衣）に半ズボンの出立《いでた》ちで、自転車に乗って得意先を飛びまわった。

朝は仲値表を握りしめ、夕方には「株式日報」を配りながら。幸い店の方は、弟の実三郎が見てくれている。

蛇足ながら、この実三郎は将来の〝野村財閥〟を考えたとき、徳七（二代）の最大の理解者、理想的な補佐役であったといってよい。

兄貴が商業学校に通い、店の労働力が不足すると、小学校の高等科すら一年を残して退学させられ、むりやり家業を手伝わされた。小学校では常に首席で、性格は篤実温厚というから、父に似ていたのだろう。毎学期、学力品行共に優等賞をもらっていた。

もし、商人に学問など無用という、大阪の野村家に生まれなければ、実三郎は官僚の世界でも成功したように思われる。周囲は信之助と比べて、〝愚兄賢弟〟と評した。

男の値打

明治三十年三月、先にみた如く、政府は金本位制を実施に移す。この措置が、無謀な投機、相場の過熱をひきおこした。またぞろ、〝あかんたれ〟の野心が首をもたげる。定期の取り次ぎの行き違いから、十株の買持《かいもち》ができた。すぐに処置すれば問題はなかったのだが……。

懲りない〝あかんたれ〟は、経験不足に加えて勉強途中にもかかわらず、いっぱしの株屋になったつもりで大物をねらい、下げ相場の中を逆に買い増しし、五百株の手持ちを抱《かか》えてしまう。そして、みごとに暴落。アッという間の出来事で、証拠金の追加を求められ、手詰まり。できた穴は、千五百万円に達していた。

これにはさしもの信之助も、多少は応《こた》えたのだろう。家出をして諸所をふらつき、反省したつもりで帰っては来たが、〝あかんたれ〟はなかなか治らない。

その後も高野鉄道の偽造株券をつかまされたり、阪鶴鉄道の権利株の詐欺にひっかかりと、幾度も失敗をくり返しながら、彼はそれでも株から手を引こうとはしなかった。

明治三十一年（一八九八）十二月一日、信之助は徴兵を受け、第四師団管下の伏見工兵第四大隊第二中隊に入隊した。三年間、この〝あかんたれ〟はみっちりと軍隊の中で鍛えられ、幼少以来もちつづけてきた、やんちゃな精神もあって、現役満期除隊のおりには伍長に昇進を果たしていた。

ついでながら、弟の実三郎も前後して徴兵され、こちらは近衛歩兵第一連隊第八大隊への入隊となっている。

同三十四年十一月、懲りずに再出発を誓って信之助が家に戻ってくると、店は開店休業の状態。二年後には、母が急性の脳溢血《のういっけつ》でこの世を去ってしまう。享年六十。

思えば信之助の性格は多分に母親・多幾ゆずりであったかもしれない。

この母は越前勝山藩の士族の娘で、大坂屋に奉公にあがってからは、最後まで店に殉じた気丈な女性であった。

わんぱくな信之助が幼少の頃、「野村徳七両替店」の丁稚と争いごとをすると、理由も聞かずに、母は一方的に信之助を叱り飛ばし、お灸をすえた。なぜか。主家の倅と丁稚では、身分に天と地ほどの開きがある。その吹けば飛ぶような丁稚と諍《いさか》うとは……。

女中をつづけてきた彼女には、主家の倅の自儘《じまま》としか映らなかった。また、雇い人を可愛がることができなければ、その商家は立ち行かないことも、この母は実地に大坂屋で経験してきたのだろう。

喧嘩にはやる信之助に、多幾は次のように諭《さと》した。

「喧嘩に勝つ負けるなどは、男の値打とちがう。人さまに大変な迷惑をかけたとき、女女《めめ》しい振る舞いをせず、潔く腹を切って詫びるのが男の値打や」

母は母なりに、〝あかんたれ〟を叱咤激励したのだろうが、残念ながら彼女は息子の成功をみることができなかった。一家の主婦を失った野村家では、信之助が翌年（明治三十七年）、嫁・菊子をむかえ、いよいよ株の世界に邁進《まいしん》することとなる。

銀行の躍進によって、両替商そのものが、すでにその存在基盤を失いつつあった。銀行に行けば、両替も鑑定もタダでしてくれる。「野村商店」では株の現物取引が事実上の本業となった。

軍隊で己れを客観的にみつめた信之助は、これまでの己れの失敗を調査不足に求めた。

料理人は自分のつくる料理の材料に、徹底して拘《こだわ》るもの。出来や産地を実によく知っている。株も顧客にすすめるからには、その根拠となる科学的なデータがいるのではないか。

今日ならあたり前のことも、当時の博奕《ばくち》に近い株の印象では新基軸。まさに、〝コロンブ

ス の卵〃であった。弟の実三郎と工夫し、決算書や会社案内、新聞記事、企業の噂話、はては会社に直接出向いて、社員・工員の仕事ぶり、近所の評判、食堂なら支払状況などをこまごまと調べ、これを速報風にまとめて客に配ることを考えた。

時代は日清戦争の好況の反動で、大不況がつづいている。

大阪でも銀行の取付け騒ぎが起こり、それが沈静化し、景気は小康となったが、その先行が悲観的で相場はいま一つ弾《はず》まない。

――おりから、日露戦争が勃発する。

開戦近し、でロンドンでは日本の公債が大暴落となり、明治三十七年の新年早々、東京株式市場は、

「軍艦松島が露艦のために砲撃を蒙《こうむ》りたるやの風説を導火線として暴落、予想外なる大暴落を呈し」

とある（『報知新聞』一月五日付）。開戦を一ヵ月後にひかえた一月の時点で、不開戦説は六割、開戦説は四割であった。が、ロシアの譲歩への期待はむなしくついえ、二月十日、開戦となる。大国ロシアに挑んだ小国日本の快挙は、当初、株式市場においては皆目、評価されなかった。

「日清戦役以来の安値出現」（『中外商業』二月七日）。

まったく、振るわなかったといっていい。

大多数の株は大暴落となり、極めて堅実な日本鉄道株ですら五分ないし八分かた下落した。

「勝てるわけがない」

株屋は連想した。

日本が当然のごとく、ロシアに敗れたとする。獰猛《どうもう》なロシア兵は日本に大挙して上陸して、占領政策を布くだろう。男は去勢されて奴隷として売られ、シベリアのたこ部屋で働かされて、若い女は色街にことごとく売りとばされるに違いない。

むろん、日本の株式会社はすべて倒産。農作物も出来た端から取りあげられ、数年のうちには餓死者が日本中にあふれ、日本は滅亡する。そのあとに、ロシア人が入植してくるはずだ、と。日本が滅びれば、すべての株は紙切れとなるではないか。株を手ばなす者はひきもきらないが、これを買う物好きがいない。

一か八か

大阪の株の仲買人は百名を超えていたが、いつしか三十人にまで減ってしまった。

八月十日の黄海《こうかい》の海戦、同十九日の旅順《りよじゆん》港外の海戦、九月四日の遼陽《りようよう》占領と日本の緒戦の勝利を伝える号外の鈴の音は巷《ちまた》に鳴り響いたが、株価の下げは止まらなかった。

日本を代表する日本郵船の株は、八十五円七十銭から五十九円六十銭へとわずか二ヵ月で下がり、株屋はいずこも開店休業の状態となった。

——この時である。

「実三郎、わし、一つ勝負してみたいんやがなァ」

信之助がいい出した。

この頃、「有価証券現物問屋」として、すでに顧客の投資相談にも応じられるようになっていた彼の目には、日本が勝つのではないか、との思いがふくらんでいた。陸軍の訓練を思い出しても、実に厳しいものであった。あの精鋭が、本当にロシアに負けるのだろうか、と思われてならない。

現に、難攻不落といわれた旅順が翌三十八年正月元旦、ついに落ちたではないか。にもかかわらず、株はいっこうに上がらない。

「ここは買いに転じるべきや」

もうすぐ底を打つ、と読んだ信之助は、ここで一発勝負に出ようとした。

日露戦争の頃の株式は、額面が大きかった。一株五十円。一般のサラリーマンが一ヵ月三十円程度の収入のときに、である。十株で五百円。値上がりするとハネ上がる道理。

一面、株屋も勝負に出るには多額の資金を必要とした。「二万円」と軍資金を読んだ信之助だが、野村商店の「鞘《さや》取り」「日歩稼ぎ」を主体とした運用資金は、せいぜい二、三千円程度でしかない。第一、仲買人の資格もまだとっていなかった。

〝あかんたれ〟の野村信之助（のち二代徳七）に、万に一つ、大金を貸してくれる当てがあるとすれば、父・徳七（初代）以外には考えられなかった。

無論、トラの子の財産である。徳七にすれば、一番あやうく思っている信之助に、貸す気持ちは寸毫《すんごう》もなかったろう。

この時、徳七の全財産は三万円ほど。今なら、一億円ほどの価値になろうか。これだけあれば、いかに〝あかんたれ〟の息子をもっても、それに頼らず、独りで楽隠居の余生が送れる。

「しかしなァ、実三郎。日本がロシアに負けてみい、すべては終わりやで。勝つか負けるか、二つに一つやないか」

信之助の強弁に、無理矢理、納得させられた実三郎は、父の説得係をも担当。この弟は兄とは違い、父に絶大な信用があった。

執拗に懇願し、加えてこれから先、店の出納《すいとう》すべてを実三郎に委《ゆだ》ねる、との信之助の条件もつけて、ようやく父は二万円を出した。

〝あかんたれ〟の、最後になるかもしれない大勝負はこうして始まった。

さて、何処の株を買うか。大きな利益をあげるためには、評価の低い株であればあるほどよい。信之助は実三郎が不良株と断じた、額面の半分以下という株群に改めて注目した。誰もが見向きもしないものの中から、彼は「大阪硫曹《りゅうそう》」を選んだ。調べてみると、硫酸、ソーダーの化学メーカーであり、製品の評判も悪くはなかった。

ただ社名がわかりにくいうえに、経営上の不始末があって、評価を落としていることが知れた。さらに調査を進めると、軍に納入する火薬や染料、セルロイドなども製造しているが、ドイツからの輸入が止まったために、連日、製造増産が追いつかないということもわかった。

「よし、これでいこう」

信之助は「大阪硫曹」の株を、東京・名古屋にまで手を廻して買い漁った。

すると二ヵ月後、二十円まで下がっていた株が五十円の額面まで戻し、さらにジリジリ上がりはじめる。三月（明治三十八年）の奉天《ほうてん》の会戦、五月の日本海海戦と日露戦争の連勝に、ようやく下げ一方だった株価が反発しはじめたのである。

この頃、信之助は大阪毎日新聞の経済記者・橋本喜策（のちに野村商店へ）と親しく交わっており、その筋からの情報を得て、「大阪硫曹」で儲けた資金を投入、さらに十数銘柄を買い進み、儲けの幅を広げることに成功する。

「戦争インフレは早晩、間違いなく到来する」

同じくこの年＝明治三十八年（一九〇五）九月、信之助の長男・義太郎が生まれ、店員十三人となった野村商店は、本町二丁目堺筋に新店舗を開いた。

洋風のオフィスに、女性店員も募集。中堅店員には制服として洋服を支給し、新聞紙上には「株式日報」（記事広告）を連日掲載と、信之助は精一杯のアイディアを実行に移していく。

九月五日、日露講和条約が調印され、日本はロシアに勝った。が、苦戦を強いられた分、ロシアから得たものは少なく、その反動から、日比谷公会堂の焼き打ち、戒厳令が布かれる事態へ。株はこの動揺に押されるように、戦勝ブームの中で高騰した。

翌年には、取引所はじまって以来の大好況となり、開戦時に百二十六円まで下げた大阪株式取引所株が、一年で二百円、三百円を超えていき、明治四十年一月には七百七十四円九十銭という〝狂乱相場〟となる。

白刃を踏む

「この相場、まだ上がりますやろか」

と、ポーツマスでの講和条約直後に、信之助が首をひねりながら相談したのは、新たに設けた調査部の部長——新聞記者の二倍の給料を払う条件で招聘《しようへい》した、橋本喜策であった。

橋本は戦争景気に沸く産業界の投資を、科学的なデータであげながら分析・説明し、当分は上がるだろうと、答えた。

〝調査の野村〟は、日露戦争の駆け引きに成功をおさめ、顧客が〝野村〟のおかげで大儲けした、との噂が噂を呼び、新装の店頭に、新規の客が列をなしていた。

「野村商報」に、新聞掲載の「株式日報」——狂乱相場の中、客足は信じられないほどの早さ、多さで増えつづけた。

だが、株の世界には「まだはもうなり、もうはまだなり」との教えがある。

常識を逸脱した高騰、三年前に二十七円であった鐘紡の株が、今では三百円となっていた。異常としかいいようがない。〝鈴久〟こと、鈴木久五郎という相場師は、鐘紡株で大当りし、五百万円の大金を得て、成金の神さまのように、世間であがめられていた。

巷にも、株で大儲けをした俄《にわか》成金があふれ、そのため社会は大混乱となる。

「よっしゃ。わし、どでんをかましたるでぇ」

信之助は決断した。

上がり切れば、必ず下がるのは天然自然の理合《りあい》。彼は買い一方で進んできた株を、一気に売りに転じるというのだ。

建玉《たてぎょく》を手仕舞いして、反対の建玉に変える、売りの約定をすべて買い戻して、さらに新規に買い進む。あるいは、その逆に買い約定を転売して、さらに新しく売りに出す。儲かれば利益は莫大であったが、その潮時を見誤れば、一夜にしてすべてを失いかねなかった。

この秋から一変、売りに転じた信之助ではあったが、相場はいっこうに彼の予想したようには天井を打たない。冬に入り、新年を迎えても株は上がりつづけた。この間、この項の冒頭でふれた白刃を踏む心境を、彼は毎日味わったことであろう。

ふつう株屋は、「百株買ってくれ」と客にいわれれば、百株売りを立てるものだが、信之助はそんなことをせず、正々堂々、バカ正直に売り一本で突き進んだ。このあたり、「五黄《ごおう》の寅」の生まれ干支とも、多少は関係があったのだろうか。まさに、猛虎の勢いであった。

株価が高騰しているとき、売りに向かっても現物株は処分しにくい。いきおい定期取引（現・信用取引）へ売りつなぐこととなる。ところが、これには追加証拠金が必要となり、売りつづければ当然、〝追証〟も高くなる。

信之助の焦燥感は、いかばかりであったろうか。

店頭で株を売却する顧客には、その現物株を買い取る資金も必要であった。「野村商店」は店頭での現金にも事欠き、〝追証〟の負担に難渋し、店員の中には浮き足立つ者もでた。なにしろ店の大金庫は、空っぽになっていたのだから無理もない。

しかし、かつての〝あかんたれ〟は奇《く》しくも踏みとどまり、

「常に一歩前進することを心がけよ、停止は退歩を意味する」

と訓示をつづけた。

そうした苦難の中、明治四十年一月八日付、大阪毎日新聞の「株式日報」に、信之助は〝相場は狂せり〟との、後世に知られる一文をかかげる。

株式相場は狂せり　今日は定期と現物を問わず買物の外には殆《ほとん》ど声なきなり　如何なる商《あき》内薄《ないうす》の株式も　手合せ行わざるはなきなり　弊店の売買亦《また》日々万《まん》を降らざるなり　利喰か

休養して更《さら》に将来の大計を講ずべきか　売って大いに売乗すべきか　株界の航路　其羅針《そのらしん》を誤る勿《なか》れ。

内心の苦悩を隠して、あくまで正攻法に徹する信之助だったが、それでも株は下がらなかった。

〝相場は狂せり〟と述べた同じ日、さすがに多数の借金取りの襲来に嫌気がさし、居留守を使って逃げようとした彼は、ここで辛《から》くも思いとどまる。

「そやった、腹が減ってるのに、薬屋へ行っても腹はふくれへんわなァ」

今すべきは、逃げ隠れする弥縫《びほう》の策ではなく、金を借りる具体的な算段であった。信之助は取引先である鴻池銀行の上町支店へかけ込んだ。

そして支店長の柴山鷲雄（東京帝国大学卒）に、唐突に百万円の融資を願い出る。

柴山は顔色を変えた。無理もない。鴻池銀行の資本金自体が三百万円であった。その、三分の一を貸せというのである。信之助は懸命に説いた。

「相場はかならず崩れます。このような狂乱相場は、日本産業界のためにも、あってはならないことです」

土下座せんばかりの信之助に、柴山は何と百万円の融資を了承した。

ある意味、柴山はバンカーの鑑《かがみ》であったといえるかもしれない。

もしも、この融資に失敗すれば、彼は間違いなく銀行を追われたであろう。

「わが身にかえて、お守りします」

と信之助はいうが、倒産してしまえばそうはいくまい。

そこまで考えてなお、柴山は信之助の理論、自信、信念を汲み取り、自らも異常相場をあってはならないものだ、と判断した。

むろん、信之助の家、土地、父や弟たちの財産、信之助の妻の実家の不動産まで、すべて抵当にとったうえで、姉の夫にまで保証人に立ってもらったとはいえ、理事長・島村久の決裁も得ず、彼は独断で百万円の融資を決定したのである（のちに柴山は、〝野村〟に招かれている）。

当面の危機は脱したものの、白刃の上を歩む恐怖は、より一層、信之助の中で増したといえなくもない。株が下がらなければ、己れの縁につながるすべての人々を地獄へ引きずり込むことになる。幼いわが子までが、父の莫大な借金を背負い、その生涯を掣肘《せいちゅう》されることとなるだろう。

「たのむ、下がってくれ――」

信之助の連日の祈りも空しく、大株は一月十九日、ついに七百七十四円九十銭という史上最高値を更新してしまう。

さしもの信之助も、いよいよ肚をくくることになった。

この日、江口商店へまわすべき追証金二万円が足りなくなってしまった。

――朝から取引に持出している証券は、未《いま》だ代金収受の場合に至らぬ。銀行からも手一杯借りているから、此上《このうえ》無理は言えた義理ではない。〈中略〉

私も早くから店頭に出て、金の調達に一生懸命になっているうちに、一時間ばかりたって終《しま》った。この朝、取引所へ納入が遅れたのは江口商店外二三店ありましたが、何《いず》れも一時間ばかり遅れて納入が行われ、立会が開始されました。店の方も金が出来ました時、江口商店からも電話で御心配をかけました、取引所の納入も済ませましたと申して来られたのも、殆《ほとん》ど同時であったことも、忘れがたい感銘でありました。（『つたかづら』）

今日は持ちこたえたものの、さて、あと何日、倒産を食い止められるか――信之助が白刃から死を連想したこの日こそが、狂乱相場最後の日となろうとは、さすがに神ならぬ彼には知るよしもなかったろう。

日本のモルガンを目指して

三日後の二十一日になると、市況は一変した。

大株は六百六十円十銭に大きく下げ始める。二十二日、六百二十円。二十五日、五百四十七円。月末には、四百八十九円となった。大暴落である。

さあ、今度は急転落となった。六月にはさらに、百三十五円まで下落。十二月には九十二円、株は紙屑《かみくず》同然となっていく。

前述の〝鈴久〟は半年足らずで全財産を失い、兄と共同経営していた鈴木銀行も倒産に追い込まれた。

野村商店は危うく、それこそ首の皮一枚のきわどさで、どうにか助かり、逆転した。

蒸発、自殺者が相次ぎ、株式の大暴落はアメリカの不況、銀行の相次ぐ倒産、欧州市場の冷え込みもあり、やがて世界恐慌へと連鎖していく。

そうした中にあって、株式界ではひとり〝野村〟が売って売って売りまくって儲けつづけた。明治四十年末において、野村商店の資産は五百万円とも、七百万円ともいわれている。

ときに信之助は、弱冠三十歳。

彼は冷静で客観的な情報、データを欲したが、決断のパーセントを七十に置いていた。七十パーセントの成功率が読めれば、断固として行動した。

なぜ、七十パーセントなのか。信之助にいわせれば、人間は神様ではない。だから百パーセントはのぞむべくもなく、それよりは不確実さのない、科学的確実性を七十パーセントは確保したい、というのだ。危険を恐れて九十九パーセントを求めても、日本経済は発展しない。

もっとも、企業家は無理をしてはいけない、とも後年、野村徳七（二代）はいった。ただし、ここでいう無理は〝無謀〟のこと。合理的な危険であれば、三十パーセントはやむを得ない、とも。

同年、父の死とともに二代目徳七を襲名した信之助は、その翌年、五ヵ月に及ぶ世界一周旅行に出かけ、新たに欧米諸国の見聞を広める。

とくに、ニューヨークのウォール街を訪れ、モルガン商会の成功を知り、「ボンド・ハウス」＝インヴェストメント・バンク（投資銀行）の存在、重要性を認識したことは大きかった。

「わしもいつか、日本のモルガンになったるでえ」

と、徳七は闘志を燃やしている。

ロンドンのロンバート街も見学したが、こちらは落日の翳《かげ》りを見たものか、あまり多くの印象を抱いていない。

ただ、ヨーロッパ諸国を廻り、ロシアにいたった彼は、この時点で革命の予兆を感じとっていたという。さすが、といわねばならない。

新たな目標に闘志を滾《たぎ》らせ、日本へ戻った徳七であったが、近代化を進める中で明治天皇の崩御に出くわす。以来、明治の栄光が去ったものか、株式界はさっぱり振るわなくなってしまった。

野村商店も、開業以来はじめての赤字を出している。徳七は沈みがちな己れの気持ちを叱咤激励し、こういう時にこそ、と大卒・高商卒の人材を採用する一方で、本店と本宅の大建築をぶちあげた。

また、証券業者がどうあるべきか、についても深く思慮しつづけている。

われわれ証券業者は、われわれの商品についてもっと十分な認識を持たねばならない。公債、社債、株式等の投資は、将来かならず銀行における各種の預金にくらべて優るものとして、歓迎さるべき時代が来るのではなかろうか。なかなかそうならないのは、証券業者の人格が低いからである。また投資知識が非常に幼稚だからである。われわれは現在もてはやされている投機株や流行株はもとより、すべての証券について科学的に研究すべき責任がある。真価を求め、真価を見出し、これを投資対象として推奨する。宣伝する。これこそ最も進歩した理財行為である。このようにしてこそ顧客は、日々の上下騰落にも悩まされず、安心して株を持ち、社債を買うことが出来るのである。

（『野村證券社友』）

野村徳七のかかげた、株屋からフィナンシャル・ミドルマン（あるいはフィナンシア＝金融仲介業者）への脱皮には、幾つかの彼らしい工夫があった。

一、調査部のさらなる充実

二、従業員の質的向上
三、公社債や株式引受け業務を通じての長期金融分野への進出
四、産業分野への進出
そして、「家族主義経営」の徹底があった。

明治四十三年（一九一〇）十一月、徳七は「商店規定」をつくり、従業員の株式やその他の商品相場に手を出すことを厳禁した。

これは株屋からの脱皮のうえで、避けて通れない問題であったといえる。

従業員の中には、自己の資産をぜひにも投資したい、というものがあった。

徳七はそれまでも、だめだとはいわず、そのかわり、かならず責任者の許可を得るように、との但《ただ》し書きをつけた。

ただ徳七らしいのは、従業員の利益を別な形で保障した点にあった。

この人ほど、従業員の給与に気をつかった経営者も、珍しいのではあるまいか。

大学卒の初任給が、平均二十円。大学出の銀行・商社マンが三十円の月給をもらっていた時、〝野村〟は三十五円を出し、ボーナスはどのように不景気、赤字であっても、四ヵ月分をかならず用意した。

三十五円といっても、読者諸氏にはピンとこないに違いない。うな重が三十銭、天丼が十五銭、醬油が一・八リットルで四十四銭、白米が十キロ一円五十六銭相場の頃の三十五円で

あった。ちなみに、巡査の初任給が十二円の時代のことでもある。

高額な給与を出すことによって、従業員には安心して、仕事のみに打ち込んでほしい、というのが徳七の願いであった。

蛇足ながら、彼は「社長」という呼称は生涯、これを用いていない。

「野村一家の長」

との意識から、「家長」という言葉を徹底して使用し、従業員にも使わせた。

「企業は人である。野村に勤めてよかったと従業員が思うようにしなければならぬ」

と常日頃からいい、家が貧しいために上級の学校へ進学したくともできなかった従業員には、学資を補助してやり、書籍も購入して勉学・余暇の糧《かて》とし、従業員のための講演会、その奥さんたちを集めた教養講座なども実施。芝居見物や慰安旅行も企画・実行に移した。

すべては、「家族主義経営」の徹底のためであったといってよい。

一寸先は闇

大正三年（一九一四）六月、徳七が成功の糸口を摑《つか》んだ、日露戦争のスケールを超える第一次世界大戦が勃発した。

全ヨーロッパが参戦するという、この未曾有の世界戦争の煽《あお》りを受けて、日本の産業界は輸入が一気に途絶え、ほとんどの業界はパニックの様相を呈する。

「これはあかん、企業も倒産や」

世情の絶望感から、株は売り一方となった。

なるほど、輸入の途絶えた日本産業界は、確実に消滅するとの観測が大半を占めたのも無理はない。しかし、徳七は立ち止まって考えた。

「はて、そうかぇ」

彼には、これまでみてきたように、数多くの修羅場を掻《か》い潜《くぐ》って来た経験があった。

「――日露戦争の初期も、今回と同じやった」

ロシアに敗れる、日本は亡国となるから、株は紙クズだと決めつけられた。

だが、日本は持てるすべての力を出し切って、大国ロシアに辛勝したではないか。

物事にはすべからず、右手と左手がある。拍手《かしわで》は、片手では鳴らない。

想像からの憶測、机上の論ではなく、実際のところはどうなのか。

世間が右手に注目しているときは、反対の左手をよくよく見なければならない。

輸入は確かに途絶した。これが右手である。しかし、日本の輸出は超過となっている。こちらが左手であった。

ヨーロッパを主戦場とした世界戦争は、弥《いや》がうえにも長期化する。この期間、日本の産業界は座して死をまつものであろうか。

「この戦争は、日本の産業を鍛えてくれてるんや」

徳七の心眼では、日本の産業が手薄となった欧米諸国への、進出の糸口を第一次世界大戦はつくってくれるのではないか、との予想があった。

――自慢の、調査部が総動員された。

それらの分析・報告も踏まえ、翌大正四年の正月、年頭のあいさつで徳七は、

「諸君、本日より諸株は売り止め、買い進みに方針を決定する」

と宣言した。

とりわけ輸出入を直接担《にな》う海運株を、〝野村〟は買い占めた。その動向により、三月頃から株は急に上がりはじめ、半年で二倍にハネ上がり、まさに日露戦争後の狂乱相場の再現となった。

ただし、異なるところもなくはない。日露戦争後の狂乱相場のおりには、まだまだ〝野村〟に発言力はなく、追従する者も少なかった。

だが、今の〝野村〟は天下のフィナンシャル・ミドルマンである。〝野村〟が動けば、業界全体も動いた。株価の急騰するスピードは凄まじかった。

わずか一年たらずの期間に、徳七の資産は数千万円となる。

同じ頃、同様に儲けた人物に、

〝北浜のプリンス〟

と騒がれた、天才相場師の岩本栄之助がいた。

彼は大阪市役所にポンと百万円の大金を寄付し、市ではこれで公会堂を建てることとなる。

徳七と岩本――勢いに乗って買い進む徳七に対して、岩本は途中で躊躇《ちゅうちょ》した。上がった相場も、いつかは下がる。その見極め時が、生死を分けた。岩本はついに売りに転じてしまう。

ところが、相場は彼の思案通りにはいかず、そのため、三百万円の資産をあっという間に失い、さらには借金が山のように増えていった。

かつて徳七も経験した、白刃の上を踏み歩く状況に、岩本も曝《さら》されたわけだ。

相場は一寸先が闇であるらしい。

勝利者となった徳七は、大正五年の春と翌年秋の二回、久原鉱業の増資に際し、増資新株公募の、大阪引受団＝「現物団《シンジケート》」の幹事を担当。春の売り出し十万株のうち、二万五千株を〝野村〟で引き受けた。

もしも売れ残ったら、すべては〝野村〟の負担となる。にもかかわらず、徳七はさらに店員の名儀でも買い増しをした。よほど、自信があったのだろう。

結果、徳七の読みは当たり、応募者が殺到し、久原鉱業の株は最高プレミアム九十二円にハネ上がる大化《おおばけ》となり、株価は二十五円の払い込み新株が、最高四百八円四十銭となった。

〝国宝株〟

と、世間で夢見心地に呼ばれたのも無理はない。

この年の四月、大阪商船主催の南洋視察団に加わった徳七は、台湾、フィリピンを経由して英領地ボルネオ、オランダ領インドネシアのゴム園、椰子《やし》園、製糖会社などをみてまわり、南洋開発の夢を新たに抱く。

なかでもゴム園と椰子園に興味をもった徳七は、細々と観察したことをもとに、『護謨《ゴム》と椰子』と題する書物まで刊行。さらには、熱帯農業専門の技術者まで現地に派遣する熱の入れようを示した。

あまり知られていないが、こうした徳七の関心が、ほどなく〝野村〟の南洋事業となり、その規模は先発の三井・三菱を追い抜いて、日本最大のものとなる（昭和四年、野村東印度《とうインド》殖産株式会社を設立）。

さて、話を八十日ぶりに南洋から帰国した徳七に戻そう。

帰国早々、彼はこの十月に、相場の失敗から好敵手の岩本がピストル自殺を遂げたことを知らされる。成功する者があれば、失意に沈む者もあった。

前述の久原鉱業の、第二回目の増資計画もしかり。このおり「現物団」を徳七以上に熱心に率いた幹事が、彼の同業者・竹原友三郎であった。

徳七はこの二度目は、一度目のようにはいかぬ、と読んでいた。

なにしろ世間は、成金景気の消えた中にあった。市況は軟化している。

しかも竹原は、人気を煽る広報技術をもたず、前回の八十七円五十銭のプレミアムどころか、売り値の三分の一まで株価を下げてしまう。

莫大な損失を抱え込んだ竹原は蒼くなり、他の業者とともに「現物団」の幹事たちを率いて、久原邸へ懇願に出かけた。

事情も知らず招集された徳七も同席したが、

「不測の反動で株価が暴落しましたのや、このままではわしら破産してしまいます。どうか久原はん、もう少しプレミアムをまけてもらえませんやろか」

と切り出して泣きついた竹原に、久原はすげなくいった。

「契約は契約です」

その言を聞いた徳七は、「その通りや」といい、

「――一度約束したからには、全財産を投げ出しても払うのが筋、株の引き受けとはそういうものじゃ」

泣きを入れに来た「現物団」の幹事たちに怒りを覚えた彼は、席を立って帰った。

店に戻った徳七は、弟の実三郎にいう。

「一旦契約したからには、野村は全財産を抛《ほう》り出しても払う。わしなら決して頭は下げなんだ」

知られざる〝野村〟

大正十一年三月、持株会社野村合名会社が設立され、その傘下に金融と南洋の資源開発事業が組み込まれる。

〝野村〟の特徴は、ほかのコンツェルンのように、重化学部門へ進出しなかった点であろう。

第一次世界大戦の本格化で、景気は上昇の一途。株式市場は活況を呈し、株成金、船成金、糸成金などの戦争成金が現われたものの、終戦とともに株価は急落した。

一度、反動調整に入った株は、アメリカの好景気により再び加熱し、その反動で大正九年三月、株価は暴落、改めて不況に突入した。多くの相場師が消えていく中で、〝野村〟は資産を増やしつづけたことになる。

つづく大正十二年の関東大震災、昭和二年（一九二七）の金融恐慌。この間、野村商店は株式会社となり、大正七年、大阪野村銀行の創設をはたす。資本金は一千万円也。

名補佐役・実三郎の死（大正八年一月）というアクシデントをも乗り越え、徳七は証券業務はリスクが大きいと判断、銀行の信用を固めるためにも証券業務を独立させた方が得策と判断した（〝野村〟の分離は昭和十四年）。

もともとの野村商店は、大正十二年に大阪屋商店と改名し、すでに本体から切り離されていた。

この大阪屋商店に関連して、徳七らしい挿話が伝えられている。

大阪屋商店が大量に株式を保有していた会社に、「日本染料製造会社」というのがあった。政府が補助金を出している国策会社であったが、第一次世界大戦ののち、経営が不振となって、大正十五年の春になると、「いよいよ解散近し」との噂が流れはじめた。

いち早くこの噂を耳にした、大阪屋商店の調査部長・小林良雄は、経営を任されていた橋本喜策に、このことを報告。当然のごとく彼は、持株を処分して出資額の回収を急いだ。

ところがこの一件が新聞に報じられると、大阪屋は日本の化学工業育成のため、政府が助成した会社を、自己利益のために見殺しにした、極悪非道の証券会社だということになった。

さて、この非難を知った徳七はどうしたか。『野村商法物語』（武田康著）によれば、橋本と小林の二人を退職させたという。このおりの徳七の訓示を、同書は次のように語らせている。

「私のふところからカネを百万、二百万使い込んでも、私はかまわないが、世間の信用を失ってしまうことがあったらいけない。それは私の問題ではない。公共の問題だからいくら親しい者でも、辞めてもらうよりほかない」

伝統的な大坂商人の気質がうかがえる。

自らを練磨した〝あかんたれ〟

野村合名会社（資本金二千万円）の社長＝「家長」徳七は、なおも直系以外の企業設立にも活躍し、昭和三年（一九二八）には貴族院議員ともなって、財と名声・名誉をも手に入れた。

議会における徳七の発言は、〝野村〟の調査部をバックにしたものであるだけに、極めて的を射たものが多かったようだ。

だが、日露戦争以来、増長した軍部の台頭、準戦時体制を覆すことは、さしもの徳七にもできなかった。

そうした中で、昭和二年（一九二七）三月十四日、大蔵大臣の片岡直温《なおはる》の不用意な東京・渡辺銀行の経営破綻発言がきっかけとなり、関連銀行の取付けが起こり、この騒ぎは全国に波及。ついには金融恐慌が、日本中を吹き荒れることになる。

関西では徳川時代より著名の、老舗の近江・加島・藤田などの銀行が預金者の取付けで休業を余儀なくされた。

余談ながら、加島銀行は江戸期以来の豪商の末裔で、藩政改革を最初に成功させた肥後熊本藩の藩主・細川重賢が、鴻池に融資を断わられたとき、これをそっくり肩代わりして、財政再建の財源を提供してくれた豪商であった。

その名門の末裔も、この未曾有の金融恐慌には争《あらが》えなかったのである。

ましてや創業九年を過ぎたばかりの大阪野村銀行では、信用において実績がいま一つ。

それだけに連日、預金者が押しかけて大金を引き出していく事態となった。

「うちはほんまに、大丈夫かいな」

と行員が心配顔になった時、徳七はいったものだ。

「自分《わて》の財産は銀行よりも大きい。大丈夫。大丈夫」（『野村證券社友』より）

行員たちは、胸を撫で下ろしたという。

昭和十二年十二月、徳七は野村合名社長を引退し、翌年六月には家憲を定め、その次の年からは社内誌に家史『蔦葛』を執筆しはじめる。

同十八年の時点で野村財閥には、証券・銀行・生命保険・信託なども含め、二十五の直系企業と、傍系で十一社がその傘下に入っていた。

昭和二十年一月十五日、徳七は心臓発作によりこの世を去った。享年は六十八。

――実は、この死には伏線があった。

昭和十六年十二月、日本はアメリカに宣戦を布告し、太平洋戦争を開始した。

当初、日本陸海軍は連戦連勝、またたく間にマニラ、シンガポール、ジャワ、ビルマ、ニューギニアなどを占拠する。

軍部は「大東亜共栄圏」の建設をスローガンに、民間企業を活用しての占領地における重要資源の開発を策した。

〝野村〟もその指定を受け、総員六十名を編成して南方建設隊（総勢一千名）に参加。昭和十七年五月に大洋丸で日本を出港したが、三日後に東シナ海においてアメリカ潜水艦の魚雷攻撃を受ける。

三分の二が死去する大惨事となり、〝野村〟の生還者は十九名。四十一名の死を聞かされた徳七は、ここで狭心症による発作を起こして倒れた。

発作そのものは治まったものの、それが原因で彼の頑強な体は壊れてしまい、寿命を縮める結果を招くこととなる。

「家族主義経営」の家長としては、あるいは当然の結果であったかもしれない。

この徳七が「得庵」と号して茶人となり、一家を成していたことは存外、知られていない。

明治四十二年から藪内《やぶのうち》流茶道を学び、昭和五年には免許皆伝となっている。

「茶の湯をやると人格が向上する。礼儀が正しくなるから道徳心も向上するのだ」

という意味のことを後年、徳七は述べていた。

この人物をふり返って、部下の一人は次のように述懐している。

「家長（徳七）がいちばんやかましく言ったことは、各自が責任をもつということで、いやしくも相当の地位にある者は自分の担当する仕事に対して、当然、責任をもたねばならぬ。もし万一、責任を回避したり、または他人に転嫁するような態度が見えたら、家長はその人を極度に痛罵し、かつ憎悪し、そして馘首《かくしゅ》する。いかなる場合でも自分の責任を回避することが、人間としても恥ずべき行為だとしておられた」

かつての、どうしようもない〝あかんたれ〟は、いつしか、一廉《ひとかど》の日本を代表する人物に自らを練磨していたようだ。

三井物産の創業者

■

益田　孝

華麗なる転身

益田《ますだ》孝《たかし》という不思議な前歴とハイカラな情熱をもった男が、日本の歴史に本来の役割をもって登場したのは、明治九年（一八七六）の七月といえるかもしれない。

この月、三井物産が創業し、益田が社長待遇として〝三井〟に迎えられた。

だが、それは〝三顧の礼〟をもって迎えられたというような麗《うるわ》しいものではなく、〝三井〟の中にはありがた迷惑だ、と露骨にいやな顔をする者もいた。

同じ月に創業した三井銀行が、新築の洋館三階建てを本店とし、〝三井〟の主流を担う存在であるとすれば、三井物産は古めかしい商家の土蔵を借用した別もの――有り体《てい》にいえば、むりやり押しつけられた、不必要な企業との認識が〝三井〟では支配的であった。

「――三井銀行とこの物産会社とは判然区画を別《わか》ち、独立永続せしめんとす」

との一節の入った約定書を突きつけた、〝三井〟の大番頭（三井大元方総轄）・三野村利左《みのむらりえ》衛門《もん》（詳しくは拙著『日本創業者列伝』参照）は、さらに、〝三井〟の看板は貸すが、経営資金はビタ一文出さないから、そのつもりで、と念まで押した。

正確には、三井銀行に五万円の課振《かぶり》のみは許されていたようだ。課振とは、銀行の当座預金の残高あるいは当座貸越契約の限度以上に小切手を振り出すことで、その枠が五万円まで許されていた。

慶応義塾の、一年間の授業料が十八円の年の、五万円である。決して小さな額ではなかったが、三井物産は無資本会社であり、益田は自らの財産も会社に投資したものの、利益が出なければ報酬のない、完全歩合制。実に損な条件、役回りであった、といわねばならない。

加えて、三井家の人間を二人まで社主として迎えており、この二人には特別の給与を利益がなくとも出さねばならなかった。

初年度（明治九年七月―十二月）、三井銀行は全国三十一の営業店に支えられ、四十七万六千八百八十二円の純益をあげた。一方の物産は輸出入、国内取引もあわせ、純益は七千九百円にすぎなかった。

「益田さん、これ（物産の純益）はうちの重役一人分の、ボーナス一回分より低い額じゃないですか」

決算書をみせた、三井銀行の担当者は憫笑《びんしょう》したという。

明治の中葉、〝臥薪嘗胆《がしんしょうたん》〟という言葉が日本中で流行《はや》った。いつの日にか見返してやる、との怨念だが、同じ思いを益田個人も、物産の創業時に抱いたが、ふり返ってみればこれまでも、同様の決意を前半生でくり返し抱《いだ》いてきたことに、彼自身も気づいたようだ。

――そういう、巡り合わせの人生であった。

嘉永元年（一八四八）十一月、佐渡の地役人を四代つづけた家の長男に、益田孝は生まれた。二歳のとき非常に重い疱瘡《ほうそう》にかかり、あやうく死にかかったという。体はあまり、強くはなかったようだ。

父・鷹之助は文武にすぐれ、北辰一刀流の千葉周作の門人。免許取りの腕前で、算術にも明るく、選抜されて幕府直属の役人となり、箱館奉行所に栄転となっている。

益田も蝦夷地（現・北海道）へ渡ったが、幕府の小役人の伜《せがれ》を、幕末の動乱が浮かびあがらせた。ペリー来航により、ハリスの出現もあって、日本は開国の道を選択。箱館が開港される頃には、外国との交渉を司《つかさど》る役人＝英語の通詞（通訳）が多数、求められた。

彼はこの道をいち早く目指し、運動して、アメリカの公使館として使われていた善福寺に通い、雑多の機会も利用して、懸命になって英語の修得に励んだ。

文久三年（一八六三）十二月、池田筑後守が横浜からヨーロッパへと交渉に派遣されたおり、随員に決まった父の家来との名目で、益田も十六歳でこの使節団に参加。最新のヨーロッパに、直接触れる機会を得る。

田中という人は一行の内でもなかなかやかましい人であったが、いよいよマルセーユに上陸してホテルに着くと、どうぞこちらへと言うて案内する。入ってみると、実に狭い部屋である。いかに日本が小国だというて、我々をこんな狭い部屋に通すというのは実に怪しからぬと言うて、ぷんぷん怒り出した。しきりに怒っていると、その部屋がスーと上へ上がって行った。エレベーターなんだ。（長井実編『自叙益田孝翁伝』）

彼ら日本のサムライは、マルセーユのあまりの立派さに涙し、目も眩むばかりの文明の差を身をもって体験し、茫然自失となる。

ある名士の家へ食事に招かれたが、親類の人なぞもたくさん来ている。しきりに内所話をして我々のことを批判しておったが、どこかのお嬢さんが不思議そうな顔をして、それでもやっぱり口から物を食べていると言う。ヨーロッパ人から見たその当時の日本人はまずこんなものであった。（同右）

ヨーロッパから日本へもどり、英語修行にさらに打ち込んだ益田は、洋学の専門家としての道を歩んだかといえば、そうではない。

〝幕仏同盟〟の成果から、フランスのナポレオン三世自慢の陸軍を、日本にも創設することになり、派遣されて来た歩騎砲工各科の、フランス人教官十数名の通訳をつとめることになった。

結果、自らもフランス式騎兵の創設に参画することとなる。騎兵将校となり、騎兵差図役（尉官）から騎兵頭（佐官）に昇進した。こちらはお目見得以上である。

のちの物産を念頭に思い浮かべれば、極めて数奇な経歴を重ねたといわねばならない。

もし、官軍との間に旧幕軍が戦火を交えることがあれば、あるいは益田はここで名誉の戦死となったかもしれない。

が、江戸は無血開城され、徳川家は静岡へ移った。明治維新になったところで、彼は直参をやめ、自分で商売をしようと考えた。横浜に出て「売込み問屋」（輸出商）と「引取屋」（輸入商）の仲立ちをしたり、外国貿易の通訳、外国文書の作成・代筆などをしていると、その腕を見込まれて外国商館から「ぜひに」とスカウトの口がかかった。「ウォールシ・ホール」（アメリカ）といい、益田はこの商社で、企業とはいかなるものかを実地に学んだようだ。

そのうち、英語とフランス語ができ、貿易実務に明るいことから、長州藩出身の政府実力者・井上馨《かおる》に引っぱられて、益田は大蔵省へ四等出仕となる。造幣権頭を拝命。ついで租税権頭となるが、井上が国家財政をめぐって政府を辞職すると、彼もやめてしまった。

益田の才覚・経験を惜しんだ井上は、自らが資本金十五万円を捻出し、社長となって「先取会社」という貿易会社を設立。副社長に益田を招いて、万事の采配を彼に委ねた。

輸出は米、のちに生糸・茶。輸入は武器・羅紗・米・肥料・古銅などを取扱い、政府の保護、陸軍との癒着《ゆちゃく》もあって、会社は大いに利益をあげた。

ところが、井上が政府へ戻ることになり、「先取会社」は閉社となる。が、そこは欲深い井上のこと、みすみす大きな利益をあげている「先取会社」をただ潰すのは惜しい、と考え、己れの影響力の強い〝三井〟へ、社員十六名とともに押し込んだ。

こうして誕生したのが、三井物産であった。〝三井〟の冷淡さも所以《ゆえん》なしとはしない。

快進撃の原動力

当初、資金繰りに苦しんだ物産は、運転資金五万円をどうにか三井銀行から借り、ここへ西南戦争が勃発したことで躍進の手がかりを摑《つか》む。

旧三井組国産方の扱っていた石炭販売権を、番頭や手代ごと物産が吸収。ロンドンや上海にも支店を設立した。電信には暗号帳「電信秘語」を使用し、情報伝達を工夫。他方では、「中外物価新報」を創刊している。

三井物産は出るクギは打たれるの諺《ことわざ》通り、〝三菱〟を正面の敵とするようになる。海上輸送の競争から、ついには官営三池炭鉱の払い下げ争奪戦を繰り広げることに――明治二十五年のことであった。

この三池炭鉱は、物産の死生を制する威力をもっていた。三池炭の輸出量の伸びに応じて、これまで海外市場を開拓し、支店網を増設してきたわけで、これを〝三菱〟にとられるようなことにでもなれば、物産は海外拠点も販売網も、すべてを失うことになる。

政府の指し値は四百万円。落札すれば、その年のうちに百万円を入れ、残りは十五年賦と定められた。

益田は三井銀行に駆けつける。

三井としてはどうしても三池炭鉱を手に入れなければならぬから、私は三井銀行の西邑（虎四郎、三井銀行副長）に、三井銀行から百万円貸してもらいたいという相談をした。〈中略〉政府が三池炭鉱を払下げることになったのに三井がそれを手に入れなければ、海外の店を引揚げなければならぬことになる、そうなれば海外発展ということは到底出来ない、それだから三池炭鉱はどうしても手に入れなければならぬと言うて利害を説いた。
すると、西邑はあんな真面目な男であったから、ここまで海外にも手を拡げて来たものを止めなければならぬということでは致し方がありますまい、それほどまでにおっしゃるなら、よろしい百万円出しましょうが、これはあなた個人としても責任を負われるのでしょうなあと言うから、無論であると答えた。〈中略〉そこでとうとう三井銀行から百万円貸してくれることになった。〈中略〉私が銀行の責任者であっても恐らく貸さなかったであろう。よく事情がわからぬのだから。〈中略〉
私はこの入札の時、ほかの重役達に、これは一切私に委せてもらいたい、これから先も相談しないからそう思っていてもらいたいと言うておいた。入札の値段は私が自分だけで決めて、ほかの重役にも誰にも一切話さなかった。（『自叙益田孝翁伝』）

虚々実々のかけひきもあり、〝三井〟の四百五十五万五千円に対して、〝三菱〟は四百五十五万二千七百円——僅差で勝負は決した。勝った益田は、このとき四十一歳である。

物産は発展したが、〝三井〟の主流＝銀行も、中上川彦次郎（別項参照）を迎えて大いに活況を呈していた。益田より六歳の年少である中上川は、物産をほとんど認めていなかった。

益田は三池炭鉱の完済を当面の目標にかかげ、これを十二年＝明治三十五年に終える。「よく切腹しなくて済んだものである」（『自叙益田孝翁伝』）

一方で三池の採掘は飛躍的に増えつづけ、東南アジアへの貿易進出の主力を担いつづけた。日本企業の海外進出はまず、NYK（日本郵船）が航路を開き、これにMBK（三井物産）が乗って市場をつくり、YBK（横浜正金銀行）が窓口を設ける、などといわれるようになる。

中上川は〝三井〟の重工業化を推進したものの、慢性化する経済不況の中でいつしか苦戦に陥り、マスコミの攻撃もあって、志なかばでの急死を迎える（明治三十四年十月、享年四十八）。

翌明治三十五年四月、〝三井〟は最高意志決定機関である三井家同族会事務所において、「管理部」の新設が決定され、益田はその専務理事となる。このとき、五十四歳。

彼はようやく頭上の重しがとれた如く、豊田式織機と出会ったのを幸いに、これを支援し、これまた紆余曲折の末、明治三十九年に豊田織機株式会社（のちの豊和工業）の創立にいたる。

重工業主義から、重商主義への転換――。

〝三井〟の舵取りを担当した益田は、〝三井王国〟の実現のために、「満州買収計画」を発案する。

日々多忙の中で、彼はもう一つの茶人としての顔をもちつづけた。

「鈍翁」といい、国宝級のものを含む第一級の古美術品を集め、品川御殿山の大豪邸、小田原の別邸などに秘蔵した。歩合制で物産をはじめたため、成功した彼の資産は飛躍的に巨大化し、それらの利益がこちらに回ったわけだ。

忙中に閑である。彼はビタミンを中心にした食生活と健康情報に細心の注意を払いながら、九十一歳まで生きた。亡くなったのは昭和十三年（一九三八）十二月のことである。

益田は晩年、「日本人の長所」について次のように語っている。

日本人は何が優れているかを、私の長い間の経験から考えてみると、まず第一が海上の仕事である。〈中略〉ロンドンにもシンガポールにも上海にも、セーラー・ハウスというものがあって、そこへ言うてやると、日本人の船員がいつでもごろごろしているから、よし来たと言うてすぐ集まって来る。〈中略〉

船が沈没する時には、船長はお客や船員を先きに避難させて自分は一番後でする。これがイギリスの船長の得意なところであるが、この点においても日本の船長は実に立派なものである。〈中略〉航海については日本人は昔から実にえらいもので、すでに三百年前に小さい帆前船で南洋へ行っている。船の動揺でコムパスが揺れるから、コムパスを手で持って、コムパスの揺れないようにして行った。

漁業もなかなかえらい。カムサツカその他北海を始めとして山東沖、アメリカの太平洋岸なぞにたくさん日本人が行って漁業をやっていることは言うまでもないことで、大西洋岸のボストンなぞの方面にもなかなか行っている。ニュージーランドの真珠採りも、日本人でなければならぬということになっている。〈中略〉

海上の仕事の次に来るものは貿易であるが、これはその功の半ばを日本婦人の特質に帰しなければならぬ。風土や生活の難易なぞから考えて、日本を標準点におき、どこはそれよりもどれだけ上、どこはどれだけ下ということにして見ると、〈中略〉私が三井物産会社をやっておった頃には、漢口が一番下ということになっておった。ところが日本の婦人は、亭主の行くところへはどこへでも行って家を守る。亭主は後顧の憂いなく専心働くことが出来る。これが日本の海外貿易の発展する大原因である。

貿易というものは、自国の物を外国に売り、外国のものを自国に買うのではまだ駄目である。外国の物を買って外国に売るのでなければ、本当の外国貿易とは言えないのであるが、

三井物産会社その他我国の貿易商もおいおいこの外国間貿易を大いにやるようになって来た

〈中略〉

貿易の次は器械である。日本人は器械に対する能力はなかなかあるようだ。眼に一丁字《いってぃじ》もないような小僧が、少し器械を使っていると、その扱い方を会得するのみならず、内部の構造なんぞもちゃんと呑み込んでしまう。日本人は真似は上手だが発明力はないと言う。しかしそんな馬鹿なことはない。真似をする力があるものなら発明する力もなければならぬ。海上の仕事、貿易、器械、この他に、それよりもずっと上におかれなければならぬものがある。それは美術で、これはどうしても横綱である。日本人が美術に秀でていることは実に天質で、どんな下層社会でも美術心のない者はない。これは他の国にはないことである。

経験に裏打ちされた、なかなかの、日本人論ではあるまいか。

国産西洋菓子のパイオニア

■ 森永　太一郎

前途多難

単に一企業の創業を成しただけでなく、この人の偉大さは広く、近代日本の西洋菓子全体における、パイオニアとも呼べる存在となった点であろう。

それにしても、これほどの苦労をした創業者も稀であるに違いない。しかも、成功への軌道が大きく屈折していた。

明治維新を三年後にひかえた慶応元年（一八六五）六月十七日、今日の佐賀県伊万里にあって代々、伊万里焼の問屋をやっていた森永常次郎に、待望の男子が誕生した。名を太一郎という（母はきく）。

ところがこの子は、幼少期から艱難辛苦《かんなんしんく》を嘗《な》める宿命を背負わされていたようだ。父・常次郎が、〝御一新〟で一変した時勢に家運を傾け、挙句《あげく》に愛息・太一郎が六歳のおりに急逝してしまう。

家屋敷は債権者に取られ、母は他家に再嫁したため、母方の祖母に引き取られたものの、太一郎は親戚の家をたらい回しにされる流転の生活を余儀なくされる。

それが、どの程度のものであったか。証左の一つに、彼は小学校も満足には通わせてもらえず、十二歳になっても満足に自分の名前すら書けなかったという。

書店の住み込み店員から、十三歳のおりに伯父・山崎文左衛門のもとに引き取られた太一郎は、ここで陶器商の仕事を基本から学ぶ。

加えて、商人としての心構えを叩き込まれたが、これはのちのちまでの、彼のバックボーンとなった。否、今日の〝森永〟に伝わる基本になったといってもよい。

「いかなる時も正当な品のみを扱い、決して不正直なものを売買してはならない」

「適正と信じて売価をつけたなら、その値を絶対に引いてはならない」

「商売は急がず、十年を一期と定めて仕事せよ」（いずれも、『森永製菓一〇〇年史』より）

十五歳で一時、他の伊万里焼問屋に修行に出たものの、ほどなく伯父の店へ戻り、その代理出張をつとめるまでになった。次いで、伯父も出資していた横浜の陶器商「有田屋」に奉公に出る。明治十七年、二十歳で太一郎は結婚。新生活は順調であった。

ところが、翌年全国的な不況が訪れ、「有田屋」は経営が急速に悪化。これを救うべく、郷里へ急いだ太一郎も、金策どころか横浜へ戻る路銀さえないありさまとなる。

辛酸をなめ、歩いてようやく横浜へ戻ったところ、「有田屋」は廃業しており、改めて九谷焼の店につとめたものの、商いに対する考え方から店と相容《あいい》れず、離れて九谷焼の大荷主「綿平」へ入って横浜支店を任された。

そうこうするうちに、かつて勤めた先が傾き、請《こ》われた太一郎は向こう見ずにも、二十四歳でサンフランシスコへの単身、営業に赴《おもむ》くこととなる。

英語を皆目《かいもく》解さない彼は、持参の陶器を客に説明することもできず、オークションで叩き売るはめとなり、わずかばかりの代金を日本へ送金した太一郎は、再び無一文となった。しかも、広いアメリカで——。

西洋菓子を日本へ

——彼の人生は、ここで大きく向きを変える。

とにかく、働かねば飢え死にしてしまう。同じ働くなら技術を身につけたい、そう考えた彼は、日本人ではまだ誰も手がけていなかった西洋菓子の製造を、自らのテーマに選んだ。が、人種差別の厳しかった当時のアメリカでは、おいそれと日本人を雇ってくれる菓子工場はなく、菓子職人も技術をひた隠す時代であったから、なおさら技術取得のチャンスは少なかった。

ややもすると挫《くじ》けそうになる心を、太一郎はキリスト教の教会に救いを求め、ついには洗礼を受け、一時は信仰の世界への布教活動をも志したが、結局はうまくいかず、一度の帰国をはさんで、再びアメリカへ。

初心にもどり、ベーカリーの経営するレストランの皿洗いから、ベーカリーの雑用係、そして念願のパン焼きの技術を習得。ついでケーキ、ドーナッツの製造を学び、フルーツジャムの製法、ビスケットの作り方などを修め、キャンデー工場（ブルーニング社主）に移ってからは、キャンデー、アイスクリームの製法をも学んだ。

「よくもあれだけ働いたものだと、我ながら不思議に思う」（森永太一郎著『今昔の感』）

後年、太一郎がふり返ったように、昼夜の別ない過激な労働がつづいた。

しかし、その分、技術は着実に身についていく。

そうこうする内に、気がつけば太一郎も三十五歳になっていた。明治三十二年（一八九九）のことである。

働いて貯めたお金で、菓子製造器具や機器類、各種原材料、香料や着色料などを買い揃え、彼はこの年の六月に日本へ帰国した。初渡米から延《の》べにして、十二年の歳月が経過している。

東京の赤坂溜池にわずか二坪の「森永西洋菓子製造所」を開業した太一郎には、一つの目算《もくさん》があったようだ。

すなわち、彼が帰国した年の七月、幕末以来の不平等条約が改正され、治外法権が撤廃されて、それにともなって菓子の輸入税が五パーセントから一気に二十五パーセントに引き上げられた。

これにより、国産の西洋菓子の製造環境は好転する、と太一郎は読んだわけだ。

だが、明治も中葉にいたってなお、日本人の因習ぶりは頑強で、乳製品に接する機会がなかったこともあり、なかなか西洋菓子そのものの需要は増えなかった。

と気負って菓子店を訪ね歩いたものの、先方はまったく相手にしてくれない。そこで菓子見本を入れたガラス張りの箱車を引いて、実物を広告に売り込みをはかった。が、評判にはなったものの、なかなか利益に結びつかない。

ようやく注文を出してくれたのは、店主の夫人が太一郎と故郷を同じくしていた青柳商店で、これは開業以来二ヵ月ぶりのことであった。

原料ことごとくが輸入品で、コストが高かったのも売れない理由の一つであったかもしれない。

一般大衆にとっては高嶺《たかね》の花であった〝森永〟だが、一方では各国公使夫人や日本政府の高官に喜ばれ、小売りの成績をあげ、最低限度の利益はあげていた。

ところがここに重大事がもちあがった。太一郎は湿度の高い日本の梅雨が品いたみを引きおこすことを、今さら知らされることになる。次々と、商品が返ってきた。

ここが、一つの切所《せっしょ》であったろう。彼は九月末から十月にかけて、返品のあった得意先へ無償の納品を断行した。この一挙は、〝森永〟の信用を大きく回復するのみならず、新たな注文を生むこととなった。

信仰に戻る

朝鮮半島へ、清国、南洋の国々へ、〝森永〟は輸出されることになり、明治三十六年二月には赤坂田町の約百六十坪の敷地に、五十余坪の工場を建てるまでになる。この年、太一郎は第五回内国博覧会で三等を受賞した。

彼の商いは、陶器商での経験が骨身に沁みたのであろう。現金取引が鉄則であり、これを曲げることはなく、他方で品質改良には柔軟に、トレードマークのエンゼルマークをはじめ、広告・販売促進にも気を配った。日本で最初のチョコレートの広告を報知新聞に掲載したのは明治三十七年十月のこと。のち同四十二年三月には国産初の板チョコレートの製造販売にも成功している。

大正七年（一九一八）二月、森永チョコレート一貫製造ラインの設備建設を開始した。外国製品より四割安い国産チョコレートを実現した〝森永〟は、大量生産にも先鞭《せんべん》をつけ、チョコレートの低価格化にも、果敢《かかん》に挑んだ。

太一郎個人は齢《よわい》四十を越え、酒におぼれる生活を反省。禁酒を誓い、妻せきを大正五年に亡くし、再婚したタカ子夫人にも昭和五年（一九三〇）に病没されると、俄然キリスト教信者たることに目覚め、長い白ひげを蓄え始めた。

当時めずらしかった自動車に乗って、彼は全国の菓子小売店を訪問。自ら商品陳列の指導にあたり、接客の心得などを説いてまわった。夜は各々の教会に立ち寄り、自らの人生を語りつつ布教の熱弁を振るっている。

昭和十年（一九三五）十一月から翌年四月にかけて、太一郎はハワイ全島での講演会に出発。帰国後、さすがに無理がたたったのであろう、体調をくずして、病床に伏した。

二年後の一月二十四日、一代の創業者にして信仰に生きたこの人は、七十三歳の波瀾万丈の生涯を閉じた。

西武グループを創業した

堤　康次郎

無手勝流の人

かつて、〝バブル経済〟が絶頂期を迎えたといわれた時代、資産四十兆円を超えた堤義明氏は、アメリカの経済誌『フォーブス』誌上において、世界一の金持ちと名指しにされたことがあった。

コクドと西武鉄道を〝両輪〟として、土地開発にレジャー・観光を組み合わせた、この企業グループの総帥は、

「日本のケネディかロックフェラー」

と呼ばれたこともあった（いずれも財閥の意）。

この義明氏は二代目オーナーであり、その実父で西武グループを創業したのが、堤康次郎《つつみやすじろう》であった。

彼は、無手勝流の人であったといえる。

何ももたない者が勝利者となる――この言葉には、「戦わないで勝つことを理想とする流儀」との意味合いと、「自分勝手の流儀」と訳される場合があった。

康次郎という稀代の創業者は、明らかに後者であったといってよい。しかも彼には、〝業突張り《ごうつくば》〟――ひどく欲張りで頑固――といったイメージがついてまわった。

人柄はどちらかといえば、愛嬌のある人物であったかと思われるのだが、生涯のイメージはあまり明るいものではなかったようだ。

あるいは、幼少の頃の記憶がそうさせたのかもしれない。

明治二十二年（一八八九）三月七日、現在の滋賀県愛知《えち》郡秦荘町《はたしょうちょう》に生まれた康次郎は、生家が数反歩の田畑を所有する農家であり、製麻業も併業していて、暮らし向きは豊かであった。

ところが、彼が四歳の年に父が腸チフスにかかって急死。生まれたばかりの康次郎の弟は養子に出され、母はその実家へ戻された。残ったのは年子《としご》の妹・ふさと二人。すべてを采配したのは祖父の清左衛門であった。

この康次郎をして、〝近江商人〟の系譜に入れたがる評論家がいるが、筆者は別系統だと考えてきた。

蛇足ながら、近江商人は天秤棒《てんびんぼう》に代表されるごとく、地道な努力をして〝信用〟を得、財を積み、やがて店を構えて中央に進出。商家を大きくしていくのが、一つの定石であった。越後屋呉服店に端を発した〝三井財閥〟などが、その典型な成功例であったろう。

だが、康次郎の生き方はそれに比べて、明らかに山っ気、投機性の高いものであった。

祖父に溺愛され、生活にゆとりのあった彼は、尋常小学校から高等科（四年制）へ進み、優秀な成績で卒業している。

このまま旧制彦根中学は無試験で入学を許されたというから、もしこのルートに乗って上級の学校へ進学したならば、あるいはまったく別の人生を歩むことになったかもしれない。

ところが、祖父母が揃って、

「彦根のような繁華なところへやったら、悪い人間になる」

と思い込み、進学に猛反対した。

試行錯誤の日々

康次郎は祖父母の願いをいれて、進学を一度は断念し、農業に従事することになった。もっとも、ただそれだけでは物足りなかったのだろう。十五歳のおり、りん酸肥料の存在を知った彼は、大それたことを考える。

なんとかしてこれを応用しなくてはとの思いがつのる一方である。

ところが、使ったこともないような肥料を、だれに聞いたところで、どこに売っているかも知っている者はいない。一生懸命考えて、ふと思いあたったのが、そのころ大阪で開かれていた勧業博覧会である。そこへ行けばあるだろうとすぐさまノコノコ出掛けてみた。すると大阪硫曹《りゆうそう》という会社が、過りん酸を出品していた。私はこれあるかなと喜んだ。しかも聞いてみると、社長は同県の出身で阿部市三郎という人だという。

そこで私はりん酸という私の国ではだれも知らない、効果的な肥料があることを知った時からの計画を、実行に移すハラを決めた。私はその阿部社長に面会を求めると「滋賀県ではこの効果のある肥料をまだだれも使っていません。私に滋賀県の一手販売をやらせて下さい」と申し込んだ。私としては人のためにもなるし、自分ももうかるし、と内心大いに得意の着想だったわけである。

すると阿部さんは、私の申出をきいて、あいた口がふさがらないといった表情である。もっとも考えてみると、驚くのがあたり前、私は当時やっと十五歳の子供であった。阿部さんはそれでも、私の意気に感じたのか「君は偉い、だが実際にやるとなると大仕事だ。まあ馬車に二、三台分も売ってみなさい」と馬車に二台分の過りん酸を売ってくれた。私は一手販売ではないのに、いささか不満であったがとにかく、意気揚々、その二台分の肥料がつくと、早速、家に硫曹肥料一手販売堤清左衛門の大看板をかかげて、千客万来の予想に胸をおどらせながら客を待った。清左衛門というのは、祖父の名である。（『私の履歴書』）

だが、結局、未知の肥料は皆目売れず、商売としては失敗している。

水を落としたあとの田で、冬の間にれんげの裏作をやり、りん酸肥料を使って手間を稼いだ、と本人は後年に語っている。

向学心は強かったようだ。明治三十九年には海軍予備学校へ入学している。

この学校は中学校の教科を速成で教え、海軍兵学校へ入るための、受験勉強を目的としていたが、康次郎は一年、中学校の勉強をつめ込んで卒業すると、兵学校を目指すことなく帰郷。郡庁の雇員《こいん》となった。

ことごとくが、祖父・清左衛門との妥協であったかと思われる。

ところがこの年に、その祖父が急逝。祖母はこの時すでに他界しており、彼ら兄妹は途方に暮れることになる。

熱心に勧めてくれる人があり、明治四十一年三月に結婚。翌年一月に長女が誕生したが、祖父という絆《きずな》を失った康次郎は、その資産を処分し、妻子を置いて単身上京する。早稲田大学の高等予科第一（大学部の政治経済学科＝現・政治経済学部に進むための予備科）に進学するために。

この頃、同大学では中学校卒業の免状をもたない者でも、学力が見合えば入学は許されていた（ときに、二十一歳）。

このあたりから、康次郎の行動が俄《にわ》に活発化する。

早稲田大学《ママ》の試験をパスしたが、入学早々見たのが柔道部の練習である。力自慢であった私が、じっとみていると、大きなのが小さいのに投げ飛ばされたりしてなかなかおもしろい。

すると「お前も一つやってみろ」と先輩に道場に引っぱり出された。何しろ初めてみた柔道というものである。しかし私には鍛えに鍛えた腕力がある。私はよし、こいとばかりに道場に上って先輩に相対した。

なんのこの青白い学生が、柔道だかなんだか知らんが、ひとひねりだ。と実は私は、内心意気揚々と、なれない柔道着に身をつつんだのだが、なんのことはない。ちょっともみあったと思ったら、たちまち道場の畳に、イヤというほどたたきつけられてしまった。そのうえ、受身も何も知らないものだから、打ちどころでも悪かったのだろう、文字通り目を回してしまった。

これには私も驚いた。いや柔道というものはおもしろいものだ、と早速入部の手続きをとった。そしてこれが後に六段にまでなるやみつきとなったのである。大抵の気の弱い者なら、目を回してやめてしまうのだろうが、私は逆に大変興味をもった。私には由来そういうところがあるようだ。私は柔道部とともに、弁論部へも入ったが、そのころは国家主義の勃興期で、弁論部や柔道部にも、なかなかの人物が多く、天下国家を論ずる国士気取りばかり、特に私は政治学科だったので、その傾向がひどかったらしい。（『私の履歴書』）

柔道部と弁論部に入部した彼は、生涯の財産となる人脈作りに精を出した。最大のものが大隈重信（東京専門学校＝のちの早稲田大学を創立）の知遇を得たことであろう。

大隈は明治四十年に一度、政界を引退して早稲田大学総長となり、大正初年の憲政擁護運動が起きたことで、大正三年（一九一四）四月に第二次大隈内閣を組織する（同五年十月辞職）。桂太郎の新党「立憲同志会」の創立運動にも、康次郎はやがて参加。後藤新平などの、有力者とも顔見知りとなっていく。

一方で米相場や株式投資に乗り出し、政府の経済政策をヒントに毛織物の株で大儲け、日本橋蠣殻《かきがら》町の郵便局長の権利を一万円で購入。渋谷の鉄工所をも経営する身となった。

人力車で早稲田に通っていた康次郎ではあったが、大正二年（一九一三）に早稲田大学を卒業し、政治運動の片手間に広げたビジネス――石炭、海運、真珠の養殖、雑誌の発行などは、ことごとくが失敗に終わった。

俗にかさけとうぬぼれのないものはないというが、人一倍うぬぼれの強い私も、たび重なる失敗にもはや精根尽きた。堤の家をりっぱにしてくれと慈愛の権化のように私を育ててくれた祖父に申訳ない気持で一ぱいだった。

考えてみると自分一人でこつこつと仕事をやっていくのならいくらかずつでも積み重ねていけるが、大きくやろうと思って人を使って事業をやるには自分はまだ資格ができていない。真珠をやろうとしても御木本《みきもと》（幸吉《こうきち》・拙著『日本創業者列伝』参照）という長年苦心して築いた人と競争しなければならない。船をやるにしても、砂原で船をこしらえるようなことでは、本格的な造船所と太刀打ちできるわけがない。自分はまだ二十歳台で判断力もいかに乏しかったことかと深く反省した。（『私の履歴書』）

では、まっとうなビジネスへの道に転進したかというと、少し屈折した角度があった。

土地の買収と開発

康次郎が選択したのは、

「不毛地の開発事業」

であった。彼はいう、「初めて私は自分の人生に曙光を見出したのである」（『私の履歴書』）と。

康次郎は箱根と軽井沢―なかでも大正七年の軽井沢千ヶ滝―の開発を〝第一歩〟と後年、述べているが、これは正確ではない。

彼は大正三年に、当時は〝郊外〟でしかなかった、下落合の買い占めをスタートさせていた（大正八年までに一万四千坪を買収）。

次が「千ヶ滝」で、すでに避暑地として有名になっていた軽井沢の、山を隔《へだ》てた両側に目をつけたのは、さすがといわねばならない。

だが、その頃の康次郎には、〝信用〟がなかった。そこで彼は大隈重信を利用した。村長以下、重だったものを大隈のもとへ連れてゆき、この政界・教育界の大立者をして、「堤は有望な小僧である、事業は必ずやり遂げる男じゃ、わしが保証するからそちたち皆協力してもらいたいのである」(『文藝春秋』昭和六十二年八月号)

といわしめた。

大正六年四月、軽井沢開発のために「千ヶ滝遊園地株式会社」が設立され、またたく間に六十万坪の買収に成功。しかも、改めて実測してみると、八十万坪であることが知れ、康次郎は二十万坪をタダで手に入れたことになる。

ここからの彼のがんばりは、凄まじいの一言に尽きた。水が一滴も出ず、電力もない。道路すらまともになかった土地を、ブルドーザーの如くに切り拓き、七間(約十二・七メートル)の道路を整備。水力発電所を建設。電話まで架設した。

大正八年からはじまった、中流家庭向けの別荘分譲は、その後の土地付き別荘分譲とともに成功。箱根への開発に連動していく。

同年四月には、強羅地区に十万坪を取得。「箱根土地株式会社」を設立した。これがやがて「国土計画」(現・コクド)となって、西武グループの首脳部を形成することになる。

つづいて、康次郎が「自慢の一つ」にあげる、わが国最初の「学園都市開発」に挑戦。

大正十二年の関東大震災で大きな被害を受けた東京商科大学(現・一橋大学)が、神田一ツ橋からの移転先を探していた。

そこで彼は、現在の練馬区から埼玉県内にかけて百万坪の土地を取得。インフラを整備して、「大泉学園」の建設に着手する。

その過程で、武蔵野鉄道に「東大泉駅」をつくって寄付し、ここでも分譲地までに七間幅の道路を整備した。

走り出した分譲地は、一週間以内にことごとくが完売。ただし、肝心の東京商大は大泉学園にはこなかった。

「北多摩郡谷保《やほ》村」に移転は決定。それではと、こちらの開発にも康次郎は手をつけた。

国分寺と立川との間に適地を見つけて国立と名付けた。まず駅をつくって国鉄に寄付することになった。国分寺と立川は地勢が高くて真中の国立はへこんでいる。そこで両方から線路をあげてきてオーバーブリッジなしに乗り降りできる理想的な駅をつくった。

それに二十四間の道路をとった。そのためには敷地も百万坪は用意しなければならない。土地の所有者で上海にいっているという人まで後を追いかけていったこともあった。

（『私の履歴書』）

つづいて東京高等音楽学院（現・国立音楽大学）の誘致にも成功している（大正十五年十一月）。

この学園都市ができた頃、日本は金解禁の煽《あお》りを受けて不景気に突入、土地の値が下がって苦しい状況がつづいたが、もちこたえたことにより、戦後、莫大な利益を康次郎は手にすることとなる。

では、どうやってもちこたえたのか。

彼は土地買収代金の支払いをまず、「手付け」として十分の一だけ支払い、残金を分譲後に支払うという、きわめて有利な契約書を地主との間に結んでいた。

〝ピストル堤〟の後半生

やれ現金の詰まったバックを開けてみせた、とか、芸術座のスターをつれてきて一席設け、気持ちよく地主が酔っている間に、印鑑を押させたとか、支払を長期のローンや己れの会社の株券にしたといったことが、おこなわれたとされるのはこの間のことであった。

とにかく、現金での支払いを徹底して引き延ばしたことに、間違いはなさそうだ。

地主のなかには、「だまされた」と思うものも出て、それが法的に問題がないと知れるや、なかには日本刀などの凶器をもって怒鳴り込んでくる者もいた。

そうしたとき康次郎はピストルをもって応戦したため、〝ピストル堤〟という異名をつけられた、とのまことしやかな挿話もあった。

かつて大宅壮一は「日本ユダヤ教総本山・滋賀県」(『文藝春秋』昭和三十三年十一月号)の中で、康次郎が関東大震災の直後、一家全滅したような焼け跡に、かたっぱしから「堤康次郎所有地」と書いた棒杭《ぼうぐい》を立て、文句の出なかったところはそのまま入手。出れば法廷で弁護士を使って所有権を証明する物証を出せ、と争った、との挿話を紹介している。

大宅は、

「これはデマだろうが、彼ならやりそうだという気がする」

とコメントしていた。

戦後、高額な富裕税や相続税の支払いに困った旧皇族・旧華族に目をつけ、彼らが保有する広大な一等地を、納税のため資金融通で取りあげたり、あるいは買い叩いたりして、現在の〝プリンスホテル〟と名のつく都内のホテルを建設した話はつとにしられている。世に〝堤商法〟と称するものがあるならば、それは非合法スレスレのビジネスのことをいうのではあるまいか。

と同時に、経営手腕——とりわけ再建において——は、その才覚を認めるべきであろう。混乱をきわめた武蔵野鉄道の立て直しにみせた手腕、西武鉄道(現・西武新宿線)を吸収合併し、交通網を充実した腕前は、この人の性格も含め、さすがといわねばなるまい。

康次郎の凄味は、こうした事業の一方で、国会議員としても成功し、戦後、衆議院議長をつとめ、功なり名を遂げたところにあった。

昭和三十九年四月二十六日、現職の衆議院議員のまま死去した康次郎は、おそらく西武グループの永遠の繁栄を信じて疑わなかったであろう。己れの経営手法を引き継ぎ、リゾート地開発でさらに成功を重ねた後継者が、西武鉄道の有価証券報告書虚偽記載問題を表面化させ、西武グループが全体の事業見直しに発展するなど、考えたこともなかったに違いない。

カルピスを創業した

三島　海雲

〝時代の子〟

人は誰しも、時代の制約を受ける。

もし、違う時代、異なった環境に生まれれば、同じ人間でも、おそらくまったく別の人生を歩んだかと思われる
あの大国ロシアを敵として、真正面から戦った、極東の小さな島国日本――ちょうど百年前――当時の日本人の活力というものは、信じられないほど凄まじいものがあったようだ。

陸海軍の軍人はもとより、民間の企業家、一般の庶民まで、「祖国を守りたい」との一念で、懸命の努力を積み重ねた。

この必死の思いは、当時を生きた人にしか理解できないかもしれない。

たとえばここに、三島海雲《かいうん》という一介の学僧がいた。彼の人生を大きく飛躍させることになった根本も、やはり日露戦争にあった。

その意味で海雲も、〝時代の子〟といえる。

西南戦争の翌年、明治の宰相たる大久保利通が暗殺された同年＝明治十一年（一八七八）の七月に、海雲は現在の大阪府箕面市に生まれている。

父は浄土真宗・教学寺の住職で法城といった。海雲は跡取りの長男として出生している。

もっとも、教学寺は檀家の少ない貧乏寺で、はたしてこの寺に跡取りの必要があったかどうか。加えて海雲は、病弱なうえに強度のどもりで、五歳まで満足に人と会話すらできなかったという。

それを母の雪枝が庇《かば》い、懸命に育てた。子供に教育をつけさせてやりたい、と風呂屋を始めるほどの女性で、海雲はこの母のおかげでどうにか、人がましくなれたといえそうだ。

小学校を三つ移り、十六歳で私塾を経て、西本願寺文学寮に入った。明治三十二年に卒業し、山口県下の西本願寺系の学校で英語教師となっている。

もし、平穏な時代を彼が生きたなら、地方の学僧として無名ながら、波風の立たない穏やかな生涯をおくったことであろう。

その証左に、向学心の強かった海雲は、文学寮が東京へ移り、高輪仏教大学（のちの龍谷大学）となったと聞くや、その三年に編入学している。

だが、時代の制約は、彼だけを特別扱いにはしてくれなかった。

――日露両国間が、風雲急を告げていた。

海雲は編入直後、中国大陸へ渡る道を選択する。日露戦争の主戦場は、この頃の常識として満州地方だと考えられていたからだ。彼も、お国の役にたちたかったのである。

北京の日本人、中国人を対象とした学校「東文学舎」で教師となった二十五歳の海雲は、ここで中国語を懸命に覚え、奈良から来ていた〝山林王〟の御曹司・土倉五郎の知遇を得、二人で一旗あげようと語り合う。

二人は日本の商品を大陸の奥地、蒙古（モンゴル）の果てまで売り広め、一方で現地の情報収集を計画、「日華洋行」という商社を創る。この商業活動はその後、十余年つづいた。

明治三十七年二月、ついに日露両国は開戦に及ぶ。

戦線は北進しつつ拡大し、日本陸軍の現地軍＝満州軍では、軍馬の調達が武器弾薬とともに急務となった。このおり海雲は、不足した軍馬を求めて、これまでに度々足を運んだ蒙古の奥地までわけ入り、生命《いのち》懸《が》けで百数十頭の馬を調達し、満州軍を助けている。

次の大事業

戦後は、戦争に掛かった負債を償却すべく、不必要となった軍の銃を蒙古に販売し、その見返りとして、蒙古牛を日本へ運んだ。

この商いの過程で、海雲は蒙古の王族や有力者に人脈ができ、それを活《い》かして蒙古の緬羊《めんよう》（毛を刈ることを目的に飼う羊）改良を企画する。

この頃、日本ではオーストラリアから年間一千万円近い羊毛を輸入していた。良質一カラットのダイヤモンドが、小売店頭で四百五十円の時代である。もし、これに匹敵するものが別途に用意出来れば、日本の国力向上にもつながる、と彼は考えたようだ。

東京都の面積に匹敵する土地に、緬羊を放牧する契約を地元のラマ教の首長と結び、日本から種付用のメリノー種のオス羊十頭も入手、三十頭の蒙古の緬羊も購入して準備は万端ととのったが、ここで清国政府の、大規模な外国の事業に対する警戒心から横槍が入り、揉《も》めているうちに辛亥《しんがい》革命が起きて、清国そのものが倒れてしまった。

結果、明治四十五年の清国滅亡とともに、海雲はすべてを失い、その後始末をつけたうえで、大正四年（一九一五）の春に、故国日本へ帰りつく。三十八歳になっていた。

普通に考えれば、ここで〝敗け組〟となって、人生を半ばおりてもしかたがなかったかもしれない。しかし彼は再起を期そうと、これまでの蒙古での生活を思い出し、何か新しい商いのヒントはなかったか、と頭をめぐらせた。

「そういえば、蒙古の乳製品はうまかったなァ」

蒙古にかぎりない親愛の情をもっていた海雲は、この民族の逞《たくま》しさの源を、その包《パオ》（テント）で飲食した、牛や羊の乳と酸っぱい乳のクリーム〝ジョウヒ〟に求めた。

広大な草原と朔風《さくふう》の吹く大地――モンゴルの人々は、野菜をとることが少なく、その分、乳酸に頼った。

ただし、牛や羊の乳をなまで飲むと、下痢を起こしてしまう。彼らはこれを発酵《はっこう》させて、わずかの酒精分をふくませると無害になることを知っていた。

一日に幾杯も飲んでいたことを、海雲はなつかしく思い出す。

同じ頃、雑誌の『太陽』に、日本ではじめてのヨーグルトの紹介記事が出る。幸い海雲は、蒙古における製法を学んでいた。乳製品の開発＝日本人の体力向上と考えた彼は、支援者を募り、蒙古式クリームを「醍醐味《だいごみ》」と名付けて製造・販売に着手する。が、この「醍醐味」は、大量生産が出来ない欠点があった。なにしろ、原料のクリームは牛乳一斗（約十八リットル）から一升弱（約一・八リットル）しかとれない。牛乳そのものを集めるシステムも未発達なこの時代、結局、評判を呼びながらも採算ベースに乗らずに失敗。

次いで海雲は、「醍醐味」を取り出した残り＝脱脂乳の利用を考え、乳酸菌入りキャラメルを考案したが、宣伝力がない小規模な製造は、大衆に知られぬまま、支援者の出してくれた資本金二十五万円を食いつぶし、さらには三万円の負債を出して失敗に終わる。だが、海雲はまだ諦《あきら》めない。脱脂乳に砂糖を入れて二、三日おくと、実にうまいものが出来た。

これにカルシウムを加えて、ついにユニークな飲み物「カルピス」を生み出す。カルシウムの〝カル〟に梵語のサルピルマンダ（醍醐味の意）から〝ピル〟を取った。「カルピル」では語呂が悪いので、「カルピス」としたという。

〝初恋の味〟

海雲と親しくつきあってきた与謝野鉄幹・晶子夫妻は、この新しい飲み物を大変気に入って、晶子は即座に短歌をつくった。

カルピスは友を作りぬ　蓬莱《ほうらい》の薬というもこれにしかじな

「友を作りぬ」とうたわれたカルピスは、その後、海雲の文学寮の後輩で、大阪の旧制今宮中学で教師をしていた驪城卓爾《こまきたくじ》が、

「この一杯には初恋の味がある」

といい出したことから、「初恋の味」がキャッチフレーズとなる。当初、世相を慮《おもんぱか》って、いかがなものか、と考えていた海雲を、驪城が強引に説得して実現したという。

販売戦略の失敗に懲りた海雲は、実力のある日本橋・国分商店を頼り、大正八年七月、七夕の日をもって一斉に売り出した。

発売初年度十万円の売上が、翌年には二十万円に、四年後には八十万円と伸びていった。

成功の秘訣を問われた海雲は、おいしいこと、滋養になること、安心感（着色がなく牛乳の

色そのまま）があること、経済的であることの四つを常にあげた。

また、今一つの成功は宣伝・広告の巧みさにあった。「カルピス」を売っている会社のイメージを海雲は大切にした。いくつもの社会事業に参加し、「カルピス」を売る宣伝ではなく、その都度、社名をアピールしている。

親しまれた黒人マークも、人種差別だ、というよくわからない理由で、使用が中止となってしまったが、そもそもは第一次世界大戦後の、敗戦国ドイツのインフレにより、ダメージを受けた芸術家、画家を救済しようと、ポスターを募集したことに誕生の発端があった。

入選作には賞金を出し、落選した作品でも海雲は、一般に公開して競売し、売上金を全額、応募者一人一人に送っている。

大正十二年九月一日の関東大震災のおりにも、幸い本社が助かった彼は、水で六倍に薄め、氷を入れた「カルピス」を震災地に配ってまわった。

これは売名ではない。この人物はこれまでも常に、国益を考えてきた。

大正十二年の関東大震災のときである。私は東京渋谷区恵比寿の本社にいたが、幸い被害はこうむらなかった。ところが、下町一帯は見るも無残な焼野が原と化した。とりわけ、水道の水が止まり、増上寺の池の水で米をといでいるという報告に胸をつかれた。地震・火災のあと、疫病でもはやったらたいへんなことになる。私は即座に飲料水を配ろうと思い立った。そして次の瞬間、どうせ水を配るなら、それにカルピスを入れ、氷を入れて人々を慰めようと決意した。

私は工場にあったビヤだる十数本にはいっているカルピスの原液を全部出させ、金庫のあり金二千余円を全部出して、この費用に充てた。そして、翌二日から、私自身もトラックに乗って被災地を回り、原液がなくなるまで配り続けた。震災後の数日は焼けつくような暑さだったから、私のトラック隊は、行く先々の避難所で大歓迎を受け、感謝された。大阪毎日の記者が、震災第一報で私のトラック隊のことを取り上げた。このとき、私には宣伝しようなどという気持ちはミジンもなかった。しかし、結果としてカルピスは全国に知られることになった。のちに「あのときのカルピスの味は忘れられない。私はカルピスのためならなんでも協力しますよ」という人が官界にも民間にも幾人も出てきた。

パーリ語で書かれた阿含《あごん》経の中に「すべての行為の効果を有するものは、私欲を離れたる根から生ずるものなり」とある。このことばの真の意味を、私は七十歳を越すまでわからなかったが、今にして思えば、震災のときの行為が、これに当たる。(三島海雲著『私の履歴書』)

アジア・太平洋戦争にも、辛くも生き残った「カルピス」は、高度経済成長期に入るとさらなる大発展をとげた。

海雲は昭和三十七年(一九六二)、自らの全財産を投入して財団法人「三島海雲記念財団」

を設立する。学術研究の助成と、その結果の応用による、人類福祉の寄与を目的としたものであった。

この人はその後も規則正しい生活を自らに課して、昭和四十九年十二月二十八日まで生きた。日露戦争の陰の功労者となって、二十代半ばですでに大陸へ渡っていた海雲は、このとき九十七歳（満九十六年五ヵ月）であった。

なんと意義のある人生を、長く生き、まっとうした人であったろうか。

トヨタ自動車を創業した

■ 豊田　喜一郎

工業後進国日本

いまからざっと八十年前、日本が〝昭和〟に入った頃、自動車をつくるという行為は、それ自体が至難の技であった。
それこそ今日でいえば、ロケットを宇宙へ飛ばすのと同様の難しさがともなっている。なぜならば、自動車をつくることは、とりもなおさず最新の技術を必要とし、時代の最先端を行く総合工業力あってこそ、自動車は組み立てられたからにほかならない。
換言すれば、基礎となるべき広域な工業力なくして、自動車はつくれなかったといえる。

先ず自動車工業を完成するには莫大な資金を要し、至難な各部分品の製作技術を克服しなければならないし、練達な組立技術をも掌中に納めなければならない。その原料のみから見ても鋼鉄、鋳鉄、ゴム、硝子、塗料等の広範な工業品に亘り、従ってこれ等工業品が、すべて或《ある》程度以上に発達していなければ、到底自動車工業への着手が、覚束ないのです。而《しか》も出来上がった自動車は、市場に出たその瞬間から半世紀に近い歴史を持ち、世界的市場を獲得している外国車と一騎討ちの戦いを押し切っていかねばならないのです。

(豊田喜一郎著「トヨタ自動車の出現より現在の躍進まで」・『名古屋新聞』所収・昭和十二年五月二十六日)

まさに国家的事業であり、政治・経済・技術など各方面の知識を集合させねばならず、国力の大きさや強さが、これほど具体的に出た産業は、ほかになかったに違いない。

今日、世界的な自動車立国となった日本において、最強・最大の企業に育ったトヨタ自動車工業も、そのスタート時点における、日本の国力のハンディは、如何ともしがたい状況にあった。

ふり返れば明治四十三年（一九一〇）、一代の「織機の発明王」として知られ、幾多の発明・特許をものにした豊田佐吉が、欧米視察に出かけている。

この時、アメリカにはすでに自動車メーカーが八十数社あり、都市には縦横に車が走っていた。

「これからは自動車の時代だ」

佐吉は確信をもって帰国したものの、日本では相変わらず交通の手段は馬車であり、牛車、人力車、自転車であって、自動車（電気、蒸気も含む）は高価な奢侈《しゃし》品と国民からはみなされていた。

そうした中で、国産初のガソリン自動車「タクリー号」（二気筒、十二馬力）が製造されたが、他社も含め、明治時代を通じての国産は四十三台。輸入車はすでに、六百台にも達しているというのに——。

その後、日本における自動車の保有台数が四千五百台を突破しても、その大半は欧米先進国からの輸入。なかでも、アメリカの二大自動車メーカー、フォードとGM（ジェネラル・モータース）がシェアを独占していたといってよい。

大正十四年（一九二五）には「日本フォード」社が横浜に誕生し、昭和二年（一九二七）には「日本GM」社も創業をみた。二社は本国から部品のすべてを輸入し、日本で組み立て、販売を本格化していく。

日本にもわずか三社ながら、国産自動車のメーカーは存在したが、外国車の供給台数が二万～三万台に伸びているとき、国産の供給台数は四百台ほどにすぎなかった。

しかも、コストが先進国の三倍にはねあがり、性能ははるかに劣っている。メーカーは再編をくり返しながら一社、また一社と衰亡していく。

「日本に自動車産業は根づかない」

誰しもがそう思っていた中で、大きく遅れをとっている日本の現状を承知していながら、それでいてフォードやシボレーなどの大衆乗用車と真っ向勝負を挑もうとする男が現われた。

「織機の発明王」豊田佐吉の息子・喜一郎であった。

彼にはこの逆境の中で、いかなる勝算があったのだろうか。

併《しか》し私は竊《ひそか》に決する所がありました。現在の豊田自動織機製作所の力を以《もっ》てして必ずしも不可能な事ではあるまいと確信致しました。かつて紡績機械は外国品万能で内地品を見向きもしなかったものを、此《こ》の数年間に全《まった》く輸入を止め、内地品万能の時代を至らしめたと同じ経験を繰り返す事によって自動車工業も必ず確立できると考えました。

（豊田喜一郎著『トヨタ自動車躍進譜』より）

喜一郎、否、〝トヨタ〟には、先発する紡織機における成功体験があった。

時流に先んずべし

明治二十七年（一八九四）六月十一日、佐吉の長男に生まれた喜一郎は、父親が発明と経営の板挟みにあって苦労している姿を見ながら成長した。

旧制第二高等学校（仙台）に学び、東京帝国大学工学部機械工学科を出た秀才の彼は、父の「豊田紡織」に大学卒業とともに入社している。

この息子に、佐吉は、

「発明などというものはなかなか出来るものではない。そんなものに没頭するより、紡績事業（経営）をしっかりやれ」

と諭した。佐吉の言葉は本音であったに違いない。喜一郎は生後二ヵ月ほどで生母と生き別れになっているが、原因は佐吉の発明への執念、それによる生活苦であったかと考えられる。

しかし、喜一郎は発明家の父の影響を色濃く受け継ぎ、同じ道を志した。否、のちのトヨタ自動車そのものが、佐吉の教えを今に抱きつづけているというべきか。

昭和十年十月に、〝トヨタ〟では「豊田綱領」という五ヵ条が成文化された。

その中に、次の一項があった。
一、研究と創造に心を致し、常に時流に先んずべし。
豊田自動織機製作所の常務取締役として、自動織機に関する特許の譲渡交渉をおこなうため、喜一郎が渡米したのが昭和四年九月のこと。

この時、彼はアメリカの自動車メーカーを巡り、いよいよ〝自動車への夢〟を実地に移すことになる。

翌五年三月、帰国した喜一郎は小型ガソリンエンジンの試作を開始。第一号エンジンを、昭和六年七月に完成させている。

昭和八年九月、豊田自動織機製作所に自動車部が設立された。

昭和十二年八月、トヨタ自動車工業が正式に設立された。

社長には、喜一郎の異母妹・愛子の夫たる豊田利三郎（東洋綿花・のちトーメンの創業者の実弟）が就任。副社長には、事実上の創業者である喜一郎がついた。経営全般は利三郎が、開発は喜一郎が——二人はお互いの役割分担を、綿密に話し合ったようだ。

喜一郎の車づくりへのこだわりは、欧米先進国の自動車を、単に模倣するのではなく、あくまでも日本の国状にあったものを、部品にいたるまで、できるかぎり国産で賄おうとするところにも明らかであった。

と同時に、一般大衆に乗ってもらうことを前提に、当初から考えていた点が、他の自動車会社とは際立って相異していた。

理想は高い。が、現実＝日本の産業力は、とても一流と呼べるものではなかった。

そうした中で、喜一郎は若い技術スタッフを自ら採用し、最新の自動車知識を習得するところから、はじめなければならなかった。

「——徹夜の二日や三日はたえられるか」

「——意欲と体力はあるか」

今日の名門〝トヨタ〟のスタート時、求められた人材の条件は、気力と体力に尽きた。

喜一郎は机上の空論を嫌うというより、むしろ、憎むタイプで、理屈を唱えるより、自らの手で機械に取り組み、汗と油にまみれながら、実践の中で答えを求めることを欲した。

工場で部下とかわす言葉にも、そのことは明らかであった。

「手が油まみれになっているか」

部下の作業をみていて飛び出す言葉も、

「言った通りにやれ、それでできなくても文句はいわぬ」

「できないという前に、まずやってみろ」

であった。

実はこれらのセリフは、ことごとく佐吉の発したものの、受け売りであった。

破天荒な指令

日本において、国産自動車工業の確立を支援する立法が、成立目前となった昭和十年、喜一郎は将来、自動車製造許可会社の選定に〝トヨタ〟が選ばれるためにも、トラックの製造・販売の実績を急ぎ作る必要を痛感した。

「年内にトラック販売を始めたい」

彼の情勢判断は、破天荒といってよい。A型エンジンを搭載した、試作車の完成にようやくたどりつけた〝トヨタ〟に対して、八月までにトラックを完成することを厳命したのであるから。

しかも喜一郎は、ボディーデザインに国産車らしい工夫を凝らせ、ともいう。

すでに自動車開発および製造準備のために使った資金は、五百万円を超えていた。

さらに三百万円の資金が必要となった豊田自動織機やその関連会社は、この「カネを食う虫」に反発とも、悲鳴ともつかない声をあげたが、喜一郎は押し切って増資を実現させた。

自社の販売網も、ほとんど手探り状態で組み立てている。肝心の総合運行テストも、どうにか無事に終了。

こうして迎えたG1トラックの発表会初日には、内務・商工・陸軍・鉄道の各省から来賓が多数出席し、二日目にはバス会社、トラック業者などが招かれ、入場者数は二日間で延べ八百五十名を記録した。

まさに、綱渡りのような強引さであり、喜一郎に引っ張られた〝トヨタ〟の、人々の苦労のほどが想われる。

G1トラックは三三八六cc、六十五馬力。最大積載量一・五トンの性能をもっていた。オイルブレーキや全浮動式後車軸などの新機構が工夫され、積荷台も小さいわりには沢山積めるよう配慮され、フレームも頑丈にできていた。販売価格は、完成車で三千二百円。国産のオルガンが一台七百円、同様にグランドピアノが二千円前後の頃のこと。

それでも先発のフォード、シボレーに比べて二百円安かった。無論、この価格は原価を切って赤字であったが、ヘンリー＝フォードの著作に学んだ喜一郎は、サービス価格のなんたるかを、このときすでに理解していた。俗にいう、〝損して得とれ〟の価格政策は、その年十八台つくって、十四台売れた結果に結びついた。

だが、無理を重ねた歪《ひず》みは、当然のごとくに生まれている。限られた時間の中で、誕生したG1トラックは、できばえとして満足のいくものとはいえなかった。

とりわけ、部品の欠陥が目についた。形は同じなのだが材料が悪く、溶接一つをとっても仕方の違いなどがあり、全体としてわが国の工業技術が遅れていたことが主因となって、〝トヨタ〟にハネ返ったといえそうだ。

そのため喜一郎は、自社の車を売るとき、国産車に理解のある者、もしくは〝トヨタ〟と何らかの縁故のある者を販売対象とするように、との販売方針をかかげた。なぜか。もし、車が故障しても、ある程度は辛抱してくれ、不平・不満を声高に口にしないからありがたい、というのだ。

その一方で、

「いくら金がかかってもよいから、かならず故障はサービスでカバーせよ」

とも厳命した。

スタッフは、ユーザーが運転中に故障が起きると、その現場まで駆けつけた。販売店のサービスカーも急行している。とにかく応急手当をして、ユーザーの不興を買わないように、と必死のアフターケアをおこなった。一ヵ月十五～十六日を徹夜することも、当時のエンジニアには、決してめずらしいことではなかったようだ。

ちなみに、トヨタマーク＝丸の中に「トヨタ」をあしらったものが登場するのは、昭和十一年十月以降。それまでの「国産トヨダ号」が濁音のない〝トヨタ〟へと変わった。

蛇足ながら、今日でも〝トヨタグループ〟にあって「豊田」の漢字を社名に用いている会社は、英文表記では「ＴＯＹＯＤＡ」と記している。

「ジャスト・イン・タイム」の起源

また、クレーム処理にあたる一方で、喜一郎の弾き出した生産目標にむかって、従業員は必死の奮闘をおこなっていた。彼は綿密な原価計算のうえにたって、具体的な台数を示したが、現場では「月産五百台」が合言葉になった。

昭和十二年十二月、トヨタ自動車の生産は、ついに目標の月間五百台に達した。

だが、台所は火の車であった。無理に無理を重ね、急ぎに急いで世に出したＧ１トラックが、売れなかったからだ。無論、景気が低迷していたことが根底にはあったが、事態は深刻であった。

懸命に量産をはかる製造現場でも、材料不足や不良部品によって、部品各々にばらつきが生じてしまい、いざ組立工程に入ると、足りない部品、逆にあまる部品が出た。

そのため、一定の在庫部品が常に必要となっていたが、これをかかえるには倉庫も必要であり、第一その分、金利がかさんだ。在庫部品の管理にも、人手がさかれる。一台のくるまを完成させて、ようやく商品となる自動車生産では、コスト上、能率面からもこれは黙視できない問題であった。

このおりの喜一郎という人物の精神力は、どれほど称賛しても称賛しすぎにはなるまい。次々と襲いかかってくる難問に対して、彼は決して逃げず、自ら率先して立ち向かった。

「ジャスト・イン・タイム」

このトヨタ生産方式の、柱の一つである考え方も、フォードのそれを参考にしたとはいえ、現実の厳しさの中から必然的に、喜一郎があみ出したものといえる。

必要なときに、必要なものを間に合わせる――工程の維持管理を徹底することを厳命した彼は、工場を見回りながら、余分なものが置いてあれば自分で片付け、その場で放り出したりしてみせた（トヨタ自動車工業『あゆみ』より）。

最大の問題である売れないことに関しても、昭和十一年十月の時点で、月賦販売のための金融会社を設立している。

当初、〝トヨタ〟の販売は現金売り四割に対して、月賦が六割を占めていた。喜一郎は下取りの中古車も対象として、今日に受け継がれる月賦販売体制を、すでに考えていた。

また、今でいう広報活動にも積極的で、月刊広報誌『流線型』や『トヨタニュース』を発行し、需要創出に懸命となっている。

だが、現実は厳しい。自動車生産の伸びに比して、国内の販売需要は伸びず、日々、在庫が増えていった。

まごまごしていると、会社は潰れてしまう。

その矢先に日中戦争が起こり、陸軍が大量に買い上げてくれたので、在庫を一掃することができた。日中戦争の特需で会社は助かったのである。

（トヨタ自動車五代社長　豊田英二著『私の履歴書』）

十一月三日、〝東洋のデトロイト〟を目指した、主力工場＝「挙母《ころも》工場」の完成披露式が挙行された。この日から〝トヨタ〟の、多量製造・販売の本格的な活動が始まる。

そのためであろう、トヨタ自動車工業の創立記念日は、形式的に会社の設立手続の完了した日（昭和十二年八月二十八日）ではなく、この披露式の日をもってあてられている。これは今も変わっていない。

〝トヨタの遺伝子〟

昭和十三年度の四千六百七十二台から、昭和十四年度には一万四千十八台になっている

（トヨタ自動車工業『30年』）。

この年の九月の決算では、売上高二千五百五十万円余に対して、税引前利益千二百二十二万円余を出し、設立以来はじめて年五分の配当実施に漕ぎつけた。

それにしても、これまでのプロセスを見れば、この配当は奇跡的ですらある。

アメリカの先進メーカーとの提携を模索したが、失敗に終わり、〝トヨタ〟は中国への進出を本格化し、天津に「北支自動車工業」を設立。翌十五年には工場もでき、喜一郎は中国へ渡っている。天津工場竣工式への出席のためであったが、後年、同行した従兄弟の英二は、

「実態は巡回サービスだった」

と述懐している。

――昭和十六年十二月、太平洋戦争が勃発した。

この開戦の翌年一月二十八日、〝トヨタ〟の取締役会は喜一郎を取締役社長に昇格させた。事実上のトヨタ自動車工業の創業者であった彼は、ここで名実共に〝トヨタ〟の最高責任者となった。義弟の利三郎は取締役会長となり、三井物産の取締役・赤井久義が取締役副社長に選任された。ほぼ同時期に、監査役として日本生命の取締役会長・佐々木駒之助、伊藤忠商事の取締役社長・伊藤忠兵衛が新たに選ばれている。

喜一郎はこの戦時下において、なんとか〝トヨタ〟を守り、育てようと懸命になるが、統制経済に入っていた日本は、その資源不足が日々、露《あらわ》になっていく。

〝トヨタ〟は昭和十六年十二月、二千台を生産したが、これをピークに、翌年に入ると、生産台数は日本の負け戦《いくさ》と比例して、急激な落ち込みをみせていった。

社長の喜一郎は、徐々に仕事への情熱を失っていく。

無理もない。〝トヨタ〟の主力となったトラック製造は、政府及び軍の統制下におかれ、新車種の開発といったリスクを負うより、すでにある車種を改善するほうが間違いない、と軍部は判断。ならば、と喜一郎がエンジンの開発に意欲を燃やすと、当局は資材の節約を理由に、新型エンジンを搭載したトラックの製造そのものを許可しなかった。

肝心なエンジンですら、設計変更が許されず、車の性能向上をはかれなくなった、とすれば、喜一郎の意欲が失われてもしかたがなかったろう。

日本は敗れ、昭和天皇の玉音放送がすべてを終結させた。

喜一郎は従業員とその家族のため、手さぐり状態で衣食住にわたる生き残りをはかるが、戦後の労働組合との対立の中、ついに社長を辞することとなった。

車づくりの理想に生きてきた豊田喜一郎は、七月の臨時株主総会で正式に社長を退き、豊田自動織機の社長・石田退三が兼任の形で第三代社長に就任した。

もともと家族主義でここまできた〝トヨタ〟は、争議解決の団体交渉をすませると、再び躍進への道を滑走する。

今一つ、皮肉にも喜一郎が退任して二十日後に勃発した朝鮮戦争は、米軍のトラック特需＝大量注文を生み、〝トヨタ〟は戦後はじめての好況を迎えた。

昭和二十七年二月、石田社長は再建のメドがついたことを喜一郎に報告。社長をひきうけたおりに条件とした、喜一郎の社長復帰を促した。当初は拒絶したものの、ついには折れた喜一郎であったが、運命はなぜかそれを許さず、彼は三月二十七日、脳内出血で五十七歳の生涯を閉じてしまう。

だが、喜一郎の遺志は着実に〝トヨタ〟の遺伝子となって伝えられ、今、〝トヨタ〟は日本最強・最大の企業として輝いている。

人物文庫

日《に》本《ほん》経《けい》営《えい》者《しゃ》列《れつ》伝《でん》

二〇〇五年八月二〇日［初版発行］

著者――加《か》来《く》耕三《こうぞう》

発行者――光行淳子

発行所――株式会社学陽書房
東京都千代田区飯田橋一-九-三　〒一〇二-〇〇七二
〈営業部〉電話＝〇三-三二六一-一一一一
FAX＝〇三-五二一一-三三〇〇
〈編集部〉電話＝〇三-三二六一-一一一二
振替＝〇〇一七〇-四-八四二四〇

フォーマットデザイン――川畑博昭
DTP組版――越海編集デザイン
印刷・製本――錦明印刷株式会社

ISBN4-313-75202-1 C0195

学陽書房人物文庫好評既刊

そろばん武士道
大島昌宏

天保リストラ物語！ 歳入の八十年分もの負債を抱えた越前大野藩を藩直営店、蝦夷地開拓など斬新な改革を断行して再建した経済武士・内山七郎右衛門良休の生涯を描く著者渾身の長編。

小石川御家人物語
氏家幹人

就職、結婚、転勤、家計、健康法、不倫…。二九年間書き続けられた幕臣・小野直賢の日記をもとに、江戸時代の〝サラリーマン〟御家人たちの悲喜こもごもの日常生活のドラマを活写する。

調所笑左衛門《ずしょしょうざえもん》
薩摩藩経済官僚
佐藤雅美

これが天保の財政再建だ！ 莫大な借金を抱えて窮地に陥っていた薩摩藩を大胆な財政改革で再建し、明治維新の礎を築いた経済官僚の知られざる苦闘の軌跡を描く歴史経済小説の金字塔。

田沼意次
主殿の税
佐藤雅美

真の財政再建とは何か？ 守旧派と戦いながら幕府の租税制度の根本的改革に取り組んだ老中・田沼意次。緻密な考証で「賄賂の卸問屋」とされた田沼の真の実績を再検証する歴史経済小説。

豊田喜一郎
夜明けへの挑戦
木本正次

これがトヨタのDNAだ！ 父・佐吉の夢を受け継いで、数々の困難を乗り越え国産自動車製造を成功させ、今日の隆盛の礎を築いた豊田喜一郎の波瀾に満ちた生涯を描く傑作伝記小説。